转型发展高校

创新创业教育的层次维度及其监测评价

ZHUANXING FAZHAN GAOXIAO
CHUANGXIN CHUANGYE JIAOYU DE
CENGCI WEIDU
JIQI JIANCE PINGJIA

樊增广　张国峰　高　云◎著

辽宁人民出版社

图书在版编目（CIP）数据

转型发展高校创新创业教育的层次维度及其监测评价/樊增广，张国峰，高云著. — 沈阳 ：辽宁人民出版社，2020.11
ISBN 978-7-205-09990-9

Ⅰ. ①转… Ⅱ. ①樊… ②张… ③高… Ⅲ. ①高等学校-创业-教育研究-中国 Ⅳ. ①G647.38

中国版本图书馆CIP数据核字（2020）第205023号

出版发行：辽宁人民出版社
地址：沈阳市和平区十一纬路25号　邮编：110003
电话：024-23284321（邮　购）　024-23284324（发行部）
传真：024-23284191（发行部）　024-23284304（办公室）
http://www.lnpph.com.cn
印　　刷：辽宁鼎籍数码科技有限公司
幅面尺寸：170mm×240mm
印　　张：20.75
字　　数：320千字
出版时间：2020年11月第1版
印刷时间：2020年11月第1次印刷
责任编辑：刘铁丹
封面设计：鼎籍文化
责任校对：吴艳杰 等
书　　号：ISBN 978-7-205-09990-9

定　　价：58.00 元

前　言

自2007年全球性金融危机爆发以来，人们开始重新思考经济发展的正确模式和有效路径，尽管世界各国的国情不同、发展阶段和发展模式不同，但通过科技创新和就业创业驱动经济发展已成为广泛共识。随着世界范围内的新一轮科技竞争日趋激烈，产业变革加速进行，要求未来社会的从业人员必须具备更高的创新创业能力和跨界整合能力。与此同时，随着我国产业结构转型升级的加速和以创新驱动发展战略的实施，社会对于创新创业人才的需求不断增加，层次区分要求也越来越明显，培养具有知识综合运用能力和职业拓展能力的创新创业人才成为践行“立德树人”社会主义教育根本任务的核心要务。中国创新创业教育20世纪90年代起步之初的研究热度并不高，每年的文献仅有寥寥数篇，截至21世纪前10年的相关文献还不到300篇。直至2010年教育部《关于大力推进高等学校创新创业教育和大学生自主创业工作的意见》发布以后，创新创业教育研究才进入了一个新的发展阶段。2011—2015年每年的文献发表量都在1000份以上，一年的文献发表量就超过了2010年之前的总和，创新创业教育实践也蓬勃兴起。

2014年9月10日，李克强总理在天津举办的夏季达沃斯论坛开幕式上发表特别致辞，提出了“要在960万平方公里土地上掀起‘大众创业、万众创新’的新态势”。指出，国家的繁荣在于人民创造力的发挥，经济的活力也来自就业、创业和消费的多样性，“双创”是中国经济发展的“新引擎”，不仅能够直接转化为生产力，而且具有乘数作用，可以放大各生产要素的效应，从而提升全社会综合竞争力，提高经济发展的质量和效益。2015年5月4日，国务院办公厅以国办发〔2015〕36号文件印发了《关于深化高等学校创新创业教育改革的实施意见》，更是为创新创业教育向深层次、高水平发展注入了新的动力。“深化高等学校创新创业教育改革”意味着“一窝蜂”式的、“千校一面”创新创业教育已经不能适应高等学校人才培养和国家以创新驱动发展对高素质人才的要求。“985”“211”高校、“一流大学”“一流专业”培养的是高层次研究创新型人才，地方普通本科院校培养的是应用性创新型人才，高等职业院校培养的是技术应用型人才。创新创业教育也必须按照上述人才培养主体层次确定教育维度和监测评价指向，否则创新创业教育层次维度就会错乱，导致不是陷于平庸就是滞于幻想。为了进一步理顺人才培养主体层次，教育部于2015年颁布了《关于引导部分地方普通本科高校向应用型转变的指导意见》（教发〔2015〕7号），为众多地方普通本科院校顶层设计指明了方向。

辽宁科技大学作为“转型发展”高校，深切感到深化创新创业教育改革，促进学生在创新创业中全面发展，适应和服务国家战略需求以及区域行业经济社会发展的重要性和迫切性。2017年，樊增广研究员主持的《转型发展高校创新创业教育的层次维度及其监测评价研究》课题，获批全国教育科学“十三五”规划教育部重点课题（DIA170387），经过3年多的研究及实践，初步探索出了一套切实可行的《转型发展高校创新创业教育的层次维度及其监测评价》思想理念和实践方法，将其梳理撰著付梓，旨在为更多的转型发展高校提供思想理念启示和实践路径借鉴。

作　者

2020年6月　于鞍山

目 录

第一章　绪　论

创新创业教育是以培养具有创新意识和创造能力的人才为目标，集知识、专业及创新创业精神为一体的整体化教育。2010年，教育部《关于大力推进高等学校创新创业教育和大学生自主创业工作的意见》中正式使用了“创新创业教育”概念。2015年，国务院办公厅发布的《关于深化高等学校创新创业教育改革的实施意见》中进一步明确强调，全面开展创新创业教育是建设创新型国家、实现“两个一百年”奋斗目标的强大支撑[①]。高等学校深入开展创新创业教育，成为人才培养模式改革、促进国家经济社会发展的重大课题。

一、创新创业教育研究的基本态势及其内涵演变

（一）创新创业教育研究的基本态势

在20世纪末之前我国的创新创业教育研究热度并不高，真正属于研究创新创业教育的相关文献每年仅有寥寥数篇，加上20世纪前10年的文献相关度较高的也还不到300篇，直至2010年教育部《关于大力推进高等学校创新创业教育和大学生自主创业工作的意见》发布以后，创新创业教育研究才进入了一个新的发展阶段。2011—2015年每年的文献发表量都在1000份以上，相关度较高的文献超过

① 国务院办公厅．关于深化高等学校创新创业教育改革的实施意见 [EB/OL].2019-02-20. http://www.gov.cn/xinwen/2015-05/13/content_2861375.htm.

了2010年之前的总和。特别是国务院办公厅《关于深化高等学校创新创业教育改革的实施意见》颁发以来，更是为创新创业教育向深层次、高水平发展注入了新的动力。

多数学者认为中国创业教育的历史开端可以追溯到联合国教科文组织1989年在北京召开的"面向21世纪教育国际研讨会"，但也有学者认为1988年3月已有中国学者提出创业教育，并在这一思想指导下开展了一定范围的创新创业教育试验活动。随着我国对创新创业重视程度的提高和高等教育改革的深化，创业教育的理论和实证研究迅速发展[①]。马红玉等学者以中文社会科学引文索引数据库(CSSCI)为数据源，选取2002—2018年收录的761篇创业教育研究文献为样本，利用CitcSpacc软件对国内"创业教育研究现状、创业教育研究演进路径、研究热点与前沿"进行系统分析。研究发现：创业教育研究在2008年以后发展速度较快，研究的深度不断加强，广度不断扩大，理论越加丰富，创业教育研究热点主要聚焦于"创新创业教育、创新创业人才培养、创新型大学"三大类，创业教育的研究前沿归纳为"探寻国内创业教育实际路径、创业教育与创新教育深度融合、创业教育生态系统的构建和利用后发优势向欧美国家学习"四大类[②]。

（二）准确理解"大力推进"与"深化"的关系

科学准确地理解创新创业的本质内涵，是把创新创业教育引向深入的关键。不能把创业简单地理解为就是主动地为自己或他人创造就业机会或岗位。主动地为自己或他人创造就业机会属于创业范畴，但这种以就业为目的的"大众创业"尽管仍然要"大力推进"，但并不属于"深化"的层次，要"深化"的是前面提到的高层次的创业。

陶行知认为："'行动'只是教育的开始，'创造'才是教育的完成"。也就是说，使受教育者成长为具有创新能力并且成功地进行了"创造"才是教育

① 王占仁.中国创业教育的历史发端与科学表述论析[J].东北师大学报(哲学社会科学版),2015(4):181-186.

② 马红玉，吴南南，吴溪溪.基于知识图谱的创业教育研究态势分析[J].高教论坛,2019(7):111-117,124.

的终极目标，才是“教育的完成”。

国务院办公厅之所以要在教育部《关于大力推进高等学校创新创业教育和大学生自主创业工作的意见》印发5年之后再度颁布《关于深化高等学校创新创业教育改革的实施意见》，关键就在于强调要“深化”创新创业教育的本质内涵。这种“深化”就是要在教育部大力推进高等学校创新创业教育和大学生自主创业工作的基础上，在“大众创业、万众创新”背景下，深度唤醒最具活力的群体——大学生的创新创业欲望和激情，使之成为中华民族青年一代的人生“灵魂”和不竭动力。需要澄清的是“深化”不是“转轨”，而是承前启后的延伸。通常意义下的创新创业教育还要继续“大力推进”，因为它适合于“大众化”教育群体的“大众创业”；“以创新推动创业，以创业完成创新”深层次创新创业教育必须“深化”，因为它是大众化教育中的“精英教育”必须肩负起的时代责任和民族希望。如果我们的青年一代都满足于创业就是为了创造就业机会的初级意识当中，中华民族伟大复兴的中国梦是不可能实现的。今天的创新创业教育对象绝不只是那些就业前景不佳的大学生，同样包括人才市场炙手可热专业的学生以及已经就业了的“学生”。创新创业也绝不只是为了自己或他人创造就业机会，而是要通过创新创业把中国的产业水平由“中国制造”提升为“中国创造”。

（三）创新创业教育研究文献分析

本团队于2015年7月对创新创业教育研究文献进行了系统分析，认为我国的创新创业研究大致有2001年、2006年、2010年几个关键节点，以上述几个节点划分时间区间，截至2015年7月22日，以“创新创业教育”为主题在中国知网上分类检索，得到关于“创新创业教育”研究的文献数量见表1-1。

从表1-1可以明显看出，2000年以前中国几乎没有真正开展过“创新创业教育”研究，直到2006年才刚刚出现此类研究的迹象，在2006—2010年的5年间里，尽管有2397篇相关文献发表，但绝大多数文献不是只提及创新就是只涉及创业，且相关度都非常低，相关度较高（精确检索）的仅有273篇。如果我们将核心期刊论文和硕博论文算作较高水平的文献，那么，这5年间较高水平的文献年均仅有14篇。在教育部2010年发布的《关于大力推进高等学校创新创业教育和大

表 1-1　以“创新创业教育”为主题检索到的文献发表量

检索方式 \ 发表时间		2000 年以前	2001-2005	2006-2010	2011	2012	2013	2014	2015-07	总计
模糊检索	学术文献	132	662	2397	1028	1104	1248	1335	800	8706
	核心期刊	24	93	464	201	194	212	200	112	1500
	硕博论文	4	114	404	169	161	164	130	2	1148
	国内会议	0	2	7	2	3	0	7	1	22
	国际会议	0	0	1	1	1	0	0	0	3
精确检索	学术文献	4	32	273	214	269	317	392	298	1799
	核心期刊	0	8	65	48	41	59	55	33	309
	硕博论文	0	0	6	8	6	10	9	1	40
	国内会议	0	2	3	1	3	0	4	0	13
	国际会议	0	0	1	1	0	2	0	0	4

学生自主创业工作的意见》推动下，2011年以后“创新创业教育”研究开始热络起来，文献发表量逐年稳中有升，表明“创新创业教育”研究不但受到了越来越多的重视，而且有了越来越多的人参与。然而，在文献质量层面却没有数量层面那么令人鼓舞，相关度较高的较高水平文献连续4年年发表量始终在70篇左右徘徊，似乎无力冲击100篇大关。

进入21世纪以来，尽管也不乏冠之以全国甚至全球创新创业教育论坛在举办，但从会议的组织者及会议的内容来看都不是真正高规格、高水平的创新创业教育学术会议，更没有遴选出高水平会议论文。一些其他主题学术会议收到的关于创新创业教育研究论文也是少之又少，就连相关度较低的都统计在内也只有寥寥35篇。表明创新创业教育只有文件指导是不够的，还必须用强有力的措施持续推动。

（四）创新创业教育的内涵演变

我国的创新教育20世纪90年代开始起步，随后又很快演变为创新创业教育，但创新创业教育提出之初并不是一个整体概念，而是创新教育和创业教育的合称。20世纪90年代中国的“创新教育”思想开始萌动，1988年侯自元在《职业教育研究》上首发了有关创新教育的文章《中等职业“创新教育”的方法》①，尽管该文对创新教育的阐释略显粗浅，后来并未受到学者们的关注，但仍不失为研究创新教育的开山之作。创业教育研究几乎与创新教育研究同时兴起，第一篇关于创业教育的文章《创业教育简论》就有“简论”不“简”之势，洋洋万言，见解独到②。这种没有将创新教育与创业教育联系起来的研究形态一直延续到20世纪末。2001年，天津职业技术师范学院职业教育研究所的柳翠钦和王茹两位学者首次将创新创业教育“合并起来”研究，发表了《加强创新创业教育提高劳动者的素质》一文，尽管该文几乎没有对“创新创业教育”的基本内涵展开论述，仍然可以看作是真正完整提出“创新创业教育”研究的首发文章③。

自“十五”以来，中国高等教育学会就一直致力于组织开展创新创业教育研究，仅2006年就先后两次组织召开创新创业教育研讨会，就创新创业教育的内涵、高等学校创新创业教育体系的构建、创新创业教育课程设置及教材建设，以及制约我国创新创业教育发展的主要因素等重大理论问题和实践问题进行深入探讨。创新创业教育研究在中国高等教育学会的推动下得到了持续开展，但由于在高等教育的本质和价值认知上受功利性思想影响根深蒂固，绝大多数学者的认识仍然停留在“创新教育注重的是对人的发展的总体把握，更侧重于创新思维的开发，而创业教育则更注重的是如何实现人的自我价值，侧重于实践能力的培养”层面，远没有把创新创业教育作为一个整体概念来研究。但在当时能够认识到“两者的共性要远远大于其个性”，已经是有所发展，有所突破了④。

教育部在总结2002年开始的创业教育试点经验基础上，于2010年召开了全国“推进高等学校创新创业教育和大学生自主创业工作”视频会议，随后印发了《关于大力推进高等学校创新创业教育和大学生自主创业工作的意

---

① 侯自元．中等职业“创新教育”的方法 [J]. 职业教育研究，1988(6)：43-44.

② 胡晓风，姚文忠，金成林．创业教育简论 [J]. 四川师范大学学报（社会科学版）1989(4)：1-8.

③ 柳翠钦，王茹．加强创新创业教育提高劳动者的素质 [J]. 职业技术教育（教科版），2001，22(13)：48-50.

④ 高晓杰，曹胜利．创新创业教育——培养新时代事业的开拓者——中国高等教育学会创新创业教育研讨会综述 [J]. 中国高教研究，2007(7)：91-93.

见》[①]，首次以政府文件的形式完整提出了“创新创业教育”概念，使创新创业教育研究进入了一个新的发展阶段。人们研究的焦点逐渐从以职业岗位培训为内涵、以创业速成为导向的创业实体数量或创业成功与否移出，开始转向对如何使学生通过创新能力的成长促进创业意识和卓越创业心理品质形成，进而以创新实现创业、以创业助推创新方面研究。

为了进一步推动高等学校创新创业教育向深层次发展，2015年5月13日，国务院办公厅印发了《关于深化高等学校创新创业教育改革的实施意见》，进一步深化了创新创业教育的本质内涵。2015年6月2日，又在北京专门召开了深化高等学校创新创业教育改革视频会议，对深化高等学校创新创业教育改革工作进行动员部署，提出了更加明确的创新创业教育指导性意见，深化高等学校创新创业教育改革成为当前和今后一个时期推进高等教育综合改革的重要内容。

二、创新创业教育研究的基本层面

储德平等学者通过大量的文献资料从“研究方法、成果数量、刊物分布及基金关联、作者及所属机构分布”四个维度对我国创新创业教育的研究热点进行了梳理分析。认为当前高校创新创业教育的研究热点可分为以下六个层面。其一是创新创业教育基础理论研究。要以高校创新创业教育概念界定为主，经历了“创新教育”“创业教育”到“创新创业教育”的嬗变，反映了学术界对其内涵理解的不断深化。其二是创新教育与创业教育关系研究。部分学者认为二者仅是语言表达的不同，创新是精神内涵的反映，而创业是前者的表现形式，二者实质相同并相互联系；另一部分学者将二者严格区分，认为创新强调理论与方法的改进，具有原创性，而创业则是新企业或新事业的开辟，实践性更强。其三是创新创业教育发展现状研究。主要围绕两种思路对发展现状进行分析，一种是从总体上阐述目前高校创新创业教育发展存在的问题及成因，提出相应的解决措施或优化路径；另一种是分析高校创新创业教育实践过程中各主体协同机制的问题，并在借

① 教育部．关于大力推进高等学校创新创业教育和大学生自主创业工作的意见 [EB/OL].[2015-06-21]. http://old.moe.gov.cn/publicfiles/business/htmlfiles/moe/s5672/201105/xxgk_120174.html.

鉴已有经验的基础上构建适应时代发展的多元主体教育机制。其四是创新创业教育模式研究。为适应新时代我国经济社会发展需要，对已有的“高校运作型、基地依托型以及政府推动型”三种模式进行归纳、优化，使其进一步具体化、成熟化。其五是创新创业教育经验与启示研究。主要包括案例经验研究、国外态势研究以及中外对比研究。其六是创新创业教育效果评价研究。主要是从特定角度进行评价研究，如以改进后的AHP法为基础构建评价指标体系，引入CIPP模型构建评价体系等；从整体上把握分析评价创新创业教育效果的研究仍处于探索之中[①]。

三、创新创业教育研究的学术史概述

“创新创业教育”概念是由创业教育概念演变而来的，创业教育的概念是由1989年联合国教科文组织在北京召开的“面向21世纪教育国际研讨会”上提出来的。认为创业教育是指培养受教育者的创业思维、创业意识、创业技能等综合素质，并最终使其具有一定的创业能力的一种教育模式。创业教育被誉为教育的“第三本护照”，要求把创业能力教育护照提高到目前学术性和职业性教育护照所享有的同等地位[②]。创业教育的实践在欧美发达国家已经有了几十年的发展。1947年哈佛大学商学院就开设了创业课程[③]。1953年德鲁克在纽约大学开设“创业与革新”课程，以培养学生自我创业能力为目的的创业教育在美国兴起。1968年百森商学院在本科生教育阶段开设了第一个创业学主修专业。1971年南加州大学开设了第一个MBA创业学专业，把高校的创业教育提高到一个新阶段。20世纪80年代创业教育开始突破商学院的边界面向所有学科学生，成为美国高等教育阶段发展最为迅速的学术领域之一。与此同时，日本、英国、德国等高等教育发达国家开始将创业教育作为优先支持和发展的领域，高等学校纷纷开设引进创业教育课程。创业教育已成为世界高等教育改革和发展的趋势[④]。1998年联合国教

① 储德平，杨曌，张秦．近二十年中国高校创新创业教育研究态势——基于CSSCI数据库的分析[J]．中国成人教育，2017(1)：68-72.

② 王振川．中国改革开放新时期年鉴[M]．北京：中国民主法制出版社，2015.

③ 刘志．哈佛大学创业教育课程建设的历程与经验[J]．教育研究，2018(3)：146-153.

④ 刘宝存．确立创新创业教育理念培养创新精神和实践能力[J]．中国高等教育，2010(10)：12-15.

科文组织在法国巴黎召开的首届世界高等教育大会所通过的《21世纪高等教育宣言：展望与行动》提出："为使毕业生就业，高等教育应主要培养创业技能和主动精神，毕业生将不仅是求职者，而首先是工作岗位的创造者"。[①]更加清晰的指明了未来高等教育的使命，再次强调了创新精神培养和创业教育的重要性。

国外只是提出了创业教育的概念，我国则将"创新"的理念融入到创业教育中，提出了"创新创业教育"的概念。1999年，《中共中央国务院关于深化教育改革全面推进素质教育的决定》明确提出：要以提高国民素质为根本宗旨，以培养学生的创新精神和实践能力为重点。2002年教育部确定清华、人大等9所高校率先进行创新创业教育的试点。2008年教育部通过了质量工程项目建设的30个创新创业教育人才培养模式试验区。我国的创新创业教育以教育部2010年下发的《关于大力推进高等学校创新创业教育和大学生自主创业工作的意见》为标志，开始进入了新的发展阶段[②]。2015年5月国务院办公厅颁布《关于深化高等学校创新创业教育改革的实施意见》，大力提倡创新创业教育应面向全部高校、全体学生和培养全过程。国家已经把创新创业教育列入《国家中长期教育改革和发展规划纲要》，并把创新创业教育融入人才培养的全过程，其核心是培养大学生的创新精神和创业能力，改革人才培养模式和教育内容，将人才培养、科学研究、社会服务紧密地结合起来，实现从注重知识向更加重视能力和素质的转变，提高人才培养质量。国内关于创新创业教育的研究逐渐正规化、趋热化，基于创新创业教育体系和体制机制的研究也被重视，我国创业教育体系的建设及其研究获得了跨越式的发展，取得了丰硕的成果。但是在创新创业教育的层次维度及其监测评价方面存在较多问题，大部分的监测效果评价要么缺乏实践指导意义，要么缺乏科学依据。不仅使得监测评价本身的重要性和可信度大大降低，而且直接影响了以之为依据的创新创业教育调整改进工作的有效开展。

---

① 黄志纯，刘必千．关于构建高职生创新创业教育评价体系的思考 [J]. 教育与职业，2007(30)：78-79.

② 教育部．关于深化教育改革全面推进素质教育的决定 [EB/OL].2019-02-27.http://www.moe.gov.cn/was5/web/search?channelid=244081.

四、相关概念的界定

为了让读者能够更加透彻地理解本研究的总体内容和各部分之间的内在联系，需要对总课题的维度指向及各关键词的特定内涵加以界定。

——转型发展高校

是指根据教育部联合国家发展改革委、财政部于2015年出台的《关于引导部分地方普通本科高校向应用型转变的指导意见》（教发〔2015〕7号）文件精神确立的“向应用型转变高校”。辽宁省教育厅于2015年开始启动本科高校向应用型转变试点工作，引导一批试点高校和专业向应用技术类型高等教育转型发展。辽宁科技大学于2016年被辽宁省教育厅确定为第二批转型发展试点高校，并于2017年确定为转型发展示范高校。本研究所指的“转型发展高校”即为此类高校。

——创新创业教育

是指如何使学生通过创新能力的成长促进创业意识和卓越创业心理品质形成，进而以创新助推创业、以创业实现创新的研究与实践。

——层次维度

是指创新创业教育要实施分类指导，分层次进行。

——监测评价

是指有别于专业教育评价而专门用于创新创业教育的监测指标和评价手段。

——转型发展高校创新创业教育的层次维度及其监测评价

是以省属或省部共建转型发展高校为主体，结合高校创新创业教育开展规律，从有利于学生全面发展、提高学生综合素质的角度，改革传统的教育观念、课程、制度和方法，多层次多维度采用新的目标、新的视野、新的理念和新的举措，统筹规划和构建创新创业教育监测评价指标体系的系统层次及各个子指标，引入创新特征、创业意识培养、创业品质锻炼、受挫机制疏导和宏观影响等要素，着力发挥创新创业教育质量监测评价体系的示范作用，构建一套可示范、可推广、可指导和可操作的科学监测评价的实施方案，进而有效推进转型发展高校创新创业教育的健康发展。

五、研究的意义及价值

（一）主要内容

本研究以转型发展高校为主要研究对象，构建各个专业形式多元、内容丰富、手段多样、结构完整的创新创业教育培养体系，构建多元高效的创新创业教学运行平台，组建适应创新创业教学需求的教师队伍，制定全面完善的创新创业教学管理制度，开展覆盖教学各个环节的各种创新创业教学活动，统筹规划和构建创新创业教育监测评价指标体系的系统层次及各个子指标，引入创新特征、创业意识培养、创业品质锻炼、受挫机制疏导和宏观影响等要素，着力发挥创新创业教育质量监测评价体系的示范作用，探索一条培养适应创新型国家建设需要的优秀创新创业人才的有效途径，开辟转型发展高校创新创业教育质量监测评价体系构建的新视角，建构具有普适推广价值的大学生创新创业能力培养模式、方法及路径。本研究将在对相关文献梳理研究的基础上，对创新创业教育的层次维度及其监测评价进行深入透彻研究，构建更具有理论启示意义及实践借鉴价值的方法体系。

（二）研究的理论意义

加强大学生实践能力和创新精神的培养是高等教育改革的重要内容之一，是建立创新型国家、发展创新型社会的需要。推动转型发展高校实现创新创业教育的良性发展，绝不能作为应景式教育，更不能作为面对大学生就业压力做出的被动选择。本研究站在大学生全面发展的高度，着眼于大学生综合素质培养，在高校整个人才培养框架体系内思考创新创业教育，积极回应我国社会转型期的时代特点和发展实际，以提高大学生创新创业意识和创新创业能力为核心，以提升创新精神和动手能力为目标，构建可行的创新创业教育质量监测评价体系，在借鉴教育部本科教学评估、创新创业示范校评估等体系的基础上，结合转型发展高校创新创业教育发展机制，确定评价体系的横向评价和纵向评价指标，使得评价体系更加趋于全面；确定宏观评价和微观评价指标，使得评价体系更加趋于客观；采用定性分析与定量分析，适当拓宽定量分析范围，使得评价体系更加趋于科学；引入权重和权重分配，设计转型发展高校创新创业教育质量评价体系构建路径，并以大众创业万众创新为背景，通过对创新创业教育评价现状的梳理，从系统论视角提出转型发展高校创新创业教育政策体系评价、保障体系评价、教学体系评价和创新创业教育实效评价等构建措施，对于强化创新创业教育质量评价体系的监控功能，促进创新创业教育质量全面提升具有积极的理论创新意义。

（三）研究的实践价值

本研究以面向全体、分类施教、结合专业和强化实践为基本原则，围绕提高创新创业教育质量这一核心，通过吸收和消化相关前期成果，以创新研究为出发点，制定适用于我国转型发展高校的创新创业教育质量评价体系，引导相关高校有目的地开展创新创业教育。结合高校创新创业教育开展规律，从有利于学生全面发展、提高学生综合素质的角度，改革传统的教育观念、课程、制度和方法，用新的目标、新的视野、新的理念和新的举措，统筹规划和构建指标体系的系统层次及各个指标，引入创新特征、创业意识培养、创业品质锻炼、受挫机制疏导和宏观影响等要素，着力发挥创新创业教育质量评价体系的导向作用。有效消除评价量纲客观偏离和人际情感扰动产生的评价结论偏差，使创新创业教育监测评价结论更加全面系统、更加科学严谨，更能反映学校和学生对不同学科、不同类型、不同层面教师的质量要求，更能体现个性化能力成长特点。做到客观、公正、准确监测评价，实现创新创业监测评价的科学性、有效性、导向性、发展性、可行性和可比性。推动转型发展高校创新创业教育层次维度与监测评价机制的形成。有效发挥监测评价的正面激励导向作用，调动全员的积极性，激发创新创业教育活力，促进创新创业教育学术创新氛围的形成，使得一批拔尖人才和标志性成果脱颖而出。探索和凝练极具参考和应用价值的创新创业经验和成果，进行推广和应用。本研究将对转型发展高校创新创业教育培养体系及监测评价的应用与推广研究提供积极的理论启示和实践方法借鉴。

本章小结

本章首先用定量分析和定性评价两种方法对我国创新创业教育研究从起步到发展阶段的基本态势进行了较为细致的研究，在此基础上，对创新创业教育的内涵演变、创新创业教育研究的基本层面以及创新创业研究的学术史进行了梳理，最后，对本研究的相关概念进行了明确的界定，阐述了本研究的理论创新意义和实践应用价值。

第二章　发达国家高校创新创业教育的发展历程及其借鉴意义

我国的创新创业教育兴起较晚，西方发达国家的创新创业教育已经进入了相对成熟阶段，并且积累了丰富的经验。研究发达国家高校创新创业教育的发展历程，总结其成功经验及特色路径，对我国创新创业教育的快速健康发展具有积极的启示和借鉴意义。

一、美国高校创新创业教育的发展历程及其借鉴意义

政治、经济和文化等多方面因素是引发美国创新创业教育的真正动因。20世纪中叶，一方面，面临时代的更迭和社会的快速发展，作为人才培养的主要阵地，大学逐渐走出传统的只专注于教学和高深学问研究的象牙塔。“威斯康辛思想”指出大学应与社会紧密联系起来，这一观点得到了众多学者和政治精英的广泛认同，社会服务成为了除教学和科研之外的第三大职能，并日益凸显。另一方面，美国社会经济并不景气，大学生就业问题日益升温，并且在短时间内没有办法得到有效解决，成为美国社会亟待破解的难题之一。大学开展创新创业教育可以吸引和聚集众多青年大学生，可以有效地提高大学生的综合素质，提高大学生就业的适应性、广泛性和创业能力。在这种经济社会背景下，美国将创新创业教育纳入高校的重要教育内容，不但有效缓解了就业问题，而且对创新创业人才培养、国家创新水平提升，经济增长和综合国力的提升起到了有力的推动作用。

（一）美国高校创新创业教育的发展历程

美国开始创新创业教育是以 1947 年哈佛商学院教授迈赖斯·迈斯 (Myles Mace) 首次在高校课程体系中开创性地设置第一门创业教育课程《创业管理》(Management of New Enterprise) 为标志，随后纽约大学、斯坦福大学和麻省理工学院也相继开设了创新创业课程，美国各高校逐渐将创新创业教育正式纳入专业教育体系[①]。但这一时期美国经济仍是以传统大型企业而非创业型企业为支撑，尽管美国政府采取了重振经济的强有力措施，但该时期美国因二战而严重受损的社会经济还未恢复过来，为此，高校的创新创业教育也没有受到政府和社会应有的重视，创新创业学科也只能是在夹缝中缓慢地自行衍生和发展。

到了 20 世纪 70 年代初，市场化的新自由主义经济开始兴起并登上主流社会舞台，国家宏观调控的“凯恩斯主义”经济思想彻底破产，美国经济出现“滞胀”。自由主义经济主张实施宽松的自由经济，降低企业税费，重视并壮大私营企业实力，在这种背景下，中小企业作为经济增长新动力如雨后春笋般出现，大企业反而逐渐衰弱导致美国经济走向转型，引发了社会对创新创业教育需求的日益高涨。1968 年，以百森商学院首先在本科教育阶段创立创业学专业并开设主修课程为标志，创新创业教育在美国进入新的发展阶段。到 1975 年，开设创业教育课程的高校由 1970 年的 16 所增至 104 所[②]。与课程教育同步，创新创业学术研究也开始热络，《美国小企业期刊》《创业理论与实践》等杂志相继问世，开始着眼于创新创业教育发展及其现状的研究[③]。大型企业是经济发展的主要支柱的权威论断也于 1979 年被以大量实证数据为支撑的麻省理工学院的《The Job Generation Process》所推翻，提出了创新创业对创造工作岗位、供给工作机会和促进经济发

---

① Bo Carlsson, Pontus Braunerhjelm, et al.The Evolving Domain of Entrepreneurship Research [J].Small Business Economics, 2013(4): 913-930.

② Rohinson P. The Education Entrepreneurs: A New Era of Entrepreneurial Education is Beginning [J].American Journal of Small Business, 1995(4): 37-53.

③ Chanphirun Sam · Peter van der Sijde.Understanding the Concept of the Entrepreneurial University from the Perspective of Higher Education models [J].Higher Education, 2014(6): 891-908.

展具有重大拉动意义。

进入20世纪80年代，美国政府将创新增强经济竞争力纳入政策议程[①]。1983年，里根总统成立竞争力委员会，增加对科学、技术、工程和数学等领域的投资，竞争力委员会的职责是专门提供高等教育改革政策建议以及形成定期报告。这一时期政府开始大力支持研究型大学的应用研究，加之科技创新和创业在知识经济兴起的背景下，成为推动美国经济发展的两大“引擎”。20世纪90年代以后，特别是进入21世纪美国高校创新创业教育迎来了发展的春天，成立创业中心、举办创业计划大赛、成立大学生创业社团、筹备创新创业会议、创办创业研究学术刊物以及授予创业学学位。创新创业教育在日益发展成熟，逐渐形成了完善且独具特色的创新创业教育体系。

（二）美国高校创新创业教育的主要特色

1. 课程体系特色

创新创业教育起源于美国高校的内部探索，高校以各自的发展特色与优势为依托，开设相应的创新创业课程，使得其高校创新创业课程具有较大的自主性和灵活性。创新创业课程成为美国高等教育中必修、辅修和各种短期培训中的重要内容。高等教育的主要形式是以课程作为载体的，美国高校的创新创业课程最初只是商学院的边缘课程，后来才逐渐发展为全校性的教育课程。创新创业课程体系融合了各自院校不同的特色，原因在于美国高校创新创业教育是由其高校内部不断演化发展而来的，美国高校创新创业课程在历经百年的探索后，已形成相对完善的体系。其理念在于将大学生培养成领导者、创新者和能够创造性地应付各种变化的问题解决者，在这样的教育理念之下，美国高校创新创业教育便划分为两类：一类是目的在于促进创新创业学科发展，开课对象主要是针对商学院和管理学院的创新创业教育；另一类是目的在于为大学生进入就业市场做好准备，

① Kevin R McClure. Exploring Curricular Transformation to Promote Innovation and Entrepreneurship: An Institutional Case Study [J].Innovative Higher Education, 2015(5): 429-442.

重点培养大学生的创业精神和创业意识的，更多的是作为一种实践性工具的创新创业教育。美国高校创新创业教育与社会和市场有着密不可分的联系，这是由于美国高校创新创业教育的发展是高等教育机构内部自下而上探索的结果，与政府主导的创新创业教育有很大不同。美国高校创新创业教育课程设置因为各所学校的发展特色不同也各有所侧重，但从整体的课程体系来看，美国创业教育的课程内容呈现出创业教育课程的整合度高、课程内容的涵盖面广、课程内容针对性强三个方面的特色。根据各专业的培养要求，将创新创业教育融入通识教育和专业教育，将“创新创业教育、通识教育和专业教育”三者有机结合，是美国高校创新创业教育课程的最显著特点。通识课程的性质决定了其能够整合不同领域的知识，能够帮助大学生学习和掌握一系列适用于所有学习领域的技能。以创新创业教育作为通识教育的内容，是全校性创新创业教育教学开展的最有效方式。创新创业教育课程种类多、具有普适性特征，是由其课程内容所决定的，其课程内容涉及范畴广泛，设置丰富多样，具体包括了文化价值、法律政策、经济环境等方面。创新创业教育通识教育的优势在于，不同学科背景的学生可以根据自身学科优势和自身特长选择课程内容，还可以根据自身兴趣选择学科外延的知识自主开展探索性学习。

为打破学科壁垒，促进创新创业课程和学科专业课程深度融合，美国高校特别注重统筹安排创新创业教育内容。与通识教育强调知识技能的一般性与普适性相区别，专业课程教育的目的在于建构有别于其他专业的知识技能体系，专业课程强调专业知识的特定性和唯一性。能够帮助大学生充分了解本学科专业的应用领域，掌握了大学生相应的专业能力，可以借助学科优势将学科知识转化为富有创造性的观点并能够开展特色化创业实践，是专业课程教育所应达到的教学效果。创新创业教育之所以可以在众多学科中找到相应的结合点，是因为其适用于多学科背景，它既与对创业实践产生影响的人文社科有关，同时也与科学技术转化应用成果的实践性活动有关，此外，对创新创业学科本身的发展进程产生影响。因此，相关专业大学生也需要涉猎不同学科体系下的创新创业知识，才能更好地完成创新创业教育学科的学习。将创新创业教育融入到学科专业课程中，使得大学生在掌握一般能力的前提下，依托专业学科优势为就业和创业做好准备。

2. 师资体系特色

教师是创新创业教育的实施者，美国高校十分重视创新创业师资队伍建设，通过采用专门培训、参加创业实践训练以及模拟创业等活动系统提升创新创业教师素质，师资队伍普遍都是既有学术背景又有创业经验的专业人士，形成了完善的创新创业师资队伍体系，成为有效开展创新创业教育的重要保障。

专职和兼职教师共同构成了美国创新创业教育师资队伍，专职教师除了要求具有较高的理论素养和学术水平外，同时还要求具有企业任职经验或创业经验；兼职教师要求由具有丰富实践经验的企业家、创业者、政府官员、基金会成员、各专业学者等担任。美国各高校在创新创业教师选拔方面有比较严格的规定。如百森商学院，自 1980 年设立创业学讲席教授席位，要求师资中必须有创业家、实业家、创业风险投资家以及初创企业的高级管理人才；在接纳访问学者的时候也要求必须拥有博士学位并且曾经做过与创新创业有关的研究。美国高校不仅重视创新创业教育教师的理论水平，更注重教师的创新创业实践经验。通过“走出去”和“请进来”相结合的方式强化提升教师的创新创业实践能力。高校有计划地选派创新创业教师直接参与创业实践，培养创业技能；鼓励走向社会，到企业兼职；鼓励教师到海外高校讲课，培养教师的国际化教学水平。美国高校还聘请有丰富经验的社会人士以各种方式参与学校创新创业教育。高校对创新创业教师的能力评估主要以教师当年度授课门数、大学生数量以及大学生评价，教师发表的学术论文、论著、科研经费或在州、全国以及国际会议上所作的学术报告，教师在校内参加的各级委员会的情况、在校参与社会服务尤其是企业服务的情况等作为创新创业教师考核的重要依据。美国高校创新创业教师的福利待遇及平均工资水平远远高出其他学科教师，美国高校之所以拥有高素质的教师和稳定、高素质的创新创业师资队伍，与优厚的福利待遇是分不开的。

此外，美国高校将设立捐赠席位作为高水平创业师资引进的一种途径。捐赠席位的设立是高校创业教育领域卓越地位的体现，也是对创业教育发展的重要衡量。

3. 实践教育特色

美国高校在实践教育中开创了创新创业类竞赛平台，不同学科的大学生可以和校友及相关人士通过平台连接形成良好的创新创业协作网络，一起激发创新创业精神和进行创新创业实践。美国高校十分重视创新创业竞赛，通过竞赛有效地激发教师和学生参与创新创业的积极性。美国每年都有大量的商业计划竞争，竞争的根本目的是激发大学生将自己的想法与新企业运行联系起来，各种商业计划竞赛对成功创新创业起到了辅助指导作用。一般情况下，竞赛评审小组由大学教授和包括银行家、律师、会计师以及当地成功的企业所有者等专业人士组成，还有一些比赛邀请真正的风险资本家担任评委。评审原则以企业成功可能性为最佳选择方案，获奖者除了用奖金支付自己的学习费用外，还可以使用赢得的奖金建立自己的企业。大的州每年可能会有几项大赛，第一名获奖者可以拿到 0.5 万美元到 2.5 万美元的奖金；麻省理工学院举办的商业计划竞赛，对获奖者给予高达 5 万美元的种子资金，是麻省理工学院大学生创业活动的一面旗帜[①]。

美国高校的创新创业教育一直受到政府的特别重视和支持，政府及社会机构组织协同大学一起组织商业计划大赛。国家商业计划竞赛为大学举办的商业计划比赛提供种子资金以及技术支持[②]。财政部提出了一项有关投资项目的指示，很多大学都希望进一步加大对于大学生创业者的扶持力度[③]。为了鼓励大学生之间交流创意开展合作，大力支持大学生创建创新创业社团，大学生创新创业社团在美国的创新创业生态圈中具有重要的社会地位。通过丰富多彩的创新创业实践活动，把不同学校的大学生创业爱好者汇聚在一起，在交流互鉴过程中激发新的创业灵感。斯坦福大学专门设立了法律援助协会，专门吸收具有创业意愿的法学

---

① 孟祥霞，黄文军 . 美国创业教育发展及其对我国创业教育的启示 [J]. 中国高教研究，2012(10):62-65.

② U.S.Departmentof Energy, National Clean Energy Business Plan Competition http://techportal. eere.energygov/commercialization/natlbizplan.html.

③ U.S.Departmentof theTreasury, Proposed Regulationsfor Program-related Investments by Private Foundations.http://www.irs.gov/ Charities-&-Non-Profits/ Examples-of-Program-Related- Investments-by-Private-Foundations-%E2%80%93-Proposed-Regulations.

专业学生，通过为社会提供法律服务加深对创业活动的理解，学习处理创新创业过程中可能遇到的法律问题[①]。

4. 保障体系特色

美国从政府层面首先制定了完善的创新创业指导体系，规划引导创新创业教育工作，2009 年首次发布了“创新战略”并不断对该战略进行完善，提出了完整的创新创业发展实施规划，规划主要涵盖了继续扩大创新资金投入、激活市场活力、推动国家重大重点项目建设，对高校的创新创业教育提供了足够的资金保障[②]。2011 年，美国政府对“创新战略”进行了强化，提出学校的创新创业给予是国家发展的核心推动力，推动经济发展，扩大创新的影响力是国家发展的重心。2015 年美国政府对“创新战略”又进行了补充完善，将重心拓展到了有关国计民生的重要领域。许多美国高校并不满足于联邦政府的有限资源，还积极另辟源自于行业企业支持等创新创业发展资源途径。高校和企业互通有无协同合作，高校可以为行业企业提供人力、智力资源，依托这些资源可以降低商业成本及商业风险，同时也可为教师和学生提供知识运用及实践训练机会。为了校企双方的异质资源能够更有效发挥自身的独特优势，美国高校作为创新创业研究的重要基地，正在通过圆桌会议、早餐论坛、建立门户网站等新的方式吸引企业参加到创新创业研发中。美国高校与许多国际知名企业建立了长期稳定的协同关系，使师生能够更多地接触到创新创业的前沿领域，同时帮助企业解决技术研发问题。

为了能够更加有效地整合各种教育资源，搭建起高校与企业合作的桥梁，进而推动创新创业教育的持续发展，美国设有专门负责开展创新创业教育管理机构——创业教育中心。自 20 世纪 80 年代以来得到快速发展，目前创业中心已超过 150 个。作为规划和指导创业教育的枢纽，主要职能是负责制定和实施创新创业教育研究计划、创业教育课程计划，具有实施创新创业教育、研究和咨询服务

---

① 郑刚，郭艳婷．世界一流大学如何打造创业教育生态系统 —— 斯坦福大学的经验与启示 [J]. 比较教育研究，2014(9):25-31.

② 丁宏．奥巴马政府“创业美国”计划的政策评析及其启示 [J]. 世界经济与政治论坛，2012(4): 70-79.

等多种功能。美国的创新创业教育体系是一个多元协同的大系统，创业中心则是整个系统的核心。依托中心高校可以与企业、科研院所及其他社会组织建立广泛的联系，获得更多的政策、资金、资源及技术等全方位的支持。在政府组织的强力推动下，美国还存在大量的参与创新创业教育的社会组织，为美国创新创业教育发展过程中不可或缺的重要力量。这些社会组织包含了创业者协会、创业评估机构、风险投资机构、创业培训机构、各种类型的基金会等形式。在这些社会组织中，最具影响力的当属创业教育联盟与考夫曼基金会。1982 年，俄亥俄州立大学国际企业学院以推动创业活动质量为目的创办了非营利性社会组织美国创业教育联盟，经过 30 多年的发展，现已发展为包括大学与社区学院、企业、基金会、地方教育机构、大学生组织等在内的上百个成员组织。

除此之外，美国良好的创业教育文化背景为人们创业提供了良好的保障，是创业活动顺利开展的重要文化基础。美国社会营造了尊重创新、鼓励冒险、允许失败的创新创业的文化氛围，建立了“容错”和鼓励连续创业的机制。创业活动是结果不确定的活动，存在失败的可能性，尤其是对于大学生而言，坚持创业并非易事，从开始的机会评估、创意设计到规划实践，难以预想的困难和风险无处不在，社会将大学生的创业失败看作是一种学习经验，最初的挫折只会使最后的成功更有意义。

（三）美国高校创新创业教育的经验启示

创新创业教育作为一种全新的教育模式和教育理念，已经广泛地在西方国家传播多年。我国的大学生创新创业教育正处于发展阶段，创新创业教育体系还不成熟。创新创业教育的目的是培养大学生的创新意识和创业能力，这种能力的培养离开了课程载体是很难实现的。因此，高校开设创新创业课程并将创新创业教育融入专业教育课程体系是创新创业教育取得成功的重要保障。

1. 开发分层多元的创新创业课程体系

课程设置及课程体系建设是开展创新创业教育的基础性工作，通过创新创业课程的学习和实践性教学体验，能使大学生转变创新创业态度、激发创新创业热情[①]。所谓分层即在创新创业课程体系构建过程中，着重强调针对不同大学生群体，采取的不同层次的创新创业知识给予策略。在构建创新创业课程过程中，有研究者提出了具有代表性的三层分类观点[②]。第一层是强调将创新创业教育与国家创新人才培养、高等教育改革发展的战略性目标相结合，提升为创新型国家人才培养战略的高度；第二层是把创新创业教育与专业教育相融合，着力培养学生的创新创业能力；第三层是着重将高校创新创业教育定位为以培养创新意识和创业精神为目的，以培养创业能力为核心的系统性教育工程。在课程体系设置上可以围绕“创新型国家发展战略、创新创业能力的培养、创新意识和创业精神”三个层次有重点、分层次地开展[③]。

2. 构建学校领导下的部门领导负责机制

美国高校领导在推行全校创业教育实践和成效时发挥着重要的作用，这也是考夫曼基金会在考核与评价高校时重点关注的方面。美国高校经过几十年的探索形成了全校性创新创业教育项目主任负责制，高校领导通过这种制度来领导高校的创新创业教育事务。在主任负责制下，学校领导只负责战略规划、资金筹措、校内外合作关系等关键事务，而具体的事务交由创业教育项目主任负责推行。我国在推动高校创新创业体系建设过程中，也明确提出了高校应成立由校领导分管创新创业工作领导小组的要求，但大多数高校创新创业教育由教务处、招生就业处、团委、大学生处等职能部门主管，其余部门予以配合，工作被分散至学校各个部门。加之高校内部科室分明、各司其职，部门之间在创新创业教育工作上缺乏及时的沟通与协作，不利于学校创新创业教育工作的整体推进。针对我国高校当前的这种现实情况，高校要加快建立创新创业学院、创新创业教育中心或基地等专门的实体机构。在此基础上，充分调动学校内部资源实行全面统筹管理、其

---

① 卓泽林，赵中建．高水平大学创新创业教育生态系统建设及启示 [J]. 教育发展研究，2016(3)：64-71.

② 黄兆信，赵国靖，唐闻捷．众创时代高校创业教育转型发展 [J]. 教育研究，2015 (7)：34-39.

③ 卓泽林，赵中建．高校全校性创业教育：美国经验与启示 [J]. 教育发展研究，2017(17)：46-53.

他机构上下一致、运行有序的创新创业教育管理架构，系统推动学校创新创业教育各项工作的有效开展。

3. 加强创新创业教师队伍建设

加大优秀创新创业教育师资引进力度，拓宽师资来源渠道，选聘具有创新创业实战经验的各类优秀人才，经创新创业教育师资培训机构培训合格后择优聘用担任创新创业指导教师。也可以临时聘请创业成功者、企业家、风险投资人等各行各业优秀人才为学生开设创新创业讲座。充分利用校友中创新创业成功人士作为典型，以他们创新创业过程的切身经验为大学生提供借鉴，为培养创新创业人才提供真实典型案例。建立创新创业教育相关教师到企业挂职锻炼制度。通过定期选派创新创业教育专职教师、相关专业教师进入企业学习积累实践经验，培养敏锐的创新创业机遇捕捉意识，提升其增强创新创业教育理念。通过与企业联合开发新技术、解决新问题，有助于增强教师解决实际问题能力。为有效激发兼职教师的工作积极性和创造性，让他们投入到高校创新创业教育中来，要建立良好的沟通机制，有意识地培养兼职教师的感情认同。要定期进行技术交流、教学研讨、学术交流等活动，多倾听兼职教师对高校工作的意见和建议并着力加以改进。建立健全创新创业教育教师定期考核制度，严格执行教师的奖罚措施。高校要从职称评聘、教学考核、培养培训、经费支持等方面对创新创业教育工作出色、大学生评价好的教师给予政策倾斜和支持；对于教学质量差、大学生评价低、考核不合格的创新创业教育教师要及时进行重新培训提高，对于提升潜力不大的人员要妥善转岗或解聘。

4. 大力开展创新创业训练项目

科研训练项目、创业训练项目和创业实践项目构成了美国高校创新创业项目，高校有专门的机构为那些科技含量高、发展前景较好的项目提供技术、资金、孵化等方面的支持，同一专业或不同专业背景的大学生基于兴趣自发组合而成团队来做项目。我国也建立了大学生创新创业训练计划项目体系，项目按级别可分为国家级、省级、校级，按类型可分为创新训练项目、创业训练项目和创业实践项目三类，针对不同级别不同类型的项目给予不同的支持。

创新创业训练计划项目是将大学生所学知识与具体实践结合起来，提升大学生创新创业能力的重要形式。我国大学生创新创业训练计划项目尚存在不够重视、资金短缺、导师指导不够、大学生未全身心投入、管理模式落后、大学生参与面窄、项目数量多而高质量成果少等问题。高校应当高度重视大学生创新创业训练计划项目，加大项目支持力度，进一步规范大学生训练计划的宣传报道、项目申报、过程监控管理、资金筹集及使用、成果孵化推广等环节。要推广、繁荣大学生创新创业竞赛。高校要认真组织、落实“互联网+”创新创业大赛，“挑战杯”创业计划大赛，以及各类各级别的创新创业竞赛活动。挖掘大学生的创新创业潜力，鼓励更多的大学生以跨专业组队的形式参与创新创业，提升大学生的创新创业能力，提升高校创新创业教育的整体质量。

5. 努力打造创新创业文化

文化作为当今世界各国综合国力竞争中的软实力，其重要性不言而喻。在实用主义哲学和实用主义思潮的冲击下，美国文化加入了实用主义元素，表现出强调行动、注重实效、勇于创新的特征[①]。创新创业教育是建立在实用主义文化基础之上的一种新的教育内容，契合了美国奉行实用主义价值观念，创新创业教育在美国备受重视，为创新创业教育持续健康发展奠定了良好的文化基础，也为美国的经济增长做出了巨大贡献。我国创新创业起步较晚，创新创业的文化氛围不浓厚，受传统文化的影响，大学生质疑和批判能力较差，大学生片面追求高分数，缺乏创新意识和能力，导致大学创新创业教育质量不高，大学不仅有教学、科研和服务社会的功能，更有传承和创新创造文化的责任。因此，作为高校要重视文化的作用，要着力打造创新创业文化，加大对创新创业典型人物及其事迹的宣传力度，在学校营造良好的创新创业文化氛围，吸引更多的大学生积极参与创新创业活动。充分挖掘和激发大学生的潜在创造力，鼓励大学生释放个性敢于将

① 周颂．实用主义文化影响下的美国高校创业教育类型分析及启示 [J]. 外国教育研究，2008(4)：42-45.

创新创业的创意付诸实践，引领并扶持大学生大胆地投入到创新创业实践中去。

二、英国高校创新创业教育的发展历程及借鉴意义

创新创业教育是以培养具有创新意识和创造能力的人才为目标，集知识、专业及创新精神和创业意识于一体的整体化教育。深入开展创新创业教育是创新型国家建设、实现"两个一百年"奋斗目标的强大支撑[①]。有效开展创新创业教育，成为人才培养模式改革、促进国家经济社会发展的重大课题。西方发达国家的创新创业教育已经进入了相对成熟阶段，并且积累了丰富的经验。研究发达国家高校创新创业教育的发展历程，总结其成功经验及特色路径，对中国创新创业教育的健康发展具有积极的启示意义和借鉴作用。本文通过对英国高校创新创业教育的发展历程及特色经验的总结，探索其对中国高校创新创业教育的启示。

（一）英国高校创新创业教育的发展历程

英国政府在20世纪80年代以前对创新创业教育并没有给予足够的重视，直至80年代中期英国的创新创业教育还没有形成独立的、完整的概念体系。80年代中期以后，英国政府为了寻求国民经济的复苏和发展，促进市场经济快速发展，创新创业教育开始萌芽，萌芽期的英国创业教育主要手段是借助准市场化的方式促进高等教育的发展，主要目的是为了解决就业问题，同时培养一批优秀的企业家，服务于经济发展。创新创业教育通过课堂引导、开设专题讲座以及个别定向指导等方式实施职业培训，先由试点取得经验再向面上推广的形式展开。这一时期英国政府并没有明确地把创新和创业作为一个整体概念加以定义或诠释，但其后的促进创业教育的各种举措中隐含了体现创新要求的意涵，为此本文论述过程统一使用创新创业概念。

自20世纪90年代起英国的创业教育进入了快速发展的关键期。国家咨询委员会和大学拨款委员会在1984年发表的联合声明中明确要求，在所有本科教

① 国务院办公厅．关于深化高等学校创新创业教育改革的实施意见[EB/OL].2019-02-20. http://www.gov.cn/xinwen/2015-05/13/content_2861375.htm.

育中开设创新创业教育课程，以培养大学生的创新精神、创业意识和创业能力，将创新精神和创业能力培养作为评估高等学校创新创业教育的一个重要指标，创新创业教育的主要关注点由单纯为了解决就业开始转向提高大学生的创新精神和创业能力培养。1980 年开始，英国政府每年主办一次创新创业教育年会，为教师和大学生的创新创业搭建良好的交流平台，研讨在创新创业教育与实践中的困惑与经验，形成了许多先进的理论和丰富的经验。

进入 21 世纪以来，英国政府加大了对创新创业教育的扶持力度，通过整合社会各方资源来构建社会支持网络。为鼓励大学毕业生自主创新创业和促进高校加强对大学生企业家资质的培养，2001 年启动了由高等教育基金委员会和科学与创新办公室联合组成的、旨在加强校企合作的高等教育创新创业基金，加强对创新创业教育的资助。2004 年专门设立了大学生创新创业促进委员会，2009 年开通了专门用于连接高校创新创业教育与投资者的系列在线资源网站，高校通过网站获得的信息及资源及时调整其创新创业教育发展战略目标，创新创业实践活动日渐频繁与活跃。2006 年英格兰就已有 45% 以上的高校开设了一门或多门创新创业课程，开设创新创业教育课程的学校不断快速增多，由最初的商学院逐渐扩展到综合性大学和其他类型的高校，创新创业教育教学设施及课程体系在不断改革发展中得到充实和完善[①]。

（二）英国高校创新创业教育的主要特色

1. 课程体系特色

英国高校创新创业教育课程体系具有以下主要特色。一是课程目标层次鲜明。课程目标分为共性和个性目标，共性目标主要包括认知目标、情感目标以及操作技能目标，以创业准备阶段的知识、技能传授为手段来激发学生创业意愿及职业选择。个性目标主要通过培养“企业家精神”和“企业家能力”的方式，帮助学生掌握创新创业全过程所需要的包括机遇把控能力和商业管理能力等多种能

① 杨娟 . 英国高校创业教育拾记 [J]. 中国大学生就业 ,2008 (4)：42.

力，使学生成为创新创业的成功实践者。二是课程结构与内容完整。英国高校创新创业课程结构可分为创新创业认知和创新创业实践两大板块。认知课程教育主要是为了使学生了解创新创业对经济社会发展的积极作用，培养学生的创新精神、创业意识和创业态度，形成积极的创新创业价值取向，激发学生的创新创业热情；实践课程教育主要包括创新创业模拟活动和创新创业实践活动。创新创业认知和创新创业实践两大课程板块构成了英国高校创新创业教育课程的完整结构和丰富内容。三是课程实施和学习模式多元。各具特点的实施方法与学习模式，使得英国高校创新创业教育课程呈现出多元化的特征。基于对创新创业教育和学习本质认识的不同，各高校依据创新创业面向互认课程内容的不同，在课程实施方法和学习模式选择上不拘一格、灵活多样。认知类教育课程更多采用讲授法，而实践类教育课程则以过程体验为主，尤以参与研究、模拟创业、数字化和以机会为中心等学习模式较为普遍。四是课程评价体系相对成熟。主要包括对课程本身层面的评价、教师讲授课程效果层面的评价和学生能力成长层面的评价。课程评价的主要目的在于检验创新创业教育课程的机会成本与成本效率的关系，通过课程目标和课程产出的比值来体现，需要长期运行的数据支撑。对教师教授课程情况和学生能力成长的评价属于短期评价。五是创业教育保障灵活高效。英国高校在保障创新创业教育课程实施方面开展了卓有成效的工作，一方面为创新创业教育课程开展搭建机制平台，提供配套的模拟实训场所，并提供相应的环境保障；另一方面在创新创业教育课程管理上实施弹性的学分制度与多样化的认证制度，保障创新创业教育管理灵活高效。

2. 师资体系特色

英国高校创新创业教育师资体系具有以下五个方面的主要特色。一是师资力量雄厚。英国高校创新创业教育的成效得益于雄厚师资的有力支撑，优质师资成为创业教学质量的重要保障。剑桥大学、帝国理工大学等作为英国最具创新性的大学，也积极参与创新创业教育，通过教授团队进行创业系列课程指导，为学生提供从创新研究到创业实践等各种参与学习和锻炼的机会。二是专业化水平高。英国高校高度重视并大力加强创新创业教育师资队伍建设，有力地促进了教师专业化水平的提高。从选聘和培训两方面强化创新创业教育教师队伍建设，促进创新创业教育教师创新能力提升和创业经验积累，并将创新能力和创业经验很好地运用到教学中去。三是经验丰富。在创新创业教育师资队伍中，有管理经验的教师超过60%，有过创业经历的教师达38%以上。四是结构多元。英国高校的创新创业教师构成是多样化的，除学校自己培养外，还积极聘请校外各行业的成功人士和知名企业家作为客座教师，除了补充师资数量外，更拓展了学缘结构和经验边界。五是高度敬业。英国高校特别注重对教师创业精神和创业意识的培养，让每一位教职工都具备良好的创新创业意识，将创新创业意识融入到教师整个职业生涯的价值诉求之中，正是这种融入到思想深处的创新精神和创业意识的引领，使得教师能够切实将创新创业理念渗透到教育教学活动的全过程①。

3. 保障体系特色

英国政府对创新创业教育在推动国家经济社会发展过程中的重要作用有十分深刻的理解和认知，通过出台相关政策整合各种组织机构的力量共同加以推动，以期在全社会形成创新创业文化。2001年英国成立了科学企业中心（UKSEC），在相关部门提供的“科学企业挑战基金”的支持下，UKSEC快速发展壮大，2007年UKSEC更名为“创新创业者教育协会（EEUK）”，发展至今已拥有百余家高校和其他具有明确创新创业教育职责的高等教育机构会员，EEUK与国家创新创业教育中心（NCEE）每年举办一次国际创新创业教育大会（IEEC）。为了指导、评估和驱动创新创业教育，2012年英国高等教育质量保障署（QAA）专门发布了创新创业教育指导文件，2018年又发布了关于创新创业教育的标准文件，进一步深刻阐释了创新创业教育对于学生创造力成长的积极影响。为了给高等教育机构提供构建高质量创新创业教育的指南，2016年英国发布了《教学卓越框架》，该框架文件系统阐释了创新创业教育教学效果与学生创新创业成果的标准和要求，学生在企业的参与程度、学生的创新数量等方面也成为检验和衡量学生的成果与学习成绩的重要指标。2017年，英国政府颁布了《工业战略建设》

① 范禹．英国高校创业教育的成功经验及启示[J]. 宁波教育学院学报，2019，21(6)：14-18.

指南，将规模化培养下一代企业家作为政府的战略目标，强调创新创业对成功推动工业战略实施重要性。由于国家在政策层面对创新创业教育的引导和重视，英国社会科技园、各种创新创业协会、中心、企业孵化中心等各类组织形成了共同支持创新创业教育的合力，为创新创业教育搭建了良好的平台。此外，英国高等教育基金委员会还专门设立了教师教与学优异基金，出台了与学生创新创业实践效果挂钩的教师的职称晋升激励制度，对在创新创业教育实践中取得优异成绩的教师给予奖励。

（三）英国高校创新创业教育的经验启示

1. 构建完善的创新创业课程体系

课程作为教育教学的基本抓手，其在教育目标实现过程中起到至关重要的作用。创新创业教育要取得良好的成效，就必须构建起完善的创新创业课程体系。首先要有层次分明的创新创业教育课程目标。要通过对创新创业教育内涵的理解，将创新精神、创业意识、创业能力及创业品质作为教育的主要内容。其次要强化创新创业教育课程与专业教育课程的融合。要修订专业培养方案，调整课程设置，将创新创业教育课程切实融入到专业课程教学中去，通过增加创新创业选修课、开发形式多样的创新创业教育模式，系统解决创新创业教育课程和专业教育课程融合度不高的问题，最大限度地消除创新创业教育与专业教育“两层皮”的现象。通过专业教育与创新创业教育全方位深度融合，给予学生充足的创新创业实践训练的机会和时间，激发和培养学生的创新精神、创业意识，着力提高学生的创新创业能力素质。第三要创设多元的创业教育课程实施和学习模式。在充分发挥讲授式和体验式两种课程教学优势的同时，创造增加实践性学习和网络化学习的条件。通过实践性学习强调让学生从做中学，通过网络化学习强调学生利用网络资源进行自主学习，保证学生有充足的时间和空间了解来自不同行业、不同领域的创业信息。第四要建立科学的创新创业教育课程评价体系。创新创业教育课程评价应主要关注课程本身、教师的教学以及学生的学习效果三个维度。课程本身的评价主要应关注课程开发与实施的全过程；教师教学的评价应主要采取对教师的专业理论及实践指导能力考核、专家评教及学生评教等方式进行；学生学习效果评价应通过创新创业实践效果、撰写创业计划书等更为灵活的形式，通过实践来检验学生创新创业知识掌握和技能形成情况。第五要积极拓展创新创业教育课程体系。一方面要提高课程资源自我衍生能力，促进创业教育课程开发和研究；另一方面要注重校际间的合作，利用相同学科的特点，充分利用网络资源实现创业教育优质课程资源和典型案例共享。加强与行业企业的联系，将行业的前沿态势和企业的运营流程融入创新创业课程开发之中，依托项目设计及虚拟企业运营流程培养学生的创新创业能力。同时还要引入国际企业管理、商务管理等国际化课程，拓展大学生的国际视野①。

2. 打造高水平的创新创业教育师资队伍

随着创新创业教育的快速兴起，师资匮乏问题成为了影响创新创业教育质量的短板，严重制约了高校创新创业教育的发展和教学水平的提升。创新创业教师队伍建设要根据教育部2012年颁布的《普通本科学校创业教育教学基本要求（试行）》文件要求，按照专业学生人数及实际教学任务，打造一支以专任为主、专兼结合，数量充足、业务精良的教学团队。首先要根据教育部的文件精神，采取“请进来”和“走出去”两种方式，建设一支既有广博专业学术知识又有丰富实践经验的创新创业教育师资队伍。“请进来”主要是指定期或见缝插针举办创业教育专题培训班，邀请成功人士或知名企业家等业界精英担任培训顾问，通过与成功人士或知名企业家的面对面交流咨询，提升教师的创新创业指导能力。“走出去”是指选派专业教师到国内外创新创业教育特色高校进行考察、学习，或到知名行业企业挂职锻炼，学习先进的创新创业教学理念，体察企业实际运行方式，积累创新创业教育及实操经验。其次要眼界向外，积极选聘实践经验丰富的专家学者、创业成功人士等担任兼职教师，通过不同的教学形式承担特定的创新创业教学任务，分享创业成功经验，用亲身经历的创新创业实践生动案例，激发大学生的创新热情和创业积极性。第三要制定专业的创新创业教育教师准入标准和选聘程序，

① 宫福清，闫守轩．英国大学创业教育课程特色与启示[J]．现代教育管理，2016(8)：84-88.

有计划地培养和引进创新创业教育人才，确保有经验、有能力的成功人士充实到创新创业教育师资队伍中来，切实承担起高校创新创业教育的教学重任[①]。

3. 构建高校创新创业教育保障体系

首先政府要根据实际制定专门的法律与政策，成立全国大学生创新创业委员会、创新创业教育中心等机构，统一负责全国的创新创业教育管理、评估、组织和扶持等工作，依托多样化、专业化的组织体系，为高校的创新创业提供重要保障。其次是政府相关部门应专门制定鼓励及扶持创新创业教育的配套政策，比如某些行业企业的准入政策、税收政策、融资和贷款等方面，有灵活的进入和退出机制，健全相关监督制度，使得创新创业政策能够真正地落到实处，为大学生创新创业创造良好的外在环境。第三要完善多渠道资金支持体系。大学生创新创业最主要的问题之一是资金短缺，严重制约了创新创业教育的正常开展。政府应将创新创业教育纳入到国民教育发展的整体规划之中，加大对创新创业教育的资源及财力投入，鼓励各种社会组织机构为创业提供咨询、指导和服务，对扶持大学生创新创业的企业及单位给予相应的优惠政策，多渠道引进资金共同鼓励支持大学生积极主动创新创业。第四要在高校内部建立专业化创新创业教育组织机构，形成自上而下协调配合的体制机制。充分发挥各个部门的协同合力，统一创新创业管理指导思想，明确职责分工，推动高校创新创业向更大范围、更高层次和更深程度发展。加强与社会各界的合作，形成创新创业教育人力资本和政策资金的集聚效应。第五要完善高校创新创业教育实践及孵化机制。探索建立"产学研用"相结合的一体化创新创业模式，通过校企合作为大学生提供创新创业实践机会与优质的创新创业教学实践资源。选聘有较强的企业规划能力，有丰富实践经验的职业经理人作为导师，给予大学生全方位的创新创业指导，解除大学生创新创业过程中的后顾之忧[②]。

高校作为国家创新创业教育的主阵地，特别是转型发展高校要在创新创业

① 黄兆信，张中秋，赵国靖，等．英国高校创业教育的现状、特色及启示 [J]. 华东师范大学学报（教育科学版），2016(2)：39-44.

② 谢萍，石磊．英国创新创业教育的现状及其启示 [J]. 世界教育信息，2018(14)：42-47,51.

教育实践中，真正厘清人才培养、科学研究、社会服务和文化传承与创新的互促关系，在学术文化与企业文化的碰撞中寻求融合共生，在高等教育职能定位不断演进的国际化视阈下，重构学术文化与企业文化价值体系。

三、德国高校创新创业教育的发展历程及其借鉴意义

（一）德国高校创新创业教育的发展历程

20 世纪 50 年代的"模拟公司"是德国创新创业教育最早起源，学生可以在"模拟公司"进行实际操作，通过熟悉全部业务过程搞清其各工作环节之间的联系，从而能有效解决实践教学的难题，增长相关知识培养学生的实践动手能力，其优势在于学生不必承担任何经济活动风险。职业学校经济类专业的学生是德国早期创业教育的主要对象，主要目标是丰富学生专业知识与提升其实践能力。这是德国创业教育的雏形，从本质来说，这只是创业教育萌芽，在一定程度上说，真正意义上的大学创业教育还尚未形成。到了 20 世纪 70 年代中期，德国在斯图加特大学、科隆大学等高校设立了创新创业教育中心，并开设了一系列创新创业课程，标志着德国的创新创业教育正式开启[①]。

德国大多数公共机构减员增效，以及因结构调整等因素大企业纷纷裁员，导致就业机会大量减少，使得传统就业市场出现萎缩失业率呈上升趋势。因此，创新创业教育在 20 世纪 90 年代中期得到重视和加强，政府和大学开始重视创新创业教育，大学创新创业教育的需求大幅增加。创业教育被德国联邦教育和研究部纳入到大学教育之中，为扶持大学生的创业构想与创业活动，政府投入 4200 万马克，200 多所大学得到了该计划的支持[②]。为提高大学生创业实践能力，缓解大学生就业压力，将创业教育引入传统大学教育，并在大学普遍推行创业教育。"EXIST"计划的主旨是提高科研成果转化率；通过创新创业增加工作岗位；支持大学和大学生创办新企业；倡导并鼓励将持续创业文化融入高校的科研和教学

---

① 陈诗慧，张连绪．发达国家高校创业教育生态系统建设经验及启示——基于美国、德国、日本的创业教育生态系统建设经验比较 [J]．教育探索，2018，(1)：115.

② 王森．德国政府支持大学创业——Lxls 计划概要 [J]．全球科技经济瞭望，2002(3)：30.

管理[①]。该计划主要是为了促进大学的教育教学改革，优化大学创新创业环境，在大学内部培植创新创业文化氛围，将大学与行业企业以及科研院所系统联系起来，通过共同创办培育新创性企业，以增加新的就业岗位。为系统研究创业教育，德国在大学成立了专门的创业教育研究中心（院、所），如“德国提高大学创业能力研究协会”(FGF)，该协会的成立也是德国大学创业教育发展的一座重要里程碑，该协会特别重视对高校创新创业经验的研究，取得了积极的有广泛影响的研究成果。1998年，创业教育学被纳入德国高校的课程体系，作为25所高校的核心课程，并在12所高校设立了创业教育学首席教授职位[②]，每所高校创业教育学教授席位达到30个以上[③]，创新创业教育体系逐渐形成。

进入21世纪以来德国的创新创业教育快速发展，开设创新创业课程的高校由20世纪末的25所迅速增加到超百所，所有高校都设立了创业教育学教授的职位。为了加大对创新创业资金的扶持力度，德国于2001年又启动了“EXISTII”计划，并于2006年再次启动了“EXISTIII”计划，它是“EXISTII”计划的升级版，进一步加大资金的扶持力度，深入实施创新创业教育，把创新创业教育的理念真正融入到教育教学中，把创新创业教育课程推广到更多高校，使全社会的创新创业意识得到不断增强[④]。德国政府特别重视创新创业实践活动，各个部门通力协作采取多种措施激励大众创业，通过多种渠道为创业者提供信息咨询以及资金的支持。同时，依托高校重点支持高技术含量创业，为提高经济竞争力提供关键支撑。为激励私人投资者为创新创业提供融资，2013年启动了“IN-VEST”风险资本补贴计划。德国经济的复苏、增长和社会就业的扩大，其主要动力源泉是创新创业。

① Gudrun Curri. Introducing Entrepreneurship Teaching at Select German Universities: The Challenge of Change[J].Higher Education Management and Policy, Vo1.20, No.3,2008:45-64.

② Koch,L.Theory and Practice of Entrepreneurship Education: A German View[J].International of Entrepreneurship Education, Vol.l, No.4, 2002:633-660.

③ Klaus Anderseck. Institutional and Academic Entrepreneurship: Implications for University Governance and Management [J].Higher Education in Europe,Vo1.14,No.2,2004:193-200.

④ CURRI G. Introducing Entrepreneurship Teaching at Select German Universities:The Challenge of Change[J].Higher Education Management and Policy,2008,20(3):45-64.

（二）德国高校创新创业教育的主要特色

1. 课程体系特色

从 20 世纪 70 年代开始，德国高校重视创新创业人才培养，从注重构建创新创业课程体系的源头上抓起，重视不同课程对于大学生的适用性，形成了一套完善的创新创业教育课程体系。德国在大学开始开设创新创业教育课程，从最初的主要在工商管理专业开设逐步扩展到其他专业。德国高校创新创业课程结合了专业基础和实践课程，同时也很好地发挥学校自己的优势学科特色。德国高校创新创业教育的一个显著特点是重视实践性，即在开设理论课程基础上更重视实践操作课程教学，通过让学生参加创新创业大赛实践，在实践中培养大学生的创新创业能力。通过与政府及企业共同搭建创新创业实践平台，为大学生提供更多、更广泛的创新创业实践机会。德国社会特别注重跨领域口径的、拥有跨学科知识基础，培养具备跨学科的知识整合能力、资源整合能力和团队合作精神。在制定教学计划时为促进学科之间的交叉与融合，要求各个学科专业在设置专业基础课程之外，同时还要设置跨学科的相关课程。为开阔思路，逐步培养多学科的思维能力，鼓励不同学院之间联合培养学生，增强多学科工作能力。以慕尼黑工业大学电信学院 (Faculty of Elec;tric;al Engineering and Information Technology) 为例，通过开设信息与沟通技术、自动控制和工业信息技术、电子、机械和能源系统等高级课程群，促进学生形成跨学科思考问题的思维方式，课程群由本学院的老师协同其他学科专家、专业工程师等人员共同授课①。打破了学科之间的界限，教学更具灵活性，跨学科合作教学有力地促进了创新创业人才的培养效果的提升。

2. 师资体系特色

德国高校的创新创业教育非常注重社会实践的作用，高校在实施创新创业

---

① 吴伟，邹晓东，陈汉聪 . 德国创业型大学人才培养模式探析——以慕尼黑工业大学为例 [J]. 高教探索 ,2011(1)：69-73.

教育过程中非常重视与企业的协同合作。高校和企业的协同合作与交流不只是停留在形式上，而是通过一系列实际合作探索经验为企业所用。创业教育的实施主体是大学教师，创业教育师资队伍结构和水平将直接影响创业教育的实施过程及效果。把企业具有丰富实践经验的专家及专业技术人员聘请到高校来担任创业教育兼职教师，创业教育兼职教师从类型上分为服务型、专家型和引导型。服务型教师主要为有自主创业意愿的大学生提供信息咨询服务；专家型教师主要为创业大学生提供项目评估指导；引导型教师主要利用课程教学对大学生的创业能力施加影响，促进和提升大学生创新思维的提升。德国创业教育的师资来源于企业的兼职教师和来源于经济学院以及管理学院的专职教师，其中，来源于企业的兼职教师占创业教育教师人数的大多数。实际上这些具有丰富创业经验的兼职教师往往更能把握创业的内涵与实质，授课的效果也优于专职的"学院派"教师。这种聘用兼职教师的做法在德国高校进行了全面推广，并被证明是成功有效的。此外，在德国的创业教育的师资中，有一个非常有特色的教授职位，即创业教育教授。创业教育教授的选拔十分重视理论和实践能力的考察。

3. 实践教育特色

德国积累了丰富的企业孵化经验，通过建立和完善不同类型、不同形态的孵化模块，为大学生创新创业提供重要扶持和保障。孵化模块主要包括"促使技术产业化并为技术产业化提供便捷服务的加速器；为公司推动产品市场化进行模块化定制，促使其成功运营的企业工场；为初创企业提供服务的孵化器"三种形态[①]。上述孵化模块成为大学生创新创业的重要服务机构，大学生可以定期接受孵化模块的创新创业知识培训，接受技术层面的咨询、指导与服务，更重要的是大学生可以低门槛入驻孵化器进行创业，同时还可以享受政府补贴创办微小企业，为大学生创新创业的发展提供了重要的保障。为促进创新创业教育的顺利发展，德国政府制定了由联邦政府协同多元主体参与的创新创业管理模式，专门针对"中

① 权麟春."互联网+"视域下德国创新创业教育的启示[J].五邑大学学报(社会科学版)，2017(19)：84-88,95.

小企业创新项目”计划，加强对创新创业的管理和扶持。同时在诸多新兴科技领域提供资助，除了在研究与开发上提供大量资助外还提供大量的金融服务，激发相关领域的自主创新行为[①]。依托科技园为大学生创新创业教育提供良好的创新创业平台，形成了“以洪堡大学科技类院系为主的高教城，这是 Adlershof 科技园创新创业生态体系的核心；以可再生能源等六大产业研发体系为主的科技城；以广播电视台为基础的传媒城创建的信息交互平台；以柏林创新中心等拥有强大的创新基地和为创业服务的四大孵化器体系为依托的创业城；节能环保的柏林州未来城”的“五城”联动模式。“五城”联动形成了创新创业的生态体系，每年大约有 85000 名大学生入住 Adlershof 科技园，成为具有领先地位的技术创新中心[②]。

4. 保障体系特色

20 世纪 90 年代初社会民主党成为德国政府的执政党后，面对内部失业现象十分严重、外部环境的经济放缓的困局，通过制定较为宽松的财政政策来解决就业难题。尽管政府承认创新创业可以有效地降低失业率，但是受传统文化的影响，当时整个社会环境对创新创业失败的宽容度不够，德国不少民众还未走出失业的恐惧阴影，即使是已经成功创业的群体中也有不少人惧怕再度创业失败。德国政府开始转变国民的创新创业思想观念，尝试用学院革命来转变面对的难题与挑战，即从研究型高校转变为创业型高校培养创新创业型人才，这与中国现今推行的“引导部分地方普通本科高校向应用型转变”相类似。为展现德国政府对创业改革与培养创新型人才的立场与决心，这一时期德国制定了“创业与创新”和“教育与企业生命”两项政策。21 世纪初德国政府出台了新的发展战略，在创业实践中植入强调创业教育的层次化和整体化的“创业链”理念，倡导高校与政府及企业之间构建“产学研”合作关系。2009 年，创业与创新作为德国政府核心发展战略，

① MUSLOLIK J, MARKARD J. Creating aixl Shaping lnnovation Systems: formal Networks in the Innovation System for Stationary fuel Cells in Germany[J]..Energy Policy,2011, 39 (4):1909-1922.

② 徐振强 . 德国工业 4.0 科技园区创新创业生态体系研究——基于对柏林州 Adlershof 科技园的案例研究 [J]. 中国名城，2015(11): 38-49.

分别出台了“中小企业核心创新”“工业共同发展计划”“开创型中小企业”等政策规划，进一步改善了创新创业教育环境。此外，德国政府高度重视并不断加大对高校创新创业教育的经费投入。据统计，截至2016年，德国高校创新创业资金总额已达2亿欧元[①]。这些财政政策的实施对大学生创业教育提供了重要的资金支持，极大地激发和保护了大学生的创新创业热情。

5. 文化氛围特色

文化是人的精神家园，是价值观的体现，是一个国家综合国力的重要体现。德国的大学、企业都特别重视创新创业文化建设，创新创业逐渐成为德国社会的一种文化理念和一种行为习惯。德国政府特别重视对创新创业社会文化的培育，将“创新创业文化元素”注入社会整体文化中，通过举办创新创业大赛营造良好的创新创业氛围，通过技术创新与产业孵化的引导和影响，不断提高创新创业在全社会的广泛认知度与传播力。营造创新创业文化氛围的重要举措还包括培育企业家精神，重视企业家精神的培养是德国高校创业教育特色另一大特色。企业家精神既是优秀企业家保持敢于创新、冒险精神、善于合作、爱岗敬业、不断学习、执着追求的一种精神品质，又是能够“融合经济、艺术和社会活动为一体的创新企业家精神文化，最终成为人类创造文明史上的核心价值之一[②]”。将企业家精神纳入大学生创业教育的培养也符合人的多元化创业发展的需求，这也造就了德国创业在过去十多年的飞速发展。德国高校十分重视与支持对大学生的企业家精神和思维能力的培养，潜移默化地将企业家精神渗透至大学生的思想中。通过不同学科之间的催生与互动，使更多的大学生能够学习和借助企业家精神和企业文化的促进作用，这样可以不断吸收企业家来开展创业实践，充分地利用企业家精神推动创业教育的发展。根据2015年初发布的有关数据，德国大学已拥有128个企业家精神教席[③]。企业家精神文化是人类文明史上的核心价值之一，它很好

① 欧庭宇 . 德国高等院校创业教育模式探析 [J]. 广东技术师范学院学报，2018(1)：44-48.

② Faltin G.Creating Culture of Innovative Entrepreneurship.Journal of enternational Business and Economy,2001,2(1):132-137.

③ 沈忠浩 . 德国多方位推动大众创业 [N]. 经济参考报，2015-12-04(4).

地将经济、艺术和社会活动融为一体。企业家精神文化对于树立创新创业价值观和培养大学生的创新创业素质具有积极的引导与塑造作用。为带动学术界对创新创业教育的研究,许多高校都热衷于举办以创新创业为主题的各种高端论坛峰会,并在此基础上构建起完善的与专业很好地融合的高校创新创业教育体系。在德国的一些知名高校，每年都会定期举办创业培训和创业峰会，一些成功的企业家、著名专家学者也经常出现在大学生创新创业的活动中寻找人才、发现商机，校企多元诉求的融合在校园中形成了浓厚的创新创业教育氛围。

（三）德国高校创新创业教育的经验启示

1. 构建科学的创新创业课程体系

课程体系是实施创业课程教育的前提和基础，确定科学合理的目标是高校创业课程体系创建的关键。培养大学生的创业素质是创业课程开展的总目标，由“掌握创业知识、提升创业技能、提高创业意识、保持创业心理健康”四个子目标构成。要培养创业者坚定的创业信念和强烈的创业动机，是由创业活动的创造性、能动性特点所决定的，激发其创新精神与创造性思维，是创业课程的首要目标。我国目前创业理论知识的传授仍是大学创业教育的主要内容，商业实践机会比较缺乏。大学生创业能力的养成应在实践中逐步实现，然而，创业教育仅仅停留在传授创业理论知识是远远不够的。创业对人的综合素质要求很高，要求将创业课程和创业实践很好地融合在一起，因此，应该将实践课程内容引入创新创业教育，增加大学生创新创业实践的时间和空间，给学生提供更多能够参与创新创业实践活动的机会。大学生可根据自己的特长及兴趣爱好，积极参加相关创新创业社团活动，通过参与活动既可以达到检验知识掌握及运用的目的，又能在创新创业实践中增强实践创新的能力。转变人才培养方向理念，在创新创业教育的评估方面，将创新创业课程学分作为必修的学位课程学分，将创新创业课程与基础课程和专业课程有机地融合在一起。

2. 加强创新创业教师队伍建设

要加强对校内已有的创新创业导师培养，校内创新创业导师是学校创新创业教育的主要依靠力量，要制定长期的培训规划为教师提供更多机会和平台，形成有效机制推动他们参与各类创新创业培训，不断提高创新创业教师的专业素养和教学能力。在强化对本校教师培养的基础上，还应积极聘请和引进校外的优秀创业教师，为创新创业教育教师队伍注入新鲜的活力。在德国，选聘创新创业教师的主要渠道是企业，有创新创业经验的企业家、专家成为最佳选择。高校通过与创业企业、行业组织以及创业培训服务机构进行合作，将在社会创业实践中有丰富经验、有丰硕成果的成功专业人士聘为兼职导师，通过“课程 + 培训会 + 讲座”的方式，为大学生提供教学、指导和咨询服务。我国兼职创业教师数量和比例相对较少，进入 21 世纪以来虽然有一定数量的增长，仍然不能很好地满足创新创业教育的需要。此外，也未设立创业教育教授一职。由于缺乏对兼职教师和创业教授专业性身份的认同，在某种程度上不利于创业教育的发展和质量提升。要设立创新创业教育教授职务，并通过设定创新创业教育教授职务来提升创新创业教育师资的身份认同和职业认同。

3. 加强科技园等孵化器建设

借鉴德国创新创业园区的成功做法，同时，立足于我国实情实施孵化器战略，为创新型企业提供技术、资金及基础设施等一系列支持和服务，以降低成本与风险的方式吸引和鼓励创新创业者积极投身于创新创业实践，不断提高创新创业的数量和成功率。截至 2015 年，我国已建成 1500 家创业孵化器，其中国家级创业孵化器 500 家。30% 以上的国家级创业孵化器建立了“创业苗圃”和“创业加速器”，50% 以上具有投资孵化和持股孵化多功能，60% 以上孵化器专业从业人员接受了培训，80% 孵化器建有公共技术服务平台，90% 孵化器形成了创业导师专业辅导体系①，孵化器战略的实施取得了积极的助推创新创业成功效果。存在的问题在于数量有

① 徐振强．德国工业 4.0 科技园区创新创业生态体系研究——基于对柏林州 Adlershof 科技园的案例研究 [J]. 中国名城，2015(11)：38-49.

余但质量不高；区域发展不平衡差异较大，其应有的辐射作用未能充分发挥，制约了全国范围内的整体推进；部分孵化器的“孵化”功能不完善，影响孵化器的运行效率，管理层面的服务水平也有待于优化；尚未建立健全“孵化”优度信用体系，孵化器在初创企业上述问题必须加以正视并及时予以解决[①]。依托高校人力和智力资源建立高质量可持续的创新创业园区，园区建设要面向世界，吸收和借鉴国外好的做法和成功经验，并以园区取得的科技成果助推企业的发展。将高校、企业、研究机构等创新主体的孵化器聚集起来，实施规模化、系统化培育创新创业，引导各类主体相互之间形成良性协同互动。让更多高层次专业人才对园区内的创新创业项目重点进行孵化，形成更多、更具有发展潜力的创新型企业。

4. 构建创新创业教育保障体系

创新创业教育的实施是一项综合性系统工程，仅仅依靠高校自身承担是不够的，需要社会各界的广泛支持和积极参与。要鼓励全社会各界参与和支持大学生创新创业教育，形成促进创新创业教育的动力机制，以实现社会资源优化组合互利共享，从而共同促进创新创业教育的顺利实施和健康发展。首先，教育管理相关部门应将创业教育相关指标加入高校的评估体系中，进一步完善高校创业教育的实施与监管，同时，积极引导各大高校加深对创业教育的重要性认识，加大对创业教育的投入力度。其次，政府除了大力投入外还可以组织有关金融机构，建立创新创业基金会金融支持系统，鼓励民间资本对创新创业教育的参与热情和扶持力度，让社会资本参与到创新创业教育中来发挥作用。为创新创业项目提供充足的资金保障，为在创新创业教育和实践中表现优秀的教师给予专门的晋级岗位或相应奖励。最后，以新型学徒制培训为大学生创造和搭建创业者交流平台，通过技术与智力的合作使创业者与企业间建立起一种双向互动关系，增进企业与大学生的联系，帮助建立和推广创业项目。企业可利用其广阔的社会资源与大学生合作创办风险低、投入少、可操作性强的小微企业，通过企业的扶持增强大学

① 权麟春．“互联网 +”视域下德国创新创业教育的启示 [J]. 五邑大学学报 (社会科学版)，2017(19)：84-88,95.

生对创业成功的信心，初步达成创业教育的目的。

5. 积极培育校园创新创业文化氛围

鉴于创新创业氛围对于大学生创新创业的影响非常重大，德国非常重视高校内部创新创业文化的建设，将创新创业文化作为校园文化体系必不可少的重要组成部分。相比较而言，中国高校的创新创业文化建设相对薄弱。原因主要在于，一方面中国高校长期受应试教育的影响，限制了大学生兼顾全面发展；另一方面在传统教育理念的影响下，中国更加重视对大学生专业理论和专业能力的培养，实践创新意识和实际操作能力培养常常被忽略。中国大学生的创新能力的培养不够，创业意愿相对不足，对于创新创业的认知不明，导致大学生缺乏必要创新创业的意识和自信。因此，要学习和借鉴德国高校创新创业文化建设方面的经验，努力营造积极的创新创业校园文化氛围。要破除应试教育的桎梏，推动考试方式方法的改革，在考试和学业评估过程中，增加综合能力考量，根据实际情况调整结构成绩比重，提高对课外实践能力与应用能力培养的要求，鼓励大学生积极参与高校、政府及社会团体组织的各类创新创业实践活动，为大学生创新创业意识和创业精神的培养和提高提供良好的基础。要创造机会和条件，通过举办影响力和规模较大的创业设计大赛，邀请更多创业成功者进校园与大学生分享自身的经历和经验，通过各种媒体大力宣传大学生创新创业优秀典型，推进在整个校园内形成浓郁的创新创业文化氛围。

四、澳大利亚高校创新创业教育的发展历程及其借鉴意义

（一）澳大利亚高校创新创业教育的发展历程

二战结束后，澳大利亚为了缓解大学生的就业压力，高校开展了与创办小企业相关的一系列培训，澳大利亚高校创新创业教育开始起步，至今已走过了70多个年头。

澳大利亚在面临国内经济低迷、大学生入学率快速增长及就业率不断下滑的困难形势下，议会于1945年提出将“实现全民就业”作为政府工作的重要目标

之一。在 1945 年到 1975 年的 30 年里，澳大利亚高等教育规模突飞猛进，在校大学生人数从 1.5 万上升到 27 万 ①。为缓解就业压力，商学院等部分高校相继开展了与创办小企业相关的培训 ②。1979 年，新英格兰大学教授杰弗里・梅雷迪思 (Geoffrey Meredith) 率先提出了"关注创业和小企业管理"问题。同年，产业部在墨尔本发起了第一个基于创新创业教育研讨班，但最初的参与者主要是工程专业的大学生以及有一定商业背景的人士。1985 年澳大利亚成立了商业创新委员会，负责创新创业政策开发、协调培训和资金筹措，并开设了分享经验的创新创业论坛。随后澳大利亚主要城市的创新创业中心如雨后春笋般出现，创新创业中心的主要服务项目是为创新创业者提供专业知识和技能、金融资源管理 ③。

从 20 世纪 80 年代初开始澳大利亚的创新创业教育进入了发展阶段。澳大利亚政府将高校创新创业教育与推动经济复苏联系起来，通过一系列政策性举措鼓励高等教育机构与行业企业加强合作，大力培养专业基础知识宽泛扎实、工程技术娴熟的国际化人才，加快技术创新和科研成果的转化 ④。与此同时，高校积极调整创新创业教育课程结构，把开设创新创业教育课程作为教育教学改革的核心，以"创新创业竞赛"等形式为实践教学平台，聘请业界实践经验丰富的企业家担任创新创业实践指导教师，创造了良好的创新创业平台环境 ⑤。1982 年斯文本科技大学开设了创新创业研讨班，同年，莫纳什大学成立了创新创业发展中心，昆士兰大学紧随其后成立了全国第二个创新创业教育发展中心 ⑥。中心除了专门为商业计划准备和风险投资经纪提供培训咨询外，还实施了"研究生创新创业"项目计划，帮助研究生开发创新创业技能。

1995 年在联合国教科文组织"希望接受过高等教育的毕业生不仅是求职者，

---

① 西蒙・马金森 . 现代澳大利亚教育史 [M]. 杭州 ：浙江大学出版社 , 2007：201.

② 张海燕 . 海外高校的创业教育 [J]. 中国职业技术教育 , 2006(18)：45-46.

③ 柯政彦 , 吴剑丽 . 澳大利亚创业教育的兴起、发展与挑战 [J]. 科技创业 , 2011(1)：50-51.

④ 西蒙・马金森 . 现代澳大利亚教育史 [M]. 杭州：浙江大学出版社 , 2007：201.

⑤ 谢胜强 , 陈德棉 , 陈盈盈 , 等 . 国外创业人才培养模式和特点比较研究 [J]. 科技创业月刊 , 2009(3)：87-89.

⑥ 柯政彦 , 吴剑丽 . 澳大利亚创业教育的兴起、发展与挑战 [J]. 科技创业 ,2011(1)：50-51.

也是成功的企业家和工作岗位的创造者”[①]的启示下，澳大利亚高校开始注重培养大学生的开拓精神和创业意识，创新创业教育进入成熟阶段。2001 年在澳大利亚 36 所高校中，有 20 所将创新创业教育课程纳入必修课，有 14 所高校专门设立了本科创业学专业，还有 8 所高校专门设立了研究生创业学专业。到 2010 年，在澳大利亚 39 所高校中，已有 34 所开设了创新创业教育课程。2001—2007 年数年内全国创业人员比例由 8.96% 上升到 11%，大学毕业生创业比例为 19.26% 上升到 21.46%[②]。

（二）澳大利亚高校创新创业教育的主要特色

1. 课程体系特色

在政府、高校及社会各界的共同努力下，澳大利亚多数高校建立了比较完善的创业教育课程体系，已经将创业教育作为一门专门课程或学科进行建设和研究。尽管每一所高校设置的课程内容与侧重点都有所不同，但普遍包含了“创业精神、创造力养成、市场营销学、企业管理、企业家精神培养、企业发展战略”等内容。澳大利亚高校创新创业教育课程体系分为初、中、高 3 个层次。初级阶段主要学习创新创业教育基础课程，为进一步学习创新创业教育核心课程奠定坚实基础；中级阶段需要学习创新创业核心课程，学生可以根据自身的兴趣爱好在选修课程中自主选择 3—4 门课程学习；高级阶段学生可以根据自身的实际情况及周边环境开展模拟创业，创业实践中学校聘请拥有丰富创业经验的成功人士担任指导教师，所有有创业意愿的学生都可以在导师的指导下实现模拟创业，甚至可以在相关行业企业家的指导下真正实现创业梦想[③]。

从澳大利亚高校创新创业课程类型来看，既有通选类课程也有基于学科背景的专业课程。课程主要包括 3 种模式。其一是以创业学学科建设为目标的课程

---

① 常建坤，李常春 . 发达国家创业活动和创业教育的借鉴与启示 [J]. 山西财经大学学报（高等教育版），2007,10(3)：39-43.

② 彭国存 . 澳大利亚高校创业教育对我国的启示 [J]. 当代教育理论与实践，2014(3)：77-79.

③ 李文英，王景坤 . 澳大利亚高校创业教育模式探析 [J]. 比较教育研究，2010(10)：76-80.

模式，以培养专业化创业人才为主要目标，系统依托各高校的商学院或创业教育中心完成。以莫道克大学创业课程为例，其创业学课程主要分为两个阶段，每个阶段又分为基础课程、核心课程、选修课和公共必修课程 4 个部分 ①。其二是以提升创业精神和创业能力为目标的通识课程，通识课程面向所有学生开放，旨在培养学生的创新意识和创业精神，帮助学生获得基本创新创业能力 ②。其三是 TAFE 学院创业课程，主要以实践技能培训为目的，政府统一制定教学大纲和创业教育模块化教材，学院可以结合实际适当进行调整，主要内容有“创业意识、创业动机、创业能力、企业管理、市场评估”等，普遍采取集中培训的培养方式。澳大利亚的所有创业教育课程通常实行分级教学，这些课程包含了通识课程、专业课程以及培训课程，学习者只有通过了低级课程的考核后才能进入下一阶段的学习，目的在于循序渐进、稳步地提升大学生创业能力。大学生在学习过程中，通过“基本理论、案例研究、模拟实践”等方面的学习，逐步提升创业能力，最终实现创业教育目标。

2. 师资体系特色

教师是创新创业教育的直接实施者，素质的高低直接关系着质量和效果，因此，创新创业教师队伍建设受到澳大利亚政府和高校的高度重视。首先，保证创新创业教师拥有足够的人员数量。自创新创业教育开始实施，塔斯马尼亚大学便将企业管理学院全院教师纳入创新创业教育队伍管理；阿德莱德大学专门设立了“创业与创新研究中心”，除汇集了 9 位核心教学和科研专家外，还聘请了大量的教研人员和客座教授，保障了学校创新创业教育的有效实施 ③。其次，加强对创新创业教师的选拔和培训工作。一方面，坚持以提升创新创业教育教师综合能力为核心。通过开展系统性的专业教师发展专项计划，聘请包括政府、企业及

① Murdoch University Entrepreneurship and Innovation [EB/OL].(2019-08-18)http://www.murdoc;h. edu.au Courses /Entrepreneurship-and- Innovation / Course-structure/.

② University of the Sunshine Coast Entrepreneurship [EB/OL](2019-08-18).http://www.usc.edu. au/Students/Handbook / Courses / Entrepreneurship /.

③ The University of Adelaide. ECIC Staff [EB/OL」(2019-11-12).http://ecic. adelaide. edu.au/staff/.

社会团体等各领域的专家学者，对创新创业教师进行系统的专业培训①。此外，为帮助教师获得创业体验与实践能力，广泛采用案例示范教学、专题研讨、选派教师参加创业实践或调研等形式。另一方面，为了应对创新创业教育的迫切需要，各高校积极吸收既有一定专业理论素养，又有一定创新创业经验的各界人士担任兼职教师②。澳大利亚高校创新创业教育教师实行专兼结合，兼职教师的比例较大，约占教师总数的60%。兼职教师上岗必须经过高校教授委员会评定并获得相应的培训证书。聘请兼职教师这一举措，有效弥补了高校专任教师实践经验不足的缺欠，以真实案例丰富了创新创业教育内容，在指导学生开展创新创业实践的同时，专兼职教师间很好地开展交流与合作，促进了创新创业教师队伍整体水平的提升。第三，积极鼓励教师开展创新创业教育教学研究工作，重视创新创业教师的科研能力培养及研究成果转化，对具有典型意义的优秀研究成果积极组织推广使用。通过组织教师参加创新创业教育研究培训班、高端创新创业学术研讨会等形式，大力促进教师创新创业教育研究能力提升③。

3. 保障体系特色

澳大利亚创新创业教育经过70多年的发展，已经形成了完善的社会化支持保障体系。在经济不景气对高校总投入减少的背景下，澳大利亚政府仍然在政策、资金上采取了多项措施来推动创新创业教育的发展。从20世纪80年代起，政府先后启动了“国家产业发展服务计划”“新企业工作坊计划”等一系列支持推进大学生创新创业计划④，政府每年都提供一定数量的启动资金，以资金资助的方式为大学生创新创业提供帮助。在资助的同时政府还给予大学生愈来愈多的贷款

① 荣军，李岩．澳大利亚创业型大学的建立及对我国的启示 [J]. 现代教育管理，2011(5)：113-116.

② 常建坤，李时椿．发达国家创业活动和创业教育的借鉴与启示 [J]. 山西财经大学学报（高等教育版），2007(903)：39-43.

③ 罗涤，高微，赖炳根．澳大利亚高校创业教育分析及其启示 [J]. 重庆大学学报（社会科学版），2012(902)：172-178.

④ SAEE B A，ANZAM. A critical evaluation of Australian entrepreneurship education and training[C]//the World Conlerence on Internationalising Entrepreneurship Education and Training. Arnham，Netherlands，1996(6):24-26.

便利和优惠，以推行贷款机制来鼓励大学生创新创业。政府先后启动了“创新创业拓展计划”“新创业工作坊”“咨询服务计划”等支持毕业生进行创业培训、创业咨询等工作，并以此来推动大学生创业。与此同时，还要求高校允许毕业生在创业期间仍然可以合理利用高校的相关资源，对创新创业的大学生提供“扶上马送一程”的支持与帮助。在澳大利亚创新创业教育发展过程中，一些热衷于创新创业的教育组织及企业界自觉投入到高校的创新创业教育活动中，发挥了不可替代的积极作用。高校通过创新创业教育中心与社会各界建立广泛的联系，对社会各界创业教育资源进行有效整合，形成了集“政府机构、高校、社会组织”于一体的创新创业教育体系，为创新创业教育的有效开展提供了有力支持和保障。澳大利亚高校创新创业教育得到了国际社会的普遍认可，这为澳大利亚高校的创新创业教育提供了重要发展机遇。澳大利亚曾多次承办联合国教科文组织亚太事务办公室举办的创新创业教育研讨会，欧盟职业教育联合会等重要国际组织也多次邀请澳大利亚创新创业教育专家莅临专题研讨会开展学术交流[①]。国际组织上述富有建设性的工作，既是对澳大利亚创新创业教育工作成就的充分肯定，也有力地支持和推动了澳大利亚创新创业教育的持续稳步发展。

4. 组织机构特色

澳大利亚从政府、高校到整个社会普遍重视和支持创业教育，并逐渐形成了相对完整的创新创业教学与研究体系。高校内部设置了专门的创新创业教育机构，全面负责学校创新创业教育的顶层设计、组织管理、课程实施、创新研究、创业实践等工作。为创新创业管理机构配备了专职教学、管理及科研人员，创新创业教育组织体系中的主要领导由校领导担任，并具体负责管理与研究工作。一些大学的商学院院长都是创新创业教育机构的主要负责人，如昆士兰科技大学的Evan Douglas 教授既是研究生院院长，又是创新创业教育课程的负责人[②]。此外，一些高校还建立了创新创业教育“智囊团”，由校董事会、管委会、企业家等人

① 常建坤，李时椿 . 发达国家创业活动和创业教育的借鉴与启示 [J]. 山西财经大学学报（高等教育版），2007(3)：39-43.

② 柯政彦，吴剑丽 . 澳大利亚创业教育的兴起、发展与挑战 [J]. 科技创业，2011(1)：50-51.

员组成，主要职责是依托可以利用的社会资源，规划创新创业教育方向并指导实施，筹措持续创业教育资金以及探寻创新创业实践机会等。如塔斯马尼亚大学与相关政府机构、州创新咨询委员会以及企业界等相关人士共同组成咨议机构①，依托咨议机构这一管理体系，为创新创业教育政策制定及实践扶持提供咨询和帮助，有效发挥了社会对创新创业教育的监督和支持作用，保证了以高校为主体的创新创业教育持续健康发展。

5. 教育模式特色②

澳大利亚高校开展创新创业教育主要有以下 3 种模式。其一是专业模式。专业模式一般是在商学院开展的创新创业教育，以高度系统化和专业化的课程内容培养专业的创新创业型人才。这种教育模式培养的毕业生创新创业知识扎实、意识浓厚，创新创业实践能力强。专业模式创业教育使创业学成为一门独立的学科，在澳大利亚高校获得了突飞猛进的发展。创业学专业依所教课程内容选择教学方法，在创新创业实践中，学校专门聘请行业内有专业经验的企业家担当创新导师或创业顾问，有创业意愿的学生提供创业可行性报告，学生通过咨询可以在专家的指导下开展模拟创业实践。其二是普及模式。普及模式是基于非商学院的学生也能从创新创业教育中受益的基本理念，通过整合全校范围内的创新创业教育资源，来吸引不同专业背景的大学生参与创新创业，以培养各专业大学生具有创造性的创新创业能力。普及性创新创业教育的培养目标，是使各专业大学生都能够具备创办或合作创办企业的能力，成为潜在的企业家。普及性模式的教学方法以启发式课堂讲授为主、案例教学为辅，并为有创业意愿的学生提供创新创业实践机会。其三是培训模式。培训模式是在技术与继续教育学院展开的教育模式，以培养学生的创新创业意识为目标，使学生充分了解创新创业的过程并具备一定的持续创业知识和技能。培训模式创新创业教育课程体系是在国家规范体系下，以能力成长为导向构建灵活的模块化课程体系。模块化的创新创业教育课程体系，

① Murdoch University Entrepreneurship and Innovation [EB /OL].(2019-09-15).http: / / www. murdoc;h. edu.au Courses /Entrepreneurship-and- Innovation / Course-structure/.

② 李文英，王景坤 . 澳大利亚高校创业教育模式探析 [J]. 比较教育研究 ,2010(10): 76-78.

增强了教学与实践的契合度和灵活性，使创新创业教育的“教”与“学”相得益彰。采取灵活多样化的教学方法开展模块化创新创业课程教学，着重于实际演示和现场观摩，实现了知识可视化。此外还有听成功企业家讲座、与成功创业者座谈、到企业实习实训等多种形态的创新创业教育途径。

（三）澳大利亚高校创新创业教育的经验启示

1. 构建科学的创新创业课程体系

中国高校创新创业教育课程建设相对薄弱，尚未形成作为一门学科所应有的系统性和严谨性。而澳大利亚高校的创新创业教育课程已形成了健全的学科体系，主要得益于澳大利亚政府积极推行的课程的改革与调整，并且开发出了一系列旨在培养大学生创新创业能力的模块化教材①。中国高校可以借鉴澳大利亚的经验，结合自身的学科和专业特点，在考虑突出专业知识和技能的同时兼顾创业类知识和技能系统开发教材。优化设计创新创业教育的课程体系，将专业教育和创业教育课程有机结合起来，构建完善的创新创业教育课程体系以培养学生的创新创业精神和能力。与此同时，应该重视创新创业教育教学方法的研究。探求创新创业教育与专业教育的有效结合与双向融合有效方式，探索将创新创业教育融入专业教育的教学方法，形成从培养目标、内容、实践等诸方面全面融合的方法体系。中国高校创新创业教育的方式及方法比较单一，应该从创新创业教育的实际出发选择采用以下方案加以改进。一是建构“专业课堂+第二课堂”的教学方式，即创新创业教育不能仅限于本专业课堂范围内，还应注重开设第二课堂传授相关知识和进行社会实践；二是“专业课堂+创业实践”的教学组织形式，引导学生围绕所学专业积极进行创新创业探索，组织学生深入开展创新创业实践活动，强化大学生的创新精神和创业能力培养；三是“3+1”的培养方式，即在大学期间的前3年完成所有理论课程及专业课程学习，在第4年以准工作人员的身份进入企业、社会或学校创办的创业中心，以定岗工作的方式投入到真实的创新创业实

① 席升阳.我国大学创业教育的观念、理念与实践[M].北京：科学出版社，2008：61.

践中去，在增长能力的同时实现提前就业或创业[①]。只有完善创新创业课程体系、改革创新创业教学方法还不够，还应通过经典案例引领实现能力成长。研究创新创业教育中的经典案例并加以推广应用，积极推进案例教学法在创新创业教育中的特殊作用，探讨基于“问题 + 体验 + 情景”的创新创业教育教学方法，在创新创业教育中开展“研究性、探索性”教学，通过讨论、模拟及实训等有针对性的教学方式激发大学生的创新创业热情[②]。

2. 加强创新创业教师队伍建设

良好的创业师资队伍是顺利实施创新创业教育的重要保障，创新创业师资队伍建设是高校创新创业教育体系建设的关键，建设一支包括“专职教研人员、实践指导教师、职业规划师、成功创业的企业家”等人员在内的师资队伍是开展好创新创业教育的必要前提。中国高校创新创业教育师资队伍主要是由就业指导教师与行政人员构成，这些人在走上创新创业教育岗位前往往只是经过短期的培训，接受高层次培训的机会也十分有限，专业教学能力及实践经验缺乏，教学能力和研究能力普遍很难达到创新创业教育的客观要求。为切实推动中国高校创新创业教育师资队伍建设，首先，要保障创业教师队伍的数量。为弥补创业教师数量上的不足，要制定相应的优惠政策，鼓励并吸引有专业知识和实践经历的人士从事教学工作。其次，要制定和完善相应的改进措施，强化在职教师的专业培训工作，提高其创新创业素质。组织教师在高校间和地区间展开学术交流、专题研讨，大力支持创业教师参加高水平培训，以此来提高教师创业指导能力。应积极鼓励教师深入到创业一线做兼职，在实践中学习并提高创新创业经验，有计划地选派有意愿、有实力的教师开展创新创业实践。第三，积极引进创业型外聘教师。具有企业工作经验的外聘教师是创业教师队伍的重要组成部分，是由创业教育的特殊性所决定的。因此，高校应结合创业教育目标，建立健全创新创业导师选聘

---

① 常建坤，李时椿. 发达国家创业活动和创业教育的借鉴与启示 [J]. 山西财经大学学报，2007(3): 43.

② 牛金成，陆静. 发达国家的创业教育及其启示——基于美、英、德、澳大利亚四国的比较 [J]. 黑龙江高教研究，2013(1): 46-49.

机制，聘请企业家、创业成功人士及优秀社会人士加盟创新创业教育，为学生创新创业训练及实践提供指导，切实提高大学生的创新创业能力。

3. 积极构建创新创业教育实践平台

开展创新创业实践教育让大学生获得创新创业实践体验，掌握直接经验是创新创业教育的关键。应借鉴澳大利亚重视大学生实践能力的培养的经验，坚持采用启发式案例教学，在实践教学环节中与社会各界积极开展合作，在实践教师的指导帮助下，注重引导大学生通过模拟创新创业，从学中做、做中学，让大学生切实体悟创新创业可能遇到的困难和挫折，以培养大学生的抗挫能力和抵御风险的意识能力，提高大学生创新创业的积极性和自主性，促进全面大学生创新创业成功率的有效提升。为了进一步推动和规范大学生科技创业实习基地建设，2010年中国教育部和科技部联合发布了《高校大学生科技创业实习基地认定办法（试行）》，旨在全国高校重点建设一批大学生科技创业实训基地，为大学生创新创业提供重要的实践平台。这一举措有效地缓解了大学生创新创业实习实训难问题，对大学生群体的创新意识和创业能力提升起到了重要的推动作用。创业教育实践平台的建设需要多方的支持，仅仅依靠政府的力量还不够。首先，中国高校应借鉴澳大利亚创新创业教育的经验，切实加强大学生创新创业实习实训基地建设。要将创新创业实习实训基地打造成为功能强大的创新创业实践平台。各科技创业实习基地必须坚持以大学生需求为导向，不断强化自身管理和优化工作。其次，以办好原有创业大赛活动为基础，通过创新创业大赛和实地考察体验等方式帮助大学生获得创新创业经验，此外，在全国范围内、各高校之间开展丰富多彩的创业实践活动。第三，进一步突出创业教育中实践教学的作用。在创业实践指导教师指导下，采用模拟创业、案例分析等方式增强大学生对创业教育的体悟，强化创业意识，提升创业能力。

4. 构建创新创业教育组织机构体系

澳大利亚各高校普遍建立了创新创业教育专门组织机构，而且还建立了智囊团等咨询机构，共同推动创新创业教育工作，在澳大利亚创新创业教育发展过程中，系统化的组织机构发挥了不可替代的作用。完善的组织机构是创新创业教育得以顺利实施的重要基础，创新创业教育组织机构的构建既需要学校内部的探索与创新，同时也需要政府和社会各界的鼎力支持，高校只有在与政府、企业及其他社会组织的通力合作下，才能建构起政令畅通的创新创业教育组织机构。在国家有关部门的协同推动下，中国已经初步建立了一批创新创业教育组织机构，基本上形成了“统一指导、多方联动、共同推进”的创新创业教育组织架构。教育部在 2010 年 5 月成立了高等学校创新创业教育指导委员会，随后各高校也先后成立了创新创业教育组织机构。但是中国创新创业教育组织机构与澳大利亚相比，在职能作用等方面依然有较大的局限性。首先，中国创新创业教育在专业化指导能力方面尚显不足，创新创业教育组织机构基本上是以政府为主导，其他组织处于服从或附属的地位。其次，中国高校创新创业教育机构组织体系还有待健全，多数高校的普遍做法是依托创新创业学院、招生就业处等相关部门开展创新创业教育，远没有使创新创业教育形成专门的学科。第三，创新创业教育组织机构中的社会参与度不够，创业协会、学术研究组织、企业等组织及个人的主动参与不足，有些社会组织形同虚设，共同推进创业教育发展的机制没有形成。因此，中国高校应在进一步发挥政府部门主导作用的前提下，广泛邀请各类组织积极参与，形成全社会共同参与、各部门齐抓共管的联动局面。高校自身更应进一步明确校内创新创业教育组织机构的职能定位，在明确的职责范围内强化对创新创业教育的管理，协同推进创新创业教育的健康发展。

5. 确立非功利化的创新创业教育目标取向

澳大利亚高校创新创业教育注重于对大学生创业理念、创业思维、企业家精神等的培养，其培养目标也不仅仅停留在原有单纯的创新创业知识与技能的传授，这与联合国教科文组织始终秉承的“能力取向”的培养理念相一致。不能将创业教育等同于就业教育，也不应等同于培养企业家教育。欧洲委员会认为“只有极少数的人生来就是创业家，但教育却可以有效激发年轻人的创业梦想，……创业不应被理解为只是自己创办企业，而是公民日常生活和职业生涯取得成功所应具备的一种基本素质。”[①] 创业教育的目标不只是提高就业率，中国的创新创业教育绝不是简单寻求就业或培养企业家精神。为此，2010 年 4 月，教育部在“推进高等学校创新创业教育和大学生自主创业工作”视频会议上明确提出了“面向全体大学生，结合专业教育，将创新创业教育融入人才培养全过程”的工作理念和要求，是对中国创新创业教育内涵、目标及方向的明确阐释，是对做好创新创业教育工作的具体要求。必须摈弃创新创业教育中的功利化取向，在创新创业教育总目标制定上，将创新创业意识培养、创新创业心理品质养成、创新创业人格养成等内容纳入创新创业教育总目标，将创新创业知识教育和创新创业能力培养相结合，以实现人的全面发展为目的，全面推进创新创业教育工作。要积极转变我国高校传统的创业教育观念，努力营造浓厚的创新创业教育校园文化氛围，建构起既可以自主创业又能够灵活就业的咨询指导平台，为大学生创新创业提供更为有效的指导和帮助。

五、日本高校创新创业教育的发展历程及其借鉴意义

（一）日本高校创新创业教育的发展历程

20 世纪 60 年代，日本经济出现了高速增长态势，带动了相关产业的迅速发展，产业发展对于高科技人才与熟练技术工人的需求不断增长。在此形势下，一些专科院校采用“产学合作”的形式开始与产业界接触，普通高校也根据产业界的需求开始注重培养应用型专业人才。随着人才需求的增加高校招生人数也不断增长，部分高校因势开始开设职业指导类课程，旨在帮助学生能够掌握一技之长，作为应用型技术人才实现创业梦想，日本高校的创新创业教育开始萌芽。但由于大学生创业心理预期不足，加之受当时社会对人才的需求状况影响，拥有自主创业愿望的大学生并不多，因此创新创业类课程并没有受到应有的欢迎。直至 20 世纪 80 年代，日本经济由高速增长进入稳定成长期，人才的需求结构发生了转变，由 60 年代以需求熟练技术工人为主，转向对经营、管理、营销等多领域人才的多元需求。为了应对这一人才需求变化，日本高校对教学设置进行了及时调整，

① 刘敏 . 法国创业教育研究及启示 [J]. 比较教育研究 ,2010(10)：72-75.

在学校教学体系中引入职业规划教育，创新创业教育采用群体指导与个性化咨询相结合方式开展。同时，学校还引入产业界和社会组织的成功人士联合开展专题讲座、组织大学生到企业进行专业实践和实习实训，并根据产业界能够提供的实际场地、人员及案例不定期开展有针对性的技能培训，为大学生提供更多接触企业的机会掌握实践技能，形成了专业化、系统化的职业教育教学体系。由于实际操作的局限，这种职业教育教学效果并不如企业内部对员工开展的专项培训，但却极大地缩小了就业适应期，被认为是日本高校创新创业教育的雏形①。

随着日本经济飞速增长的神话终结，日本的失业率在20世纪90年代创历史新高，为了缓解高失业率对经济的冲击，日本政府推出了“科教立国”战略，并将其置于历史的高度去实践。1995年日本政府颁布《科学技术基本法》，1996年日本经济团体联合会提出“培养具有创新精神的人才”，充分体现了政府和产业界对能够给经济发展注入全新活力的创新创业型人才的迫切需求②。高校作为创新创业人才培养的主要阵地，为应对新的社会变化所带来的机遇，开始更新教育理念、改变教育策略、调整人才培养模式。日本高校于1998年开始实行“企业见习制度”，通过集中“见习”培训，在培养大学生就业能力、转变大学生就业观念等方面起到了积极促进作用③。随着创新创业教育成果的显现，创新创业教育理念及课程被广大学生所接受，创新创业教育内容也不断丰富，越来越多的大学生开始关注并愿意参加创新创业教育培训，并通过培训积极规划自己的职业发展。进入21世纪初，为引导国民开展创新创业实践活动，日本教育改革国民会议提出“创业家精神”的概念。2003年，日本政府发表了管理大学生创新创业的纲领性文件“青年自立·挑战计划”④。同时，日本政府开始致力于优化高校创新创业教育模式，并开始引导民间企业进入高校创新创业教育体系中。在这种背景下，为推动创新创业教育的开展，许多日本高校纷纷采取各种保障措施，

---

① 陈江．日本高校创业教育：历史演进、发展特征和经验启示[J]. 现代教育科学，2017(1)：150-155.

② 李志永．日本高校创业教育[M]. 杭州：浙江教育出版社，2010:152-158.

③ 陈江．日本高校创业教育：历史演进、发展特征和经验启示[J]. 现代教育科学，2017(1)：150-155.

④ 张昊民，陈虹．日本创业教育的演进、经典案例及启示[J]. 比较教育研究，2012(11)：49-54.

逐渐形成了以大学生“思维方式改善、创业意识培养、创业技能提升”为核心的创新创业教育人才培养新体系，为创新创业教育的发展提供了重要保障，日本各级各类高校广泛采用这种模式，该模式也成为当前日本高校开展创新创业教育的典型模式。日本的东北大学、信州大学、横滨国立大学、早稻田大学、庆应义塾大学、大阪商业大学等300余所涉及国立、公立、私立等各类高校将创新创业教育纳入到本科生和研究生教育体系。其中早稻田大学、大阪商业大学等高校还开设了“创业”专业[①]。日本高校的创新创业教育进入规模化与系统化的成熟期。创新创业教育形成了“官、产、学”三位一体的协同发展模式，取得了显著的人才培养效果。

（二）日本高校创新创业教育的主要特色

1. 课程体系特色

课程是教育教学的最主要实施载体，创新创业教育的有效性是以课程设置的种类、数量、效果等为重要衡量标准的。日本不同高校的创新创业课程从层次到参与程度，以及教学对象等方面也有所不同，课程开设经历了一个渐进的发展演变过程。据日本文部科学省对高校相关创新创业教育进行的调查显示，2002年日本全国共有205所大学设置了创新创业教育培养科目，占全部大学的30%左右。2003年筑波大学开展的一项关于创新创业课程、讲义的调查显示，有44所学校系统开设了创新创业教育课程、236所大学设有创新创业教育讲座[②]。

日本高校的本科生和研究生课程体系中全部列入创新创业相关课程，据统计，总计设置有900余门的创新创业类课程，呈现出体系性、层次性、实践性等特点[③]。这些课程可以分为创新创业基础性课程、创新创业实践性课程和创新创业实务性讲座三大类。基础性课程主要包括“经营管理、市场营销、金融贸易、税收法律”等方面；实践性课程则根据大学生的不同层次有针对性地安排不同的

---

① 李志永．日本高校创业教育 [M]. 杭州：浙江教育出版社，2010：152-158.

② 李志永．日本大学创业教育述评 [J]. 外国教育研究，2009(8)：65-70.

③ 李志永．日本高校创业教育 [M]. 杭州：浙江教育出版社，2010：152-158.

实践内容，刚入学大学生的认知实习安排参观工厂、公司等，进行创新创业的“启蒙”教育；高年级的大学生则安排专业技能训练、参与相关科研项目的研发、参加创新创业比赛等实践活动，有创新创业潜质的高层次大学生安排到创业园或者创业孵化基地等“创业道场”开展创新创业实践；实务性讲座通过聘请创业成功人士“现身说法”，传授创新创业经历和经验，邀请企业精英开设专题讲座等。日本高校开设的专题讲座内容丰富，有效拉近了大学生与产业界的距离，使大学生在走出校门之前就能够对企业的管理模式和日常运营有初步的了解，极大地缩短了就业适应期①。

2. 教育理念特色

创新创业教育有别于传统的就业教育，是一种顺应时代需求而衍生出的一种新的教育形态。目的在于满足经济社会发展对人才素质的实际需求，核心素质是创新创业能力，引导培养大学生创造性地质疑问题，并能够用创新性的思维解决问题，其重点是培养大学生创新精神、创业意识和创新创业能力。注重对大学生创新意识和创业能力的培养，通过学校教育与社会教育协同作用，提升应对社会挑战的能力是日本高校创新创业教育的核心理念。日本高校在日常教学中引入提升应对社会挑战能力教育理念，提升应对社会挑战能力教育理念被大学生普遍所接受，通过授课、讲座等渠道在大学生中间宣传和推广提升应对社会挑战能力教育理念为高校创新创业教育的发展提供了坚实的“群众基础”。

日本政府制定实施了一系列法律制度，为高校创新创业教育的发展创造了良好的外部环境，培养大学生的创新精神和创业意识，成为日本高校创新创业教育发展的内在动力。战后初期日本政府制定《学校教育法》明确规定，要培养大学生的职业观念；1982 年提出“要培养创造性人才”的教育理念，指明了日本高校创新创业教育的发展方向；1996 年内阁会议通过的《经济结构变革与创造的行动计划》明确指出，要在高校建立职业能力开发中心开设职业生涯规划相关的课程，同时要在高校广泛开设创新创业教育课程，引导科技界、产业界融入高

① 胡万钦，户可英．美国日本大学生创业教育比较分析 [J]. 黑龙江高教研究，2015(5)：51–53.

校的科技研发，为大学生提供更多的实践锻炼机会[①]。2006年删除了《公司法》中设立公司的注册资金限制，为大学生创新创业提供了极大的便利[②]。

3. 教育模式特色

为了加大创新创业教育的推广力度，日本高校成立了创新创业社团、开启了“产、学、官”协作等创新创业教育模式，有效地提高了创新创业教育成效。所谓“产”是指可以进行商业活动的民间企业或非营利组织团体。这些团体将高校的研发成果直接用于经济活动，以为高校创新创业教育活动提供资金支持作为回报，直接对大学生的创新创业产生良好的促进效果，促进了日本经济社会的发展。“学”即是对大学、高等职业技术学校等学术组织的简称。“学”是创新创业高素质人才培养的主体，以具有创新精神和创业能力的优秀人才为企业提供原动力。高校主要强化教师的创造意识，对大学生普及创新创业知识、方法，以推动大学生有效开展创新创业。“官”泛指国家或地方行政组织，狭义的“官”则是指公立实验机构或研发型企业等政府出资运营的机构。其主要职责是基于国家战略制定推动科学技术发展的政策及相关制度，为创新创业教育提供政策支持，保障并推动创新创业教育顺利发展。“官、产、学”协同是一种新型的创新创业教育模式，使政府、企业与高校紧密合作，共同促进全社会的创新创业教育开展，将创新创业成果转化为生产力服务国家和社会，有效地促进了日本技术革新和经济社会的发展。

除了“官、产、学”模式外，日本高校还创立了依托创新创业社团的教育模式。为推动创新创业发展，日本高校建立了创新创业社团等特色社团，部分高校还设立了“创业部”。顾名思义，创业部的主旨即为推动创新创业，帮助大学生寻求资金、人脉、经验等资源组织创业。创业部还协同有关学院及处室开展创新创业讲座，通过讲座激发大学生的创新创业热情并教授其创新创业办法。大学生经过

---

① 潘燕萍．从“自上而下”向“创业本质”的回归——以日本的创新创业教育为例[J]．高教探索，2016(8)：49-55.

② 闫佳祺，关晓丽．美国、英国和日本高校创新创业体系的多案例研究及启示[J]．比较教育研究，2015(21)：48-53.

创业部的培训，创新创业的能力更强、捕捉创新创业机会更准，创新创业的成功率也更高。

20世纪90年代开始，日本在高校内推行实习制度，实习制度又称“实践型”人才培养制度，专门培养实践型人才的创新创业能力，是日本开展创新创业教育的重要举措。为了鼓励企业接受大学生实习，日本政府在2005年颁发的《社会统一计划》中明确规定，给予接受实习生的企业减免部分税收的优惠，按每接受一名实习生免除1600欧元税收统计。此外，日本政府不但返还企业为实习生缴纳的社保税，还为参加实习的大学生提供生活补助。实习制度为企业和大学生都带来诸多利好，就企业而言，大学生在短时间内即可顶岗操作，为企业提供廉价人力支持，减轻企业的负担；对大学生而言，通过实习实训可以形成正确的创新创业认知，培养一定的实践技能，提高创新创业成功的概率、缩短就业的适应期①。

4. 师资体系特色

优秀的师资队伍是推动创新创业教育发展的实施主体，是提高创新创业教育的质量的关键因素。创新创业教师既是理论知识的直接传输者，也是实践技能的训练者，更应该是大学生素质全面提升的导引者和推动者。日本高校创新创业教育师资队伍主要包括两部分：一部分是专任师资，另一部分是兼任导师。为推动创新创业教育的深入发展，日本高校致力于打造多元化的创新创业教师队伍，他们大多具备“双师型”背景，既具有很高的理论水平，也具备丰富的创新创业实践经验，有些教师甚至有的本身就是创业的成功人士或行业专家。

研究资料显示，专任师资占整个创新创业师资队伍总数的50%以上，大多是专门从事管理学类、经济学类、法律类的教学人员或科研人员，其中拥有创新创业经验的占40%以上，拥有理工科教育背景的占37%左右②。兼任导师主要是企业经营者、会计师、税务师、金融机构的从业者等，涉及行业广泛，他们大

① 朱文玉，李汝敏. 日本高校创新创业教育及对我国的启示[J]. 教育探索，2018(4)：123-124.

② 刘双喜，郑越. 日本高校创新创业教育的发展及其启示[J]. 河北农业大学学报（农林教育版），2017(6)：28-32.

多则具备非常丰富的创新创业实践经验，能够将自身的经历经验“嵌入”到创新创业教学当中，理论知识和实践经验有效地结合起来。日本采用了较为灵活的创业教育师资队伍培训，对教师的理论与实践两方面，开展企业与大学生之间的互动交流，主要方式是教员企业研修制度、企业参观会制度、社会人讲师派遣制度等。教员企业研修制度可加深大学生、教师对创业机会的理解，企业参观会制度可以为大学生、教师创造能到地方企业参观与优秀风险企业经营者对话的机会。同时，为了加强交流和学习，学校之间通过教师互访、经验交流等方式进行交流学习，有效提高了创业教育师资队伍的水平。

（三）日本高校创新创业教育的经验启示

1. 构建科学的创新创业课程体系

创业教育的质量和效果与课程设置是否科学合理密切相关。中国当前高校创业课程体系还有待进一步完善，构建科学完善、实效性强的创业课程体系势在必行。创新创业教育的实践性决定了仅仅对大学生进行创新创业理论教育，对于培养创新精神、提高创业实践能力是不够的。所以，要构建理论课程与实践课程紧密结合的创新创业教育课程体系。大学生在学习创新创业理论知识的同时，要设置足够的实践类课程，让大学生借助于参与创新创业竞赛、企业实习等各项实践活动，培养创新创业精神，提升创新创业实际能力。课程开发要改变创新创业知识和其他各学科之间隔离状态，将创新创业知识和专业学科知识结合起来。日本高校创新创业课程设置充分考虑到了创新创业和其他学科的融合，例如创业管理、创业经营等创业教育课程就是在其他学科、专业课程基础上与创业知识相融合而开发出来的。日本还有一部分创新创业课程的设置是结合本地区产业特色，充分考虑到地域经济的因素的。这些课程在日本产生了良好的效果，许多大学生能够走上创业之路，与其接受创新创业教育是密不可分的。日本的课程建设经验，给中国高校创新创业教育在课程设置方面如何实现创业知识与专业教育的融合，以及如何在创新创业课程设置时充分考虑本地经济特色的因素提供了可资借鉴的思路。

2. 加强高校创业教育先进理念与行动的融合

开展创新创业教育需要在先进理念指导下，通过理论与实践相结合才能取得良好的效果。因此，在借鉴日本高校创新创业教育理念的同时，应根据中国的国情实际与时俱进地更新创业教育理念，用先进理念导引创新创业教育实践。在更新教育理念的同时，还要因势利导改变大学生的择业观念。近年来，随着中国高等教育规模的不断扩大，大学生的数量逐年增加，毕业生就业形势也随之愈发严峻，尽管创业的根本目的不仅仅是解决就业问题，但以创业带动就业破解毕业生就业难问题，也是开展创新创业教育的基本诉求之一。因此，在高校无论是决策者还是实施者，首先要改变认为创新创业教育无足轻重的观点，要将创新创业教育纳入学校的顶层设计，作为学校的中心工作加以认真落实，将创新创业教育纳入到专业教育中，并将其作为高校教育质量考核的重要指标之一。毕业生高质量的就业是保障学校能够良性循环和长足发展的重要因素。要鼓励大学生养成善于独立思考，能够理性规划自己未来职业发展，选择真正适合自己的职业发展路径。鼓励大学生摒弃保守的或不切实际的择业就业观，树立多元的自主创业就业观，拓宽择业就业视野及思路，实现自主创业就业。因此，要鼓励并扶持大学生把自己的创意转变成创新创业的实际行动，并学会发现和把控创新创业过程中的不确定因素，不断地总结经验探索规律，把创新创业理论与创新创业实践有机地结合起来，在把握机遇与规避风险中不断成长。

3. 加强创新创业教师队伍建设

教师是理论知识与实践技能的传授者，教师对创新创业教育发展以及大学生素质的提升具有重要的引领和推动作用。随着中国创新创业教育不断发展对专业教师需求的增大，从事创新创业教育相关工作的教师也不断增多。从人员的构成来看主要是专门从事管理学、经济学等方面的教学人员或者科研人员，其优势在于具备宽泛扎实的专业理论基础，但也存在创新创业教育教学经验的不足，尤其是创业实践经验几乎所有教师普遍缺乏。因此，当前中国创新创业教育的重要任务之一就是建设一支数量充足、质量过硬的创新创业教育师资队伍。可以借鉴日本高校“教员企业研修制度”“企业参观会制度”“社会人讲师派遣制度”等创新创业教育师资培养经验，通过高校与企业的互动交流，鼓励传统课程教师到企业挂职实训，也可以利用业余时间模拟创业实践，教师只有通过亲身参与到创新创业实践中获取第一手实践经验，才能有效提升创新创业教育教学能力[①]。在“改造”现有专业课程教师的同时，还可以选聘优秀企业家、行业专家、创业成功人士作为兼职教师，通过课程教学、案例讨论以及创业讲座等方式，以自己的成功经验来更具有说服力“现身说法”，可以实现事半功倍的创新创业教育效果[②]。可以建立区域高校创新创业教育协同合作机制，共设课程、共享教学、共用设备、交换老师、互认学分[③]等，在实现多重资源共享的同时，也让教师拓展视野提升水平和能力，确保创新创业教育质量稳步提升。同时还应该把视界扩展到国际，通过聘请国际师资的方式将国外先进的创新创业教育教学方法、教学模式引入到国内，安排国内的师资与国际师资交叉授课，以此提升国内教师的教学能力和教学水平。

4. 构建创新创业教育保障体系

在推动高校创新创业教育中，政府的行政职能具有不可替代的作用，既可以通过制定政策引导和规范创新创业教育发展，也可以对各职能部门的合作进行协调，协调创新创业教育的人力、物力和财力等多方面资源，同时也可以通过舆论宣传引导全社会来关注创新创业教育。为了支持创新创业教育健康发展，日本政府除了制定一系列法律法规，对创新创业教育加以规范和保障外，还设立了科学技术补助金、竞争性资金援助、风险基金、创业助成金等多项优惠措施，从政策规范和资金扶持等两个维度为大学生创新创业提供支持[④]。

为了引导和规范创新创业教育健康发展，中国政府相继出台了一系列相关

---

① 谢丽丽 . 二十一世纪日本高校的创业教育及其启示 [J] 高教探索，2010(6)：75–79.

② 谢丽丽 . 二十一世纪日本高校的创业教育及其启示 [J]. 高教探索，2010(6)：75–79.

③ 陈雪 . 日韩高校创新创业教育模式探讨及启示 [J]. 当代教育实践与教育研究，2017(4)：1–5.

④ 马章良 . 美国、日本、中国大学生创业教育的比较与启示 [J]. 职业技术教育，2011(23)：92–95.

政策和文件，但创新创业教育不能只停留在政策指引层面上。首先，政府应该充分利用好舆论宣传的导向作用，加大对创新创业教育的宣传力度，树立创新创业先进典型，营造全社会支持创新创业教育的宏观氛围，让“大众创业，万众创新”理念成为全社会的行动。其次，政府要进一步强化在政策、机制、资金、服务等方面的支持力度，出台切实可行的鼓励与支持创新创业教育的政策措施，有效降低大学生创新创业的风险，切实消除创新创业实践过程中的障碍。再次，创新创业教育不只是高校的职责，要整合全社会的力量，充分利用社会团体等各方面可利用资源，让社会资源成为高校创新创业教育重要支撑。最后，高校要进一步加强与企业之间的协同关系，校企协同推动创新创业教育发展，企业可以获得优质的智力资源和人力资源，助推企业转型升级，开发高附加值项目产品；高校可以享受企业的实习实训平台，培养大学生的创新精神和创业能力，通过互惠共赢共同推动创新创业教育的发展。

本章小结

本章系统梳理了美国、英国、德国、澳大利亚、日本等发达国家高校创新创业教育的发展历程、主要特色及其可资借鉴的经验，对我国创新创业教育体制机制、课程建设、实践方法等方面应进一步改进和完善的层面和路径进行了理性思考。

第三章　转型发展高校创新创业教育的层次维度及其监测评价

构建系统科学且具有可操作性的创新创业教育评价体系，既可以宏观监测不同高校创新创业教育效果，也可以充分激发教师开展创新创业教育的工作热情，还可以为大学生自主开展创新创业实践活动提供数据支持和导向帮助，导引创新创业教育的主客体之间形成合力，促进创新创业教育实践活动的有效开展。但在实际操作过程中，创新创业教育实践效果的延滞性特征无疑增大了创新创业教育评价的难度系数[①]。转型发展高校创新创业教育的层次维度及其监测评价研究是以省属或省部共建转型发展高校为主体，结合高校创新创业教育发展态势，从有利于学生全面发展、提高学生综合素质的角度，改革传统的教育观念、课程、制度和方法，多层次多维度采用新的目标、新的视野、新的理念和新的举措，统筹规划和构建创新创业教育监测评价指标体系的系统层次及各个子指标，引入创新特征、创业意识培养、创业品质锻炼、受挫机制疏导和宏观影响等要素，着力发挥创新创业教育质量监测评价体系的导引作用，构建一套可示范、可推广、可指导和可操作的科学监测评价的实施方案，进而有效推进转型发展高校创新创业教育的健康发展。

“转型发展高校”源于教育部联合国家发展改革委、财政部于 2015 年出台的《关于引导部分地方普通本科高校向应用型转变的指导意见》（教发〔2015〕7 号）

---

① 毛杰．高校转型发展背景下加强创新创业教育的路径分析 [J]. 河南社会科学，2016，24(9)：104-108.

文件中，文件中首次确立“向应用型转变高校”。辽宁省教育厅于2015年开始启动本科高校向应用型转变试点工作，引导一批试点高校和专业向应用技术类型高等教育转型发展。转型发展高校是指明确办学定位、凝练办学特色、转变办学方式，把办学思路真正转到服务地方经济社会发展上来，转到产教融合校企合作上来，转到培养应用型技术技能型人才上来，转到增强学生创新创业能力上来的地方本科高校①。本研究以辽宁省教育厅在2015—2016年批准的10所普通本科高校转型发展示范校为研究样本。“创新创业教育”是指如何使学生通过创新能力的成长促进创业意识和卓越创业心理品质形成，进而以创新助推创业、以创业实现创新的研究与实践。“层次维度”是指创新创业教育要实施分类指导，分层次进行。“监测评价”是指有别于专业教育评价而专门用于创新创业教育的监测指标和评价手段。

一、不同类型高校创新创业教育的特点及差异性分析

（一）我国高校分类体系

随着我国经济社会发展水平的逐步提升和高等教育需求的不断扩大，高等教育的规模日益扩大，截至2020年6月30日，全国高等学校共计3005所，其中：普通高等学校2740所，含本科院校1258所、高职（专科）院校1482所；成人高等学校265所②。这些高校具有不同的办学定位和教学目标，教育部于2017年初采纳了相关领域学者的观点，颁布了高等学校分类设置的指导性文件，文件指出：“基于人才培养定位等因素的考虑，我国总体上将高等院校区分为三大类，即研究型、应用型和职业技能型”，类型不同的高校将依据不同的办学定位和创新要求进行差异化发展③。从高校分类体系推进不同类型高校发展办学特色，培养各类专门人才和产出创新成果，紧密对接国家、区域、产业、行业、企业等多

---

① 袁贵仁.全面深化改革，全面加强依法治教，加快推进教育现代化[EB/OL].http：//www.moe.gov.cn/publicfiles/business/htmlfiles/moe/moe_176/201502/183984.html.

② 教育部.全国高等学校名单[EB/OL].http：//www.moe.gov.cn/jyb_xxgk/s5743/s5744/202007/t20200709_470937.html.

③ 史秋衡，康敏.我国高校分类设置管理的逻辑进程与制度建构[J].厦门大学学报（哲学社会科学版），2017(6)：1-9.

元创新需求，提出我国当前高校划分为研究型、应用型和职业技能型的高校分类体系。在高等教育教学体系中区分各个高等院校的层次和类型所带来的差异必定会对各高校如何开展创新创业教育活动产生一定影响。因此，从国家发展战略的要求和高校师生自身发展的需要等方面出发，将上述三种类型高校的创新创业教育进行对比能为创新创业教育的可持续发展提供可行的建议和指导。

1. 研究型高校

研究型高校的定义繁多，目前最能被国内学术界接受的观点之一认为：教学与科研相结合，甚至科研重于教学，研究生教育重于本科生教育的高校属于研究型高校。该类型高校一般都以培养高水平精英，产出高精尖成果，提供高层次教育，传播高深知识为目标，并致力于促进国家科技、国防、经济发展①。

研究型高校的各项活动围绕国际重大创新、以推动国家产业转型升级与服务地方重大创新为主，注重探索未知，面向未来，高新科教融合创新；学校不断创新理论和产出高新科技，在此基础上培养一流人才并支持高新科技前沿发展。财政拨款以中央财政为主，学校组织架构以院系与学科体系为主，辅以跨学科的创新平台。学校旨在培养国内外一流研究水平的学生，有足够的资源支持学术型博士生、硕士生和本科生的培养；学位授予层次包含本、硕、博，研究生数量占较高比例，且博士在校生数占研究生在校生数比例较高。学校学科门类偏综合类或多科类。学校科研经费投入较大且科研经费占学校总支出一般在一成以上。这类高校中教师有高水平自由研究和攻关研究能力，基层学术组织发达，专任教师中正高级职称比例较高；学校与高层次高水平的研究机构紧密结合②。

2. 应用型高校

国务院在相关政策文件中将“应用技术类型高等学校”定义为注重本科阶段教育，主要培养应用型人才的职业教育院校。该类型高等院校的办学定位介于

① 童晓玲 . 研究型大学创新创业教育体系研究 [D]. 武汉：武汉理工大学，2012.

② 史秋衡，康敏 . 探索我国高等学校分类体系设计 [J]. 中国高等教育，2017(2)：40-44.

研究型高校和职业技能型高校之间，具体而言，即培养一批具有创新能力和实操能力的应用型技术人才以促进当地经济繁荣、社会发展。

应用型高校服务国家急需和区域技术创新，与区域经济社会发展和产业转型升级产生联动，对接区域和行业对人才的需要。学校组织架构以专业群为主，围绕区域职业分类或行业产业链展开。学校通过通识实践教学、校企合作和应用研究进行人才培养，推动行业产业转型升级与服务地方重大创新；学位授予层次主要包括学士、硕士(包括专业硕士)和少量博士，本科学位授予人数占本、硕、博学位授予人数的比例较大，博士在校生数占研究生在校生数比例适度。学校以实践教学研究和应用研究为主，服务于区域经济和产业转型，科研经费总支出占学校全部支出适度。这类高等学校的教师具有应用研究的能力[①]。

3. 职业技能型高校

在我国现行的教育体系下，高职院校，即职业技能型高校，与经济社会发展的联系最为直接、最为密切。与其他类型高校相比较，最新分类体系下的高等职业技能教育更注重提升学生的实践水平和操作能力，毕业于高职院校的学生一般具备较强的动手能力，属于更接近生产第一线的技术技能型人才。

职业技能型高校以直接服务职业分类发展为宗旨，以促进就业为导向，主动适应经济社会发展，特别是技术进步和生产方式变革以及社会公共服务的需要，适应各地、各行业对技术技能人才培养的需要。学校组织架构以面向专业为主，围绕培养经济社会和产业发展实际需求的一线专业技术人员和高技能人才展开。学校通过校企合作、深化产教融合进行人才培养。这类高校教师的主要特点是双师素质教师比例很高。省级教育行政部门负责本区域内高职院校的统筹管理[②]。

（二）转型发展高校分类体系

转型发展高校是指明确办学定位、凝练办学特色、转变办学方式，把办学

① 史秋衡，康敏．我国高校分类设置管理的逻辑进程与制度建构 [J]. 厦门大学学报(哲学社会科学版),2017(6):1-9.

② 史秋衡，康敏．探索我国高等学校分类体系设计 [J]. 中国高等教育 ,2017(2): 40-44.

思路真正转到服务地方经济社会发展上来，转到产教融合校企合作上来，转到培养应用型技术技能型人才上来，转到增强学生创新创业能力上来的地方本科高校。转型发展即意味着一定的历史选择，在本研究中地方本科院校转型是在一定的社会背景下，针对地方本科院校的发展做出重大转型，在转型中继续发展。即主动寻求创新主动追求改变的过程[①]。

（1）普通高等学校

普通高等学校，即“普通高校”，是由国家教育部或省级教育行政部门（含自治区、直辖市等）主管的实行全日制高等教育的学校[②]。实施普通高等教育的教育机构包括：大学和学院、高等专科学校、职业技术学院、独立学院等。大学、独立学院主要实施本科层次教育；职业技术学院、高等专科学校主要实施专科（高职高专）层次教育。

（2）地方本科高校

地方本科高校与普通本科院校内涵虽不尽一致，但地方本科高校不同于普通本科院校，地方本科院校作为满足区域发展提供人才的院校属于地方性的高校，大致可以归为三类：一是改革开放前就已经存在的地方本科院校；二是20世纪90年代由各部委、行业调整到地方管理的本科高校；三是改革开放以来新建的，以及地方专科合并、升格的本科高校。地方本科高校的人才培养目标是基于该地区的经济发展，为地方经济发展培养所需人才[③]。

（3）应用型本科高校

应用型本科高校是以本科教育为主体的教育机构，同时结合区域经济社会发展的需要，有针对性地培养工程实践能力强、综合技术水平高的专业技术人员，使其具有从事相关行业的必备理论知识和职业能力，以达到行业要求。应用型本科高校是为适应经济社会发展而产生的。我国经济的快速发展和多样化的人才需

---

① 教育部．全面深化改革，全面加强依法治教，加快推进教育现代化——袁贵仁部长在2015年全国教育工作会议上的讲话[EB/OL].http：//www.moe.gov.cn/publicfiles/business/htmlfiles/moe/moe_176/201502/183984.html.

② 王晨倩．山东省普通高校继续教育转型研究[D].曲阜：曲阜师范大学，2017.

③ 侯文杰．地方本科高校转型发展现状与对策研究[D].秦皇岛：河北科技师范学院，2018.

求为应用型本科高校的形成奠定了基础，同时，高等教育大众化为此类高校的发展提供了条件。

①应用研究型高校

应用研究型高校以推动国家产业转型升级与服务地方重大创新为主。学校组织架构以专业群为主，围绕区域或行业产业链展开；学校以应用研究引领教学，培养推动行业产业转型升级与服务地方重大创新的人才；学位授予层次主要包括学士、硕士和少量博士，专业硕士学位授予人数所占比例适度；博士研究生在校生数占研究生在校生数适度；学校以应用型研究为主，服务于区域经济和产业转型，科研经费总支出占学校全部支出一般在一成以上；这类高校的教师具有应用型研究的能力[①]。

②应用技术型高校

这类高校融入区域产业发展、服务区域技术创新，通过通识实践教学进行实践人才培养；学校主要通过对接行业企业人才需求，与行业和区域经济发展与产业升级联动；学校组织架构以专业群为主，围绕行业企业展开；学校通过校企合作、实践教学等方式进行人才培养；学位授予层次主要为学士，可授予专业硕士；学校通过通识实践教学进行实践人才培养，科研经费比重一般适度。目前，此类院校大部分是在高校扩招的政策出台之后，由专科院校升格或院校合并而来，有着鲜明的办学特色和竞争优势，其教学模式和专业底蕴更有助于培养本科应用型人才，更有利于开展应用技术研究[②]。

（三）不同类型高校创新创业教育的特点

1. 研究型高校创新创业教育的特点

（1）研究型高校的基本特征

研究型高校的概念在国际教育领域已有 100 多年历史，并以突出成果占据

① 彭梦娇 . 应用型本科高校产教融合的研究 [D]. 重庆：重庆师范大学，2016.

② 杨曲波 . 地方本科高校向应用技术型大学转型的思考 [J]. 农村经济与科技，2018，29(18)：223-225.

了世界科学与高等教育的主导地位。我国也于《国家中长期科学和技术发展规划纲要(2006—2020 年)》中明确提出了建设研究型高校的战略方向[①]。参照国际现有的内涵界定，并结合我国实际国情，研究型高校应具有以下几个方面的基本特征。①资源投入方面，应有充裕的办学经费及资源配备。拥有相对更为丰富的政府资源、社会资源和校友资源等，除了政府拨款外，经费来源还有科研资金、社会捐赠和自身服务所得等其他渠道；具备现代化实验平台、精良的教学设备、丰富的图书馆藏、发达的计算机网络和数字化文献资料服务基地等物质技术基础；拥有达到国际水准的复合型教师人才资源。②办学理念方面，应拥有各具特色的优势学科及教学方式。坚持求是求真的办学宗旨；保持以教学和科研为中心并以此服务于社会的多种职能；奉行以学术自由为核心的高校精神；推行优势学科领先，基础学科为主，边缘及新兴学科同步发展的学科结构；实施以研究为基础，产学研一体化办学模式。③科研产出方面，应具有更多前瞻性原创性高水平科研成果；培养出更多高层次的复合型优秀人才；知识创新和技术创新，在基础科学研究领域和高新技术开发应用领域产出重大原创性科研成果；提供更为良好的社会服务，产生更高的经济效益[②]。

（2）研究型高校的创新创业教育特点

相比传统的教育模式及其他类型高校的创新创业教育体系，研究型高校的创新创业教育独特之处主要体现在 5 个方面[③]。①更注重学生创新创业意识的培养，引导学生从“被动适应社会”的求职者转变为“主动适应甚至挑战社会”的建设者。②强调系列课程体系的开发。针对创新创业内容，开设创业家养成、创业规划与经营管理、新企业创立和创新、新事业开发、创新活动管理、新兴企业融资、企业成长战略等课程。③注重通过模仿等实战形式使学生获得更多感性体验。通过开办各种创新创业计划和竞赛，在实践中让学生全面接触创新全过程和

① 梁权森，彭新一 . 基于 DEA 方法的研究型大学办学效益评价研究 [J]. 高等工程教育研究，2008(2)：83-86.

② 冯艳飞，童晓玲 . 研究型大学创新创业教育质量评价模型与方法 [J]. 华中农业大学学报（社会科学版）,2013(1)：122-128.

③ 毕佳洁，李海波 . 高校创新创业教育的内涵分析 [J]. 文教资料 ,2011(2)：5.

创业的乐趣与意义。④以厚实的学术研究为支持。具备各类创新研究中心或创业中心等机构，为前沿课题的学术基础研究提供平台。⑤直接引领师生的创新创业活动。能够为师生提供创新的方向和途径，提高新公司的创建率和成活率，从而为经济发展做出更大贡献[①]。

2. 应用型高校创新创业教育的特点

（1）应用型高校的基本特征

应用型高校是在高等教育大众化的背景下兴起和发展起来的新型高校。在发展进程中，应用型高校形成了自身价值定位和基本特征，一般表现在以下 4 个方面[②]。①培养目标的应用性。在高等教育大众化的推动下，应用型高校的培养目标逐渐调整为适应社会发展需要，在掌握专业技能的基础上，拓展多种技能，达到一专多能，既掌握专业必修知识和主要技能，又能够运用现代科学技术和操作工具的复合型人才。②教学内容的实用性。减少理论性的教学内容，增加操作性强、较为实用的教学课程，设置多样化的课程，增强学生学习的积极性和选择的空间，变被动接受为主动学习。③教学方式多样化。与理论型、研究型教育不同，应用型教育侧重培养学生的实际操作能力和适用基层发展的实用型人才，所以，常规的课堂授课需要进行改革，更多地采用案例分析、科学实验、模拟操作、团队合作、社会调查和社会实践等较为多样化的教学方式，这样能够不断提高学生的应变能力和实践能力，培养社会所需要的复合型人才。④就业的基层化。精英教育向大众教育的转变，所带来的是毕业生就业的变化。应用型高校毕业生的就业方向开始向基层转移，主要转移到生产、建设、服务、管理等基层部门。可以说，应用型高校培养的人才主要从事一线的工作和生产任务，基层化倾向明显。

（2）应用型高校的创新创业教育特点

应用型高校包含的内容比较宽泛，它是在大学社会职能变化发展进程中出

① 房汝建，朱锡芳，伍婷．论高校创新创业教育体系的构建 [J]. 常州工学院学报（社会科学版），2011(6):28.

② 黄妍妍，石亮．地方应用型大学创新创业教育体系构建研究 [J]. 黑龙江教育（理论与实践），2019(10)：67-68.

现的一种新的高等教育类型，包括应用技术大学、创业型大学、教学服务型大学等类型。这种新的大学类型突出地域性和行业性，面向区域社会办学，强调实践教学，重视应用能力培养，强化校企合作和产教融合，学校定位于为地方经济社会发展培养本科层次应用型、技能型人才[①]。截至 2016 年底，我国有 366 所高校成为应用型大学试点高校，未来将有更多的高校向应用型转型，高校转型是大势所趋。应用型高校的创新创业教育特点主要体现在 5 个方面。①制度供给体系。应用型高校创新创业教育需要必要的供给制度保障其有效运行。这其中包括理论教学和实践教学中需要的大量物质供给和政策供给，以确保调动教师授课的积极性和增强其创造力。学校领导层面需要做好顶层设计，完善创新创业教育的资金支持和政策保障。应用型高校注重社会实践和实验，需要大量的资金保障。所以，要加大对创新创业教育实践的经费投入，提高创新创业教育的“软件”和“硬件”供给条件，保证创新创业教育的顺利开展。可以根据需要设立创业专项基金，用于扶持、鼓励创新创业项目的研发，激励学生的创业热情和工作兴趣。教育部 2010 年颁布的《教育部关于大力推进高等学校创新创业教育和大学生自主创业工作的意见》，十八届三中全会对大学生创新创业作了进一步指示“实行激励高校毕业生自主创业工作的意见，融合发展国家和省级高校毕业生创新创业基金”，高校毕业生从资金上得到支持，有效激发了高校毕业生的创新创业热情。构建创新创业师资队伍。以师资投入带动课程体系建设，培养优质、多元的创新创业师资队伍。学生创新创业需要有师资保障，这就要求建立一支高质量的教师队伍。建立激励制度。通过奖励优秀学生的方式，鼓励毕业生创新创业。②课程体系设置。应用型高校应明确创新创业教育过程的人才培养目标，结合专业特点，将创新创业的理念和内容合理安排到课程大纲中。明确创新创业学科定位，建立分层次、立体化创业教育课程体系。把创业教育课程纳入教学培养计划，设为必修课。形成分类的课程体系：面向全校学生的创新创业基础理论课；面向创业学生的项目指导课；面向创业园学生的创业实践课，进而形成具有应用型高校特色的创新创业教育课程体系。③教学实践体系。合理设计教学方案，注重社会实践。应用

① 冉隆锋 . 论应用型大学的内涵及特征 [J]. 职业技术教育，2015，36(13)：25-28.

型高校创新创业教育要注重理论教育与社会实践的有机结合和充分互动，所以在科学设计教学方案的基础上，更加突出实践教学的重要性。应用型高校要提高创新创业教育实践基地的建设水平，加强与政府、企业等部门的合作，构建多样化的创新创业教育平台和机构，开展综合性和多样化的创新创业实践活动。④科学管理体系。科学管理是创新创业成功的关键点。应用型高校创新创业教育要以科学管理为起点，校内各部门之间、部门上下级之间要建立协同配合机制，保障创新创业工作的效率。打破部门之间的藩篱，设立创新创业牵头部门和配合部门，理顺部门之间的关系，成立创新创业工作领导小组，为创新创业保驾护航。⑤就业跟踪与反馈体系。应用型高校创新创业的目的是增强学生技能水平，促进创业就业。为此，学校需要对毕业生的就业情况进行跟踪，与用人单位建立长期的联系，跟踪毕业生就业动态，掌握其工作中遇到的困难和挑战，通过用人单位反馈的信息，动态调整、科学规划课程设计体系，使其更加符合社会发展需要，降低毕业生创业就业失败的风险[①]。

3. 职业技能型高校创新创业教育的特点

（1）职业技能型高校创新创业教育的基本要求

在我国现行的教育体系下，高职院校，即职业技能型高校，与经济社会发展的联系最为直接、最为密切。与其他类型高校相比较，最新分类体系下的高等职业技能教育更注重提升学生的实践水平和操作能力，参照国内外现有的内涵界定，并结合我国实际国情，高职院校在进行创新创业教育过程中，应注重以下几个方面的基本要求。①要确保以人为本，辐射全体学生，基于专业优势和特色开展教学活动，科学构建教育实践平台，确保学生全面发展，实现人力资本的有效提升。②需要坚持问题导向，科学组织创新创业竞赛、跨专业实训、教育学分和素质训练，并将其纳入学分管理。③需要创新我国传统教学模式，合理优化师资队伍，紧密结合创新创业实践、科研和教学，鼓励学生创新创业，确保进一步培

① 黄妍妍，石亮．地方应用型大学创新创业教育体系构建研究 [J]. 黑龙江教育（理论与实践），2019(10)：67-68.

养学生创业意识和创新精神，使其具有更高的创新创业能力。④需要确保坚持协同推进，多部门合作共同构建教育管理机制，为创新创业教育创造良好的生态环境。

（2）职业技能型高校创新创业教育的特点

为了学校的进一步发展，高职院校普遍将短期目标作为教学重点，帮助学生获得工作技能。但是在社会高速发展过程中，对于现代人才综合素质提出了更高的要求，不仅需要熟练掌握专业技术，同时还需要确保具有丰富的职业素养、自主创新能力和技术迁移能力[①]。职业技能型高校的创新创业教育特点主要体现在下面几个方面。①高职院校与经济社会发展联系最为紧密，主要培养技能型人才，相对于其他院校学生，高职院校学生普遍具有较强的操作能力，在新技术方面具有更高的敏感性，通常具有一定程度的实践能力，通过进行科学有效的创新创业教育，进一步提升综合素质，能够使其在创新创业中占据更多优势[②]。②高职院校人才培养相对于普通高校学生而言，具有一定程度的不足。该部分的不足在很大程度内限制了学生后续发展能力，可以通过有效的创新创业教育为基础进行教育载体的合理丰富，对其传统实践体系进行科学完善，进而确保合理优化资源配置，有效保障我国现代教育活动发展的可持续性[③]。③高职院校学生所具有的创业能力与各行业期待值之间存在一定程度的差距，反映出人才培养方案在具体实施创新创业教育过程中的不适应程度，需要对其人才培养方案进行科学的改进，实现人才培养机制的创新性[④]。④高职院校创新创业教育的主体思路是对外注重联合，借助政府、行业企业、孵化基地、金融机构等各类组织的力量拓展创新创业教育资源网络和实践平台，对内强调完善创新创业教育课程体系，优化师资团队，推行创新创业教育教学改革，保证创新创业教育实效[⑤]。

---

① 朱平哲．高职院校创新创业教育体系研究 [J]. 科技资讯，2020，18(1)：122-124.

② 游艺，李德平，高莉．创新创业教育促进高职院校生态发展的功能探究 [J]. 职教论坛，2019(5)：132-135.

③ 陈亮，任民．论高职院校“四位一体”创新创业教育评价体系 [J]. 教育与职业，2019(14)：67-69.

④ 朱平哲．高职院校创新创业教育体系研究 [J]. 科技资讯，2020，18(1)：122-124.

⑤ 王立国．教育生态理论视角下高职院校创新创业教育体系研究 [J]. 职业技术教育，2020，41(5)：49-53.

（四）不同类型高校创新创业教育的共性特征

目前，我国各类型高校为开展系列创新创业教育活动已经初步建成了各种相关的组织、机制等教育教学的软硬件配置。但迄今为止，各类型高校的创新创业教育仍存在一系列普遍性的问题，导致其教育成果并不理想。各类型高校创新创业教育存在的问题是具有共性的，总体而言，创新创业教育课程学时较少，大部分院校没有将其纳入人才培养方案（计划），课程安排不成体系，更没有合适的创新创业教材；高校缺乏接受过系统创新创业培训的师资；校园创新创业文化意识淡薄，学生对创新创业积极性不高；校企合作不够深入，缺乏创新创业实践平台；没有合理的评价体系等。

1. 对创新创业教育理念的理解较为狭隘

一般来讲，政府、社会与高校普遍认为创业教育就是把学生培养成创办企业的自主创业者，这导致当前的创业教育过度偏重大学生创业实践能力的培养，弱化了创新创业教育促进国家创新型人才培养的基础性功能。创新创业教育的目标不重视大学生在未来就业岗位上创建新事业的意识和能力培养，忽略了对于高校创新创业文化的培育，因而在机制上很难建构起完整的创新创业教育体系。

2. 创新创业教育对象的受益面偏窄

以自主创业为导向的传统创新创业教育模式仅面向极少数兼具创业意识和创业能力的大学生。比如，很多高校采取“精英式”创新创业教育模式，以少数大学生创业实践的成功来评价学校整体创新创业教育的成效，这种做法显然是有失偏颇的。调查显示，全国在校大学生仅5.93%接受过较为系统的创新创业教育，毕业生自主创业率仅为2.16%。创新创业教育在指导思想上忽视了基础性和全面性的功能，因而对大学生进行创新创业能力培养的实效性不足。

3. 创新创业教育与专业教育相互脱节

专业教育与创新创业教育是大学教育不可或缺的两个方面。当前高校创新创业教育与专业教育却各自为政，互不衔接，造成创新创业教育脱离专业教育体系而独立运行的现状。调查表明，深入影响大学生创业观念的因素分别是朋友圈(21.84%)、社会实践(19.17%)和企业活动(16.54%)，而作为创新创业教育实施主体的高校并没有在提升大学生创业精神和创业知识方面发挥主导性作用。因此，高校必须要找到有效的途径，通过创新创业教育与专业教育的深度融合来培养大学生的创业意识与创业能力。

4. 创新创业教育缺乏有效的组织管理

目前全国许多高校创新创业教育的组织管理还没有专门的部门负责，大多依托学校学生处、就业处、团委、教务处、商学院等部门或学院，以兼职管理为主。如果以创业学院、创新创业教育学院、创业人才培养学院等形式组建从事创新创业教育的专职管理部门，并有专人负责管理，就会更有利于创新创业教育的全面深入开展，这种专职管理部门可以集教学、管理、科研和学科建设于一体，可以实行实体二级学院和职能管理部门的双重职能[①]。

（五）不同类型高校创新创业教育的差异性

1. 不同类型高校创新创业教育的培养目标不同

高校是围绕着既定的培养目标来开展人才培养工作的，只有确定了人才培养目标，各个院系、专业才能制定并实施其具体的教育教学计划，也是高校进行教学成果评价的重要依据之一。因此，高校的培养目标不仅决定了其要培养何种人才，而且还影响其教育成果评价。各类型高校的培养目标也可从高校定义看出：以科研型创新为主，开展锻炼创新思维与创新意识的创新创业教育是当前研究型高校的主要目标；应用型高校的双创教育则应理论与实践并重，甚至更注重实操性，以培养各高等技术行业领域的应用性人才；高职院校主要是培养能够直接服务于一线的人才，并且大部分都依据实际岗位定向培养。

---

① 黄兆信．推动我国高校创新创业教育转型发展[J]. 中国高等教育，2017(7)：45-47.

2. 不同类型高校创新创业教育的教学模式不同

学生的创新创业能力需要从根本上进行改变，即转变教学模式。研究型高校是面向学科、注重理论能力的纯脱产教育，较缺乏教育的实践部分；高职院校的创新创业教育就是强调教育教学的实践性，一切教育教学活动都是以实践为基础，围绕实践活动展开的。因此，高职院校的理论学习更具目的性；应用型高校介于两种类型高校之间[①]。

3. 不同类型高校创新创业教育的教学内容不同

虽然近年来我国高等教育开始逐步与国际接轨，但苏联的专业化教育影响依旧根深蒂固。研究型高校各专业的教学内容主要取决于其对应的学科门类，专业理论知识更为普遍，与具体的人类职业活动联系并不大，教学实践活动也以培养学科性人才为目的。同时因为研究型高校的特殊性，其教学内容要走在市场的前端，不完全以市场为导向；职业技能型高校的教学内容主要是成熟的技术和规范的管理，多为前人积累、总结的经验性知识，具有一定主观能动性，但仍主要以市场为导向；而应用型高校介于两种类型高校之间。

4. 不同类型高校创新创业教育的国家财政支持力度不同

政府对于研究型高校和应用型高校的支持力度远大于职业技能型高校，部分地方政府可能支持力度更高些。2010 年以来，我国普通高等学校教育经费总投入逐年增长。2010—2019 年间高职高专学校虽然经费总量在逐年增长，但所占比例远远低于高等本科学校。同时，因为研究型高校需在国防、经济、科技中发挥重要作用，这也决定了研究型高校必须对国家、社会的动向保持高度的敏感，也需要比职业技能型高校更早地获取到各项政策的支持。

---

① 郑宏，王婧．不同类型高校创新创业教育的差异性分析 [J]. 教育与考试，2019(4)：60–65.

二、转型发展高校创新创业教育的政策推力及其发展态势

《国际教育标准分类法》有关高等教育类型的划分提出：按学科划分专业、为研究做准备的高校为学术型大学，而按行业分设专业、培养高科技专门人才的高校为应用型本科高校。目前在我国的应用型本科高校中，除少数“211 工程”大学外，大多数为地方本科高校，在地方本科高校中又以新建地方本科高校为主。在我国高等教育体系中，研究型大学和高职院校定位较为清晰，反而是地方本科高校发展至今，其定位仍不十分明确，有较长办学历史的地方高校沿着研究型或教学研究型的发展方向办学，而部分地方本科高校一部分按照高职院校的办学模式、一部分沿着传统“升格”的路子办学。地方本科高校始终没有找到属于自身类型发展的办学方向，而此次转型发展明确了培养应用技术型人才的目标，转型发展的方向是建立应用技术型大学，引导地方本科高校明确办学定位、实现转型发展，坚定培养应用型人才，是高等教育自身分类发展规律的必然要求[①]。

（一）转型发展高校创新创业教育的政策推力

2015 年，教育部、国家发展改革委、财政部联合印发了《关于引导部分地方普通本科高校向应用型转变的指导意见》（教发〔2015〕7 号），明确提出“推动转型发展高校把办学思路真正转到服务地方经济社会发展上来，转到产教融合校企合作上来，转到培养应用型技术技能型人才上来，转到增强学生创新创业能力上来，全面提高学校服务区域经济社会发展和创新驱动发展的能力”。2017 年 12 月，国务院办公厅正式印发《关于深化产教融合的若干意见》（国办发〔2017〕95 号），将产教融合上升为国家教育改革和人才培养的整体制度安排，并将其作为促进经济社会协调发展的重要举措，以期逐步形成教育和产业统筹融合、良性互动的发展格局。这对于推进应用型本科高校和职业院校在产教融合中实现应用型、技术技能型人才培养，具有重要的指导意义。2019 年 1 月，国务院印发《国家职业教育改革实施方案的通知》（国发〔2019〕4 号），再次将“推

① 孔苏．地方本科高校转型发展背景下应用型人才培养模式研究 [D]. 南宁：广西师范学院，2015.

动具备条件的普通本科高校向应用型转变，鼓励有条件的普通高校开办应用技术类型专业或课程”作为一项重要改革任务，并将此上升至“完善国家职业教育制度体系”层面的战略高度①。

为提升辽宁省高等教育服务经济社会发展的能力和水平，就全省本科高校向应用型转变，辽宁省人民政府办公厅在2015年11月发布关于推动本科高校向应用型转变的实施意见（辽政办发〔2015〕89号）②，确定首批10所高校开展应用型转型试点以后，2016年又确定11所高校84个专业向应用型转变。辽宁省在推动地方本科高校向应用型转变的工作中有着明确的政策导向，并有着科学的实践引领。辽宁省地方本科高校要在思想上解决好“为什么转”的问题，要进一步增强责任感、使命感、紧迫感和主动性；在操作层面上，要对转型发展进行系统设计和全面部署，进一步明确工作任务，知道究竟要“转什么”，做到既要“转好”又不能“失偏”，确保改革取得预期成效③。

“十三五”期间，辽宁省将强化“三全四创”（“三全”指全省高校、全体大学生、培养全过程；“四创”指创新融合专业、创新引领创业、创业融入专业、创业带动就业），并从创新人才培养机制、创新创业教育与专业教育深度融合、强化创新创业实践教育、创新创业课程体系建设、推进创新创业教育教学改革、创新创业教育师资队伍建设、营造创新创业环境和氛围、创业指导服务、“众创空间”建设九个方面系统推进。

（二）试点高校在转型发展中创新创业教育存在的问题

以辽宁省转型发展高校为例，通过示范校建设，许多学校已经逐渐形成了各具特色的应用型大学建设之路。各高校将示范校建设成为深化高校创新创业教育综合改革的试验区，普通本科学校转型发展的示范区，高水平技术技能型人才培养的重要基地，先进技术创新、转移与服务的重要基地，产教融合、校企合作

① 郑邦山．发挥示范引领作用，河南高校转型发展驶上“快车道”[J].河南教育（高教），2019(6)：10–15.

② 辽宁省人民政府办公厅关于推动本科高校向应用型转变的实施意见（辽政办发〔2015〕89号）。

③ 张修哲．辽宁省地方本科高校向应用技术型高校转型发展研究[D].沈阳：沈阳师范大学，2017.

的重要平台。但是在转型发展及创新创业教育实践中还存在一些困难和问题，下面就以几所辽宁省转型发展示范高校的创新创业教育情况进行分析。

辽宁科技大学

1. 转型发展存在的问题

主要表现：

（1）作为转型发展试点高校，学校大力推进转型发展并取得了一定成绩，但有的专业转型发展推进较慢。省级应用型转型试点及示范专业引领作用发挥不够。

（2）教学改革内容还未能精准聚焦应用型人才培养，校企联合建课、共同编写教材等工作力度不足，对学生实践能力、动手能力及解决实际问题能力的提升效果不明显[①]。

成因分析：

（1）部分专业对向应用型转型的专业建设工作认识还不到位，尚未在全体专任教师范围内形成转型共识。省级试点及示范专业对转型建设中成功经验和存在问题缺乏系统总结和凝练。

（2）聘请企业专家担任兼职教师的相关管理制度还不健全，兼职教师未能充分参与到人才培养工作中来。部分教师对应用型专业建设内涵理解不够透彻，开展理论联系实际的意识不够强，缺乏参与校企联合建课、共同编写教材等方面的主动性和积极性。

2. 创新创业教育存在的问题

主要表现：

（1）部分教师对新时期党和国家推进高等教育内涵式发展的新要求认识不到位、理解不深刻，创新创业教育主观意识不强，指导缺乏主动性。

（2）具有专业水准及行业背景的创新创业教育指导教师数量不够充足，且

① 辽宁科技大学本科教学工作审核评估自评报告 2019。

部分教师开展创新创业教育能力不足，指导缺乏实效性。

（3）创新创业资源统筹不够，创新创业孵化基地建设有待加强，有效引导学生参与创新创业力度不够，管理服务水平需进一步提高。

成因分析：

（1）部分教师对新时期党和国家关于高等教育的新要求新举措学习不够深入和系统，未能充分认识到创新创业教育对提升人才培养质量的重要推动作用，积极主动开展教育指导。

（2）创新创业指导教师数量相对较少，校内教师深入企业提升工程实践能力的主动意识不够，大多数教师缺乏企业行业实践经历或工程背景，专业课程中的创新创业教育资源挖掘不够充分，将理论应用于实践的能力较弱。兼职导师聘用和管理机制还不够健全。

（3）创新创业政策体系建设不够完善，相关配套措施和管理机制不够成熟，政策导向作用不明显。服务支持创新创业的长效机制尚未形成，“创新成果”的利用转化、创业企业的孵化没有得到持续关注和扶持[①]。

沈阳工业大学

1. 转型发展存在的问题

主要表现：

（1）向应用型转型的专业与行业、企业融合的深度不够。

（2）适应向应用型转变的师资队伍数量不足、质量不高。

成因分析：

（1）学校试点专业虽然按照辽宁省本科高校向应用型转变的实施意见成立了由企业行业技术人员为主的教学指导委员会，逐步形成了校企合作的人才培养模式，但专业之间不平衡，有些专业融合的不够，一方面校企合作需要学校投入大量资金，另一方面国家没有相关政策保证企业的积极性，很难达到深入融合。

（2）为了提高专业教师的实践能力，学校出台了一系列制度，要求青年教

① 辽宁科技大学本科教学工作审核评估自评报告 2019。

师下厂实习、培训等。但是教师大部分是从校门走向校门，实践经验缺乏，教师的思想没有得到彻底解放，教师实践能力提升不够，教师中真正具备“双师型”能力的人数较少[①]。

2. 创新创业教育存在的问题

主要表现：

（1）创新创业基础课教师专业化程度不高，教学规范化有待加强。创新创业基础课教师队伍中中青年教师较多，正高所占比例很低，没有形成梯队。创新创业基础课教师是从各学院通过选拔后上岗的，一门课程由两个老师共同完成，在课程的考核方式、课程的资料整理中存在薄弱环节。

（2）创新创业专创融合课融合度不够，指导能力有限。在修订 2016 版人才培养方案时，每个专业设置 6—8 门的专创融合课，各专创融合课在建设过程中不够规范，没有做好创新创业教育基础与专业课程及创新创业实践的衔接。

（3）学生参与创业竞赛的项目较多，实际参与创业孵化的项目很少，创业孵化成功率不高。

（4）创新创业教育认识不到位的现象仍然存在，各教学单位开展创新创业教育的成效不均衡。

（5）尽管学校将创新创业教育融入人才培养方案，实现了全覆盖。但仍然有部分教师认为创新就是参加比赛，创业就是开办公司；有人认为创新创业是学校的花边而不是人才培养的内核。青年教师参与多，新兴学科和文科执行较好，真正的学校的一流学科的优势没有体现出来。

成因分析：

（1）创新创业基础课为新开课，教学方法、教学内容和教学形式都在探索阶段，教学需要投入精力较大；创新创业基础课教师是从各学院通过选拔后上岗的，一门课程由两个老师共同完成，在课程的考核方式、课程的资料整理中存在薄弱环节。

---

① 沈阳工业大学本科教学工作审核评估自评报告 2019。

（2）教师对课程所在的专业、行业前沿了解不足，未能很好地将前沿知识融入到课程教学中。另外，学校对专创课程建设的指导不足。

（3）对于工科来说创业孵化的门槛较高，学生开展的创业训练与创业实践不够，校外创新创业导师未能实际参与到学生创业项目中，社会双创资源与学生对接不充分。

（4）学校在整体设计上缺少细节把控和激励，没有实现与教学、科研、学生工作的深度融合。在教师方面和学生方面的激励措施还有待加强。

大连工业大学

1. 转型发展存在的问题

主要表现：

学校向应用型转型发展是学校为地方经济社会发展服务、培养适应地方经济发展需要的应用型人才的重要举措，也是人才培养供给侧结构性改革的必然要求。学校自 2016 年获批转型发展试点院校以来，大力推进转型发展，取得了一定成绩，但也存在一定问题，一是全校各部门工作还没有完全围绕转型发展开展；二是有的专业转型发展工作推进缓慢。

成因分析：

（1）应用型转型发展观念刚刚建立，大多教师还没有彻底完成观念转变，还没有完全建立应用型人才培养的新思想、新观念。

（2）人才培养不是一蹴而就的事情，是需要一个改革的过程和运行的周期，从人才培养目标的转变、课程体系的重建、人才培养模式的改革都需要经过充分的调研、反复的论证。

2. 创新创业教育存在的问题

主要表现：

（1）具有专业水准及行业背景的“双创”指导教师数量不够充足、参与度及指导能力有待提升。

（2）创新创业类课程总量相对较少。

（3）创新创业孵化基地建设尚存在一些不足之处，孵化项目数目较少，场地面积资源不足。学生参与创新创业覆盖面不够广泛。

（4）企业参与项目较少。学校与企业、科研院所等机构协同育人机制还不够健全，缺少广泛的合作领域。

（5）大创项目及创新竞赛项目实训活动少，创新创业管理系统平台建设还需完善。

成因分析：

（1）部分管理人员及教师对创新创业教育认识不够深刻，所以投身到创新创业工作中时间有限，成效不理想。

（2）创新创业指导教师缺乏系统培训和企业实践经验，高校创新创业教育起步较晚，从事创业实践实训的专职导师相对较少，尤其是具有企业实践经验的双师型教师数量严重不足。导致指导学生进行创新创业的效果不突出。

（3）受场地限制，创新创业孵化基地建设工作开展不到位，影响学生创业覆盖面和受益面。

（4）校企合作联盟新模式需尽快完善。

（5）没有搭建创业就业信息平台，资源不能共享①。

大连交通大学

1. 转型发展存在的问题

主要表现：

（1）学校应用型转型目前处于专业试点阶段，教师对转型工作认识有待提升。培养应用型人才的教学方法和教学手段有待改进；校企合作在培养应用型人才质量方面的作用还不够明显。

（2）部分青年教师工程实践经历与能力不足，不能完全适应应用型人才培养需要；学生在企业现场的实践能力还需进一步提高②。

① 大连工业大学本科教学工作审核评估自评报告 2018。

② 大连交通大学本科教学工作审核评估自评报告 2018。

成因分析：

（1）教师对专业向应用型转型的认识不够，对相关政策的学习不够深入，对国家和辽宁省颁发的向应用型转型相关文件理解不到位，对向应用型转型的意义及人才培养任务的复杂性、艰巨性认识不充分，造成应用型转型试点专业的申报及建设工作积极性不高。

（2）学校与企业合作不够深入，合作协议和项目落实还不到位，学校需要探索符合自身特色的转型道路。

2. 创新创业教育存在的问题

主要表现：

（1）学生参与创新创业的主动性不足。学校创新创业顶层设计还不够系统。

（2）创新创业专兼职教师能力有待进一步提升。

（3）创新创业竞赛类项目各专业参与度相对不均衡，国家级竞赛获奖比例较低。创新创业教育与专业教育融合有待加强。

成因分析：

（1）作为传统工科类院校，创新创业氛围有待提升，创新创业文化不足。

（2）部分教师对创新创业教育的重要性认识不够，学校激励政策效果显现还需要一定时间。

（3）具有若干创业元素不同于形成创新创业系统，学校还需要进一步思考创新创业与学校定位的关系，做好顶层设计。

沈阳化工大学

1. 转型发展存在的问题

主要表现：

专业转型发展处于探索阶段，转型试点及示范专业的应用型专业辐射范围不够广，示范引领作用发挥不够。联盟企业内兼职教师数量不足，没有充分发挥联盟企业作为师资人才库的作用，导致在人才培养中作用发挥不充分。应用型人才培养的教学改革需要进一步加强，校企联合建课、共同编写教材等工作力度不足，对学生实践动手能力及解决实际问题能力提升空间有限[①]。

成因分析：

（1）应用型转型发展观念建立时间较短，还没有完全建立应用型人才培养的新思想、新观念。部分专业对应用型专业建设工作认识不到位，尚未在全体专业教师范围内形成转型共识。转型发展处于初级阶段，人才培养目标、课程体系、人才培养模式需进一步探索。省级试点及示范专业对转型建设中成功经验和存在的问题缺乏系统的总结和凝练。

（2）教师队伍建设相关机制还不完善。兼职教师相关管理制度不健全，兼职教师参与人才培养工作不够深入。专业教师对应用型专业建设内涵理解不够透彻，开展理论联系实际的意识不够强，缺乏参与校企联合建课、共同编写教材等方面的主动性和积极性。

2. 创新创业教育存在的问题

主要表现：

创新创业类课程资源总量相对较少，优秀的创新创业课程不多且专业分布不均。具有行业背景的“双创”指导教师数量尚不足，且“双创”参与度不够。部分教师开展创新创业教育的主观意识不强，对学生指导针对性、实效性不强。创新创业教育实践实训环节有待加强，创新创业孵化基地建设尚存在一些不足，孵化项目数量较少，场地面积资源不足，创业的学生数较少。对创新创业资源统筹不够，创新创业基地没有得到有效利用。

成因分析：

（1）创新创业教学体系正处于试验运行阶段，专业课程中的创新创业教育资源挖掘不够充分，相关配套措施和管理机制不够成熟，运行模式和管理方式需要在实践中不断探索，校内外创新创业实践教育基地尚未得到高效利用。

（2）部分教学管理人员及教师对创新创业教育的思想认识不到位、理解有偏差、经验有欠缺，对创新创业工作推进不力，成功案例及典型经验尚未形成和

① 沈阳化工大学本科教学工作审核评估自评报告 2019。

推广。创新创业指导教师缺乏系统训练和创新创业实践经验，在发现需求、整合资源、开发产品或服务、对接市场等方面的能力不足，导致指导学生进行创新创业的效果不理想。

（3）学生创业主观意愿不强、动力不足。受传统观念的影响，学生在选择创业、就业、考研时，会优先选择较好的就业岗位或深造的机会；有创业想法的学生对创业也存在着一定的畏难情绪，信心不足，不易找到创业的突破口，缺乏创业有效途径，导致学生创业较少。

（三）转型发展高校应对创新创业教育存在问题的解决对策

辽宁科技大学

1. 转型发展存在问题的应对措施

（1）加大转型宣传引导力度。加强对应用型转型相关文件、政策学习，在全校范围内进一步明确向应用型转型工作的重要意义，加强对应用型转型工作内涵的理解，进一步解放思想、转变观念、提高认识，真正从思想上把人才培养观念转变到应用型人才培养上，提升教师参与转型专业建设的主动性和积极性。

（2）完善专业人才培养方案。结合《普通高等学校本科专业类教学质量国家标准》《辽宁省向应用型转变试点专业指导性评价指标体系》等相关文件和政策要求，做好人才培养顶层设计，完善应用型转型试点及示范专业人才培养方案，制定课程体系，明确课程内容，设计实践环节，做好省级向应用型转型试点及示范专业建设经验的总结、凝练和推广工作。

（3）建设“双师双能型”队伍。进一步完善应用型转型师资队伍建设管理办法，加大对“双师双能型”教师围绕应用型转型的教学改革研究的支持力度，不断提高教师的专业水平和教学能力，切实发挥其在人才培养中的重要作用。进一步完善兼职教师相关管理制度，吸引行业企业人员参与专业人才培养全过程，推进校企共建课程、共编教材等工作[①]。

---

① 辽宁科技大学本科教学工作审核评估自评报告 2019。

2. 创新创业教育存在问题的应对措施

（1）进一步完善创新创业教育政策支持体系，鼓励和支持教师积极投身创新创业教育研究与实践。制定和完善“双创”教师培训规章制度，采取创新创业教学能力提升培训班、创新创业教学大赛、创新创业教学改革项目等多种形式，积极培养教师创新创业教学和研究能力。加强创新创业导师绩效考核，并纳入职务评聘。

（2）进一步加强专兼职创新创业导师队伍建设，提高创新创业工作的主动性和实效性。通过学习、进修、交流、挂职锻炼等举措，提高校内教师的创新创业实践能力。积极聘请行业企业有实践经验的专业技术人员及社会各界具有成功创业经历的人士，担任兼职创新创业导师，规范校外导师的聘任、考核工作，打造一支专兼结合的创新创业导师队伍，最大限度地满足创新创业指导工作。

（3）强化创新创业教育平台建设。加强大学生创新专用实验室建设，建立健全创新实验室管理机制，面向学生开放使用。加大投入力度，提升软硬件条件，拓展平台功能分区，促进教学、实践和实战的共享与融合，为学生提供创新、创意、创造的空间。依托学校国家级科技园，对有创业意向和创业潜质的学生持续帮扶，全程指导和一站式服务。加强与政府、企业的合作，充分利用地方政府、企业等硬件条件，共建创新创业孵化基地及研发中心。

沈阳工业大学

1. 转型发展存在问题的应对措施

（1）充分发挥各专业办学的主动性，积极探索互赢的方式，多为合作企业、行业解决难题，共同完善培养方案，共同构建课程体系，共同开发教材、更新教学内容，共同建设实习实训基地，共同组建教学团队，共同实施培养过程，共同评价培养质量。

（2）“双师型”教师是向应用型转型的重要支持，“双师型”教师的培养需要过程。一是学院制定相关制度，各专业制定教师实践能力培养计划，有明确的阶段目标。二是积极引进有实践经验的企业、行业教师，参与到教学的各个环节。

2. 创新创业教育存在问题的应对措施

（1）做好创新创业基础课与创新创业实践及专业课程的衔接工作，在教师任课的政策和工作量给予适当倾斜。加强创新创业基础课课程教学规范化建设，建设创新创业课程质量评价体系。

（2）加强创新创业专创融合课指导及规范化建设，力争教学改革项目能设定专创融合课程教改专项。

（3）进一步加强学生创业的众创空间建设，使其创业资源、硬件条件、与社会对接能力得到加强，服务于学生创新创业。推行双导师制，每个创业项目配一个技术导师、一个企业导师共同辅导学生创业项目，定期邀请创业导师到学校针对创业孵化项目做讲座、项目辅导和项目推广。

（4）深度研讨创新创业升级版方案，在新一轮培养方案修订中适当增加创新创业必修学分的比重。学校新一轮的改革方案中加重创新创业绩效的分量，特别是对标双一流建设方案，实现与学校科研、学科、专业建设的深度融合，提高人才培养质量[①]。

大连工业大学

1. 转型发展存在问题的应对措施

（1）进一步解放思想、转变观念、提高认识，加强对应用型转型相关文件、政策的学习，充分理解转型的内涵，真正从思想上把人才培养观念转变到应用型人才培养上。

（2）必须正确理解、准确定位应用型人才培养规格，明确应用型人才的知识、能力和素质要求和规格，做好人才培养顶层设计，制定课程体系，明确课程内容，设计好实践环节课程权重，为应用型人才培养奠定坚实基础。

（3）加强实践教学条件建设，建立稳定的校外实践教育基地，在数量和质量上要满足应用型人才培养要求，使实践教育基地真正成为应用型人才培养的第

① 沈阳工业大学本科教学工作审核评估自评报告 2019。

二大主阵地。

2. 创新创业教育存在问题的应对措施

（1）要求各学院鼓励教师积极参与创新创业工作，同时加强指导教师自身学习，全面带动创新创业项目推陈出新。

（2）建立健全“双创”课程体系，在必修课、选修课中加大双创课程比重，注重创新创业教育与专业教育的深度融合。

（3）大力整合社会资源，形成校企合作新模式，使竞赛内容与市场需求更好的结合。积极推进校企联盟建设，实现专业实习与创新创业实践环节有机融合。

（4）在原有工作基础上，继续深入开展大学生创新创业训练计划、创新创业竞赛等活动。建立创新创业实训体系，提升学生创新创业技能。

（5）营造创新创业良好氛围，加大资金投入，制定有效的激励机制。各学院继续合理安排，扩大实验室开放范围，资源共享。学校多方面扶持，扩大实训中心面积，增加孵化基地工作室数量，为学生提供创新创业必要的支持，更好的实现创业促进就业[①]。

大连交通大学

1. 转型发展存在问题的应对措施

（1）提高认识、凝聚共识。深入学习，全校达成共识，加强对应用型转型人才培养的深入研究，做好人才培养的顶层设计，明确转型发展的具体路径。进一步完善应用型转型试点专业培养方案，进一步合理划分课程学时比例，完成社会需求与应用型人才培养的精准对接。

（2）开放办学，利用地方和行业两种资源。集中优势力量，办好优势特色专业，服务于辽宁经济社会和轨道交通行业发展。以推进应用型专业转型发展为契机，积极对接地方经济社会和轨道交通行业发展需求。加强校企资源共享，拓宽学生实践创新能力培养途径。建立应用型转型试点专业的教学基地、科研基地、

① 大连工业大学本科教学工作审核评估自评报告 2018。

实习实训基地、毕业生就业基地，保证基地建设在应用型人才培养中更好地发挥作用。

（3）做好校企协同育人。鼓励应用型转型试点专业聘请企业专家、工程技术人员、企业管理人员参与应用型人才培养的全过程，引导行业企业专家参与学校本科专业培养方案、教学设计、课程设置、实习实训等培养环节的修订，促进企业需求融入人才培养过程。

（4）做好“双师”型教师队伍的建设。增强教师的工程实践能力，充分利用学校现有合作渠道，通过校企合作方式，有计划地推行应用型转型试点专业青年教师能力提升计划。通过聘请企业、科研院所的行业骨干、资深专家讲学等方式，按行业需求提升青年教师工程实践能力。进一步完善校外人员聘任管理制度，聘请企业人才到校任教、指导实习实训①。

2. 创新创业教育存在问题的应对措施

（1）理念思考。一方面立足传统，坚持办学定位不动摇；另一方面高度重视创新创业教育对于学校人才培养的意义。建立符合学校专业特色的创新创业教育和实践体系。

（2）资源整合。树立大创业观，激活学校科技资源，把教师科研力量和大学生创新创业结合起来。挖掘校友资源，充分发挥校友在提升学校创新创业水平、促进经济社会发展中的能力和作用。

（3）加强融合。评选设立创新创业示范专业，设立创新创业教改立项专题，建设创新创业类“精品开放课程”和“重点规划教材”，建设专业教育融合创新创业教育的人才培养体系。

（4）提高师资水平。完善教师入职培训和进修机制，支持相关专业教师、创新创业教育专职教师到行业、企业、研究院（所）挂职锻炼。组织创新创业教师加强项目指导，做好学生参加国家和省级各类大赛活动的跟踪关注和服务。

（5）培育创新创业文化。通过有效手段和方式，提高学生在创新创业实践

① 大连交通大学本科教学工作审核评估自评报告 2018。

中的体验度和获得感。降低学生参与创新创业活动的门槛，吸引更多的学生参与创新创业活动、体验创新创业魅力，为创新创业人才成长提供土壤和环境。

沈阳化工大学

1. 转型发展存在问题的应对措施

改进措施：

（1）统一思想，加强转型工作宣传，在全校范围内进一步明确和宣传向应用型转型工作的重要意义，提高全校上下对专业转型的认识，进一步解放思想、转变观念，加强对应用型转型相关文件、政策的学习，充分理解转型的内涵，真正从思想上把人才培养观念转变到应用型人才培养上。加强对应用型转型工作内涵的理解，提升教师参与转型专业建设的主动性和积极性。

（2）完善专业人才培养方案。结合《普通高等学校本科专业类教学质量国家标准》《辽宁省向应用型转变试点专业指导性评价指标体系》等相关文件和政策要求，进一步完善应用型转型试点及示范专业人才培养方案，推进专业转型发展，做好省级向应用型转变试点及示范专业建设经验的总结、凝练和推广工作。

（3）加强教师队伍建设。制定应用型转型师资队伍建设管理办法，加大对教师围绕应用型转型的教学改革研究的支持力度，不断提高教师的专业水平和教学能力。进一步完善兼职教师相关管理制度，吸引行业企业人员参与专业人才培养全过程，提升兼职教师的数量、参与度及指导能力，切实发挥其在人才培养中的重要作用[①]。

2. 创新创业教育存在问题的应对措施

（1）适当增加创新创业课程数量。根据学校人才培养定位和创新创业教育目标要求，进一步完善创新创业基础课、公选课、专业课、实践环节的“四位一体”创新创业课程体系。大力推动创新创业示范专业和示范课程建设，切实推进创新创业教育与专业教育深度融合，充分挖掘各类课程中的创新创业教育资源，

① 沈阳化工大学本科教学工作审核评估自评报告 2019。

加强创新创业精品开放课程建设与应用。

（2）加强创新创业导师队伍建设。选拔具有理论知识扎实，创新创业经验丰富的教师作为创新创业导师。通过选送校外进修或邀请专家进校培训等方式，不断提升创新创业导师队伍的专业素质和业务能力。支持教师到企业、研究院所等挂职锻炼，参与社会行业的创新创业实践，提高指导学生创新创业能力。积极聘请知名专家学者、企业家、创业成功者、风险投资人、优秀校友等为兼职导师，充分发挥其创新创业校外师资作用。整合学校和社会优秀教师资源，按双创教育教学指导和双创实践指导分类培养教师队伍，使学生双创指导具有连续性。加强教师科研项目的学生参与度，制定相应制度及扶持政策，以科研促创新创业。

（3）组建创新团队，提升创新水平。加强精英创业团队培育，注重学生专业及跨专业精英团队的挖掘与培养，加强专业导师对学生创业团队的有效指导，促进教师科研成果与学生创业项目的对接及成果转化。

（4）改革“双创”课程教育方法和手段。开展双创微课程、翻转课堂等课上课下教学的改革与探索，促进课堂教学的实效性。建立配套的双创教学人才质量评价体系。建立休学创业、双创学分积累与转换制度、双创实践专项奖学金制度、毕业生质量追踪制度等。做好师生优秀“双创”成果的总结示范与表彰奖励工作，鼓励学生创业。

（5）共享高校和企业优质资源，共建创业孵化基地。进一步扩大创新创业实训中心面积并增加孵化工作室数量，探索建设开放式创新工场。

（6）充分发挥创新创业基地作用。加强创新创业基地的建设与管理。学校层次基地突出面向全校师生的公共服务功能，学院层次基地突出专业相关的实践功能，校外层次基地突出供给侧服务为导向的社会服务功能和学生实现就业功能。对校内外实践基地的功能与建设进行系统规划和科学设计，统筹协调创新创业教学管理和基地运行管理，提高基地运行效率[①]。

① 沈阳化工大学本科教学工作审核评估自评报告 2019。

（四）转型发展高校创新创业教育的发展态势

作为高校重要组成部分的地方转型发展高校正在经历着艰难的转型发展和面临着严峻的不可避免的高等教育综合改革之趋势，在这种背景下深入研究与探索地方转型发展高校创新创业教育的发展趋势具有重要的现实意义①。

1. 转型发展高校创新创业教育新理念的确立

形成“以岗位创业为导向”的转型发展高校创新创业教育新理念，在培养自主创业者的同时，使创新创业教育更多以培养岗位创业者为主。传统创新创业教育更多是以培养自主创业者为主要目标，鼓励大学生毕业后自主创业。然而，对于刚跨出大学校门的大学生而言，存在资源、经验等诸多条件的限制，大学毕业生自主创业的比例还比较低，使得创新创业教育的受益面狭窄。转型发展高校的创新创业教育应引导大学生树立创新创业教育发展新理念，在未来的就业岗位上“用创业的心态、创新的思维对待工作”，把创业与人的终身发展联系起来，与个人事业的成长联系起来，与大学生的职业生涯联系起来，面向全体学生开展持续性的“创业观”教育，提升创新创业教育的内涵和层次，丰富创新创业教育的形式和内容，进而在大学形成大众创业、万众创新的良好文化氛围②。

2. 转型发展高校创新创业教育新体系的构建

构建分层分类的高校创新创业教育新体系，最大限度地使创新创业教育面向全体学生，扩大创新创业教育的受益面。根据创新创业教育的不同学习需求，建议各高校实施分层分类的创新创业人才培养，实现创新创业教育的个性化与精细化。

通过通识教育、创业文化传播培育全体学生的创业精神与创业意识；

通过众创空间、创业苗圃等挖掘兴趣学生的创业潜能；

---

① 张国良 . 转型发展视阈下地方本科高校大学生创新创业教育路径探索 [J]. 西安文理学院学报（社会科学版），2017，20(1)：103–106.

② 黄兆信 . 推动我国高校创新创业教育转型发展 [J]. 中国高等教育，2017(7)：45–47.

通过创业课程、特色班级等发展意向学生的创业知识和能力；

通过孵化区、园区、实训营等提升创业学生的创业实务。

分类方面，以新兴产业创业为导向，针对不同专业行业类别、不同学生类别实施不同的创业课程与创业实践，形成设计、影像技术、“互联网+”、电商、新媒体、公益等多个类别的创业项目布局。

3. 转型发展高校创新创业教育新机制的创设

创设创新创业教育与专业教育深度融合的新机制，建设一大批国家级、省部级创新创业教育与专业教育深度融合实验区。在实验区内遴选一批实践性和学科交叉性较强的专业，以促进创新创业教育与专业教育深度融合为导向，从课程体系、教学理念、教学内容、教学方法、教学评价、师资队伍、实习实践等多个环节进行系统性改革，为高校创新创业教育的转型发展提供具有参考价值的有益经验。高校可以对已有的学科专业与课程体系进行结构调整，挖掘并充实各类专业课程的创新创业教育资源，建设依次递进、有机衔接、灵活机制的创新创业教育课程模块组合，从而将创新创业教育与专业教育有机融合起来。通过实验区的建设鼓励各高校探索创新创业教育与专业教育深度融合，吸引大批专业教师参与其中；通过各种专业类创业课程的学习和多渠道创业实践的锻炼培养大学生的专业创业意识、专业创业能力和专业创业实践经验。

4. 转型发展高校创新创业教育支持体系的完善

完善创新创业教育支持体系，成立能够实体运作的创新创业教育机构，最大限度地发挥创新创业教育的管理效能。

从体制上要建立实体运行的创新创业学院。其主要职责在于统筹全校的创业资源，统一制定并实施创业人才培养方案、创新创业教育课程体系、创新创业教育师资队伍建设、创新创业实践等领域的建设与改革等，从而成为高校对学生开展创新创业教育的重要载体和实施机构；

要完善创新创业教育教学管理与考核评价制度。如加大教师职称评定中创新创业教育指标权责，建立学生创新创业学分与专业学分互认机制，建立专门针对二级学院的创新创业教育的考核机制、创新创业教改项目与校级教改项目认同机制等。

构建“学校层面—院系层面—试点班层面”创新创业教育运行体系。在学校层面，加强顶层设计，合理规划人才培养目标，建立政策、机制、组织、资源保障，营造良好的创业氛围和众创空间。在院系层面，加强创新创业教育课程体系建设，实现创新创业教育与文化教育、专业教育、职业教育的三大融合，建立“通识教育＋专业教育＋创业实践”的创新创业教育课程体系，引导大学生实现从“想创业”到“能创业”的转变。在试点班层面，建设创新创业教育改革试点工程，将“岗位创业认知、岗位创业训练、岗位创业实习”交叉渗入，以点带面，构成连续性创新创业实践体系，辐射创新创业教育的整体实践。

5. 转型发展高校创新创业教育建立“空间＋文化”协同机制

空间即是发展高校“众创空间”，构建递进、立体式结构创新创业教育新体系。文化即是培育高校“创业文化”，以形成地域与校园文化互融互动的创新创业教育特色。高校可依托当地产业特征、文化资源打造不同区域风格与特点的创业文化。要将各地创新创业文化作为大学文化建设的重要内容，可结合各高校的学科优势和资源优势，设立一批“大学生创业园”，并给予资金和政策上的扶持，整合校外创业资源，加强与属地政府、民间资本合作共建，集聚创业优惠政策和服务，打造高校创业文化精品。与此同时，要有重点、分层次地开展各种创业活动（讲座、培训、竞赛等），加大创新创业价值宣传，发掘树立创新创业先进典型，营造“创专融合、学优而创”的文化氛围。需要注意的是，创新创业教育必须面向全体学生，以培养学生的创新意识和创新精神为重点，激发学生的创新热情和创业情绪，让更多的学生加入创新创业的团队，形成一种空间和文化[①]。

三、转型发展高校创新创业教育层次维度

创新创业教育是大学培养创新型人才的一种教育理念转变，是普通教育和

① 黄兆信．推动我国高校创新创业教育转型发展 [J]. 中国高等教育，2017(7)：45-47.

职业教育之外的“第三张教育通行证”[①]。在当前“大众创业、万众创新”的时代背景下，国家把大学创新创业教育提高到了前所未有的新高度，尤其是对转型发展的试点高校，如何将创新创业教育与转型发展有机融合是一项全新的课题，不同高校都在进行有益的尝试，已经在创新创业教育模式、课程体系建设等方面积累了一定的经验；但由于我国高校创新创业教育的发展历史较短，仍然存在着创新创业教育模式和标准还未明确、创新创业教育还未纳入学科建设规划和质量评价体系之中，双创师资队伍相对缺乏，社会支持高校创新创业的政策环境和制度环境还比较缺乏等问题，值得进一步深入研究[②]。转型发展高校开展创新创业教育，是一个从宏观到微观整体推进协调优化的过程。基于以上认识，本研究依据转型发展高校对大学生创新创业教育的发展需求，从宏观维度提出加强和改进大学生创新创业教育的构成要素，各要素的作用，通过构建协同完备的创新创业教育支持体系，为转型发展高校创新创业教育的发展提供有力保障。

创新创业教育需要政策的支持和规范，需要资金的支持与保障，需要高校的组织与协同，需要实践平台的提升与转化，需要文化的涵养与激励，需要家庭的支持与鼓励。创新创业教育需要全社会从宏观层面到微观层面的全体系的支持。本研究以转型发展高校创新创业教育发展需要为靶向，选取政府、企业、高校、金融中介、社区、社会组织作为支持层面，在高校的协调下，政府的规范下对教育体系发挥支持作用，该支持层面中高校作为核心层面，是连接其他各支持体系的中枢。

（一）政府层面

在创新创业教育实施过程中，政府的作用主要体现在四个维度。

1. 政策扶植。政府可根据全社会创新创业的需要出台相应政策，一方面支持创新创业的开展，为创新创业教育营造良好的市场氛围。如出台政策创办高新

① 刘伟，邓志超．我国大学创新创业教育的现状调查与政策建议：基于 8 所大学的抽样分析 [J]. 教育科学，2014，30(6)：79-84.

② 董妍玲，刘春侠，潘学武．转型背景下地方高校创新创业教育体系的构建与实践 [J]. 黑龙江畜牧兽医，2017(18)：235-238.

技术开发区，为创新者提供场地、待遇等方面的保障，协调税收、人力资源和社会保障等政府部门为创业者提供税收减免、简化办理登记许可、注册程序等方面的优惠条件。另一方面通过出台政策直接扶植创新创业教育，为高校在创新创业教育课程建设、实践平台建设、人才引进等方面提供便利[①]。

2. 资金支持。政府为创新创业教育及活动提供资金保障和支持，为大学生创新创业提供“一次性求职创业补贴”“社会保险补贴”等保障资金。对于社会创业人员提供“失业保险基金”“社会保险补贴”“转岗培训补贴”等解除创业者的后顾之忧。此外，政府还应为各类创新创业竞赛和实践活动提供资金支持，保障相关活动的顺利开展[②]。

3. 培育创新创业文化。政府对于创新创业文化的创建具有巨大的推动作用，一方面通过组织协调媒体资源加大对创新创业的宣传力度，通过广播、电视、网络和微信平台广泛深入地宣传创新创业的重大意义、优惠政策、典型案例和成功人士等，使全社会了解、支持和包容创新创业。另一方面通过开展精神文明创建活动培植创新创业文化。政府通过政策调节，将支持创新创业或创新创业教育实效纳入文明单位评比或文明校园评比之中，促进全社会对创新创业文化的培育。同时举办“创新创业年度人物”评选、“创新企业之星”等活动，树立典型，弘扬创新创业意识和精神，树立良好的创新创业风气。

4. 服务与完善创新创业教育保障机制。与常规就业方式相比，创新创业教育尚处于初级阶段，各项法规、保障、服务等机制都亟待完善。政府加强服务效能建设，完善服务保障机制，健全法律法规，为大学生创新创业从方案设计、风险评估、开业指导、创业孵化、跟踪扶持和激励保护等方面开展“一条龙”服务[③]。

（二）高校层面

高校同时作为教育实施主体与支持体系的核心中枢发挥着重要作用。高校

① 王敬国 . 新常态下大学生创新创业教育研究 [D]. 哈尔滨：哈尔滨师范大学，2018.

② 陈静 . 高校主导型创业教育生态系统构建研究 [D]. 长春：东北师范大学，2017.

③ 黄旭艳 . 多维协同视域下职业院校创新创业教育模式探究 [J]. 教育与职业，2018(6)：52-55.

作为支持体系层面的作用体现在五个维度。

1. 智力支持，高校是智力资源高度密集的群体，通过课程设置、师资建设、实践平台打造、授课方式优化等方式向大学生传授创新创业理论知识和实践知识，为创新创业教育体系提供智力资源。

2. 政策支持。高校通过出台扶植政策，支持创新创业教育的发展。其政策支持包括将创新创业教育纳入学校人才培养体系，创新创业课程实行学分制，鼓励师资队伍提升实践阅历，鼓励在校大学生创新创业实践等。

3. 提供资金支持。高校从办学经费中向创新创业教育提供资金，一方面用以支持创新创业知识学习，如创新创业教育的日常开支、创新创业奖学金、创新创业竞赛奖励、聘请校外兼职教师等；另一方面用以支持创新创业教育实践，如投资建立科技园、创业园，设立“种子基金”为大学生创业提供无息贷款等。

4. 营造激励创新创业的校园文化。高校通过构建校园文化内化创新创业意识、精神和心理品质。一方面通过校园媒体，包括校报、电台、班级、公寓、寝室的宣传栏、微媒体平台等宣传创新创业知识和理念，推广创新创业成功案例，报道创新创业先进典型等方式宣传创新创业。另一方面打造特色创新创业活动，如开展“创新创业活动周”，结合学校办学特色的“创新创业大赛”如“机械设计大赛”等。此外，发挥高校的学科优势和资源优势，挖掘和弘扬中华优秀传统文化中的创新创业思想，如“敢为天下先”“业精于勤”等深化创新创业价值观培养①。

5. 信息中枢。高校作为教育体系和支持体系的核心，承担着信息整理与反馈的重任。一方面收集整理社会对创新创业型人才培养需要的有关信息，传递给教育体系，通过促进教育体系改革提升人才培养质量，适应社会发展需要。另一方面，收集整理教育体系在创新创业实施过程中的需求信息，反馈给政府、企业、金融机构、社区以及其他社会组织，通过政府统筹各要素协同，为创新创业教育提供政策、资金、技术等方面的支持，从而实现良性循环。

① 曹亮. 新常态下大学生创新创业教育问题研究 [D]. 锦州：锦州医科大学，2017.

（三）企业层面

企业在创新创业教育的支持体系中所起到的作用体现在五个维度。

1. 平台支持。一方面企业为高校开展创新创业教育提供实训岗位和技术平台，通过实践锻炼提升大学生的业务操作能力和实践创新能力。另一方面，企业为创新创业型人才提供就业平台，通过职位招聘、订单式培养等方式，创造就业机会，招收创新创业型人才到企业就业，实现高校就业与企业人才储备双丰收[①]。

2. 技术支持。企业拥有丰富的市场营销实战经验和高新技术储备，企业通过“知识溢出”效应，将在实践中创新发展的经营理念、技术发明等知识反馈给高校促进创新创业知识的更新。此外，企业还可以为大学生创新创业提供技术指导，帮助其实现技术项目的市场化[②]。

3. 师资支持。企业中的知名企业家、成功创业者和业界精英人士具有丰富的技术应用和创业实践经验，为高校创新创业教育储备了丰富的实践指导教师资源，可以作为实践导师参与创新创业教学。同时这些精英资源也为各类创新创业大赛提供了权威的评审导师。

4. 资金支持。企业通过校企共建共同研发创新创业项目、校友会捐赠以及设立创新创业基金等形式向创新创业教育提供资金支持，促进校企双赢。

5. 示范引领。企业成功的创业路径、发展经历、企业家传奇的创业经历为高校创新创业教育提供了案例参考，更为创新创业意识、精神和心理品质的培养提供了宝贵的精神财富，使大学生看到了创业的巨大力量和光明前景，认识到创新在创业中的关键点和难点，增强了大学生从事创新创业的信心。

（四）金融中介层面

金融中介的作用通过金融机构与中介机构及第三方支持媒介三个维度作用的发挥得以体现。

---

① 郑洋．协同创新理念下高校创新创业教育分析与建构 [J]. 淮阴工学院学报，2017,26(6)：67-71.

② 陈静．高校主导型创业教育生态系统构建研究 [D]. 长春：东北师范大学，2017.

1. 金融机构的作用。金融机构的作用主要体现在优化资金供给渠道，提升资金供给质量。金融机构通过为大学生创业提供低息贷款或风险担保，或募集风险投资为新创企业提供资金支持。同时，对具有良好市场前景的高新技术提供资金支持，为高新技术的市场转化提供资金保障。

2. 中介机构主要为创新创业教育提供信息支持，中介机构主要包括人力资源服务机构、信息咨询机构、法律事务所等机构。为大学生创新创业提供专业性技术服务，包括培训和教育指导服务，关于市场、行业等领域的信息咨询服务，为初创的中小企业提供财务分析、法律顾问等服务，上述服务可以极大地降低大学生创新创业的风险性，促进高新技术的市场转化和新创企业的发展壮大，完善创新创业的保障体系。

3. 第三方支持媒介为创新创业教育提供精神和舆论支持。作为与创业者，特别是大学生创业者直接接触的第三方支持媒介，通过不断优化服务渠道和理念，用高质量的服务，热情主动、周到细致的服务态度，树立良好的行业形象。使创业者在获得服务支持的同时感受到巨大的精神鼓励，有助于提升大学生的创新创业信心，增强自我效能感，促进创新创业蓬勃发展[①]。

（五）社区层面

社区是大学生成长和生活的家庭所在的组织区域，而家庭对大学生的价值取向、就业选择发挥着至关重要的作用，社区的支持作用从两个维度体现。

1. 家庭对创新创业教育的促进作用。家庭作为大学生选择自主创新创业的决定性因素之一，从根本上影响着大学生对自主创新创业的选择以及创新创业意识、精神和心理品质的形成。家庭为大学生创新创业首先提供精神鼓励，家庭形成的自强不息、艰苦奋斗、敢为人先等与创新创业精神契合的家风，以及亲人的支持与鼓励为大学生创新创业提供了强大的精神动力，改变家庭命运是大学生创新创业的强大内生动力源。其次，提供资金支持。大学生创新创业的启动资金往往有一部分来自家庭，此外家庭经济对承担大学生创新创业风险的能力是直接影

---

① 本刊编辑部 . 绩效评价：第三方机构在行动 [J]. 财政监督 ,2020(1): 28-34.

响其创新创业选择的重要因素。最后，是社会关系支持，家庭成员特别是父母长辈的社会关系网络，为大学生创新创业提供了现实的比较稳定的人脉资源，对于大学生的创新创业活动具有积极的促进作用①。

2. 其他社区组织。一方面担负着创新创业相关政策落实与反馈的重任。社区是落实各级政府出台的与创新创业相关政策的重要渠道。包括税收政策，劳动保障政策等。同时相关政策的作用效果也可以通过社区逐级反馈，为创新创业的顺利开展起到积极的促进作用。另一方面，通过营造社区文化支持创新创业。社区具有宣传和教育的功能，通过社区媒体和文化活动宣传创新创业知识、理念和国家相关的政策、方针，引导社区舆论，推动创新创业意识深入人心，在社区形成人人理解创新创业、支持创新创业，为创新创业家庭营造宽容失败、积极扶持的有利局面，促进创新创业健康发展。

（六）其他社会组织层面

1. 科研院所的作用

研究区域经济、产业发展以及经营管理等方面的重大问题和相关政策，为政府制定区域发展规划、行业组织制定产业发展规划等提供分析报告和政策建议；为企业发展战略、经营决策、技术创新和市场开拓提供信息、政策、法规等咨询服务；为高校转型发展和创新创业教育提供咨询建议；推动区域创新与合作，推动区域创新理论研究的繁荣发展②。

2. 民间社团组织的作用

民间社团组织以社会第三方机构为主，第三方机构的组织类型多样，例如各种委员会、高等院校的实验室和咨询公司，但一般是由民间机构自发组织成立。第三方机构作为独立的专业机构，是绩效评价的重要参与力量，对提升绩效评价

① 王敬国 . 新常态下大学生创新创业教育研究 [D]. 哈尔滨：哈尔滨师范大学，2018.

② 建设高端专业智库服务河南发展大局 [N]. 河南日报，2016-04-11(006).

的独立性和可信度，加强社会监督和扩大公众参与，确保绩效评价结果的客观、公正发挥着积极作用。中共中央、国务院《关于全面实施预算绩效管理的意见》明确提出，要引导和规范第三方机构参与预算绩效管理，严格执业质量监督管理。全国人大常委会在审议 2018 年中央决算报告时，也要求扩大外部评价比重，规范第三方机构参与预算绩效评价的程序、标准、方法。第三方机构参与政府绩效评价，主要优势在于其属于独立的专业机构，能够充分发挥第三方机构的专业性、客观性、公正性与效率性，进而保障评价结果客观、真实、可靠。第三方机构应该与政府部门在利益关系上保持适当的距离，更多地关注公民的角度，体现社会监督和公众参与的特征，第三方机构具有权威的专业性，只有专业的评价意见才能有效促进政府的治理水平，同时赢得社会的信任和尊重[①]。

（七）创新创业教育各层面作用机制

机制泛指一个复杂的工作系统的组织和部分之间相互作用的过程和方式。本研究认为支持体系的运行机制是指支持体系各要素围绕某一功能所发生作用的过程和方式。依据对教育体系影响的深入程度，选取“协同机制”“管理机制”“保障机制”“激励机制”加以阐述。各机制的构建均以在转型发展高校能有效动员全社会参与创新创业教育，各层面紧紧围绕学生为中心协同育人，在质量和效率上最大限度地支持创新创业教育的发展为宗旨。

1. 协同机制

协同指协调两个或两个以上的不同资源或者个体，一致地完成某一个目标的过程[②]。“我国高校创新创业教育存在的现实困境呼唤协同培养。培养大学生的创新创业能力单纯依靠高校的力量是远远不够的，凡是具有重大性、全局性问题的解决，必须用协同的理念去分析，用协同的办法去解决[③]”。协同创新包含

① 本刊编辑部 . 绩效评价：第三方机构在行动 [J]. 财政监督，2020(1)：28-34.

② 曹青林 . 协同创新与高水平大学建设 [J]. 华中师范大学学报（人文社会科学版），2014(1)：169-176.

③ 陈桂香 . 高校、政府、企业联动耦合的创新创业型人才培养机制形成分析——基于三螺旋理论视角 [J]. 大学教育科学，2015(1)：42-47.

着极其丰富的内涵，既可以指一个组织内部各要素的协调一致，各要素相互配合，实现组织目标，也可指各参与主体为了更宏大的目标而互相配合、全力协作[①]。通过高校、地方政府和行业企业社会多元主体协同创新、共同培养，一方面可以有效破解原先创新创业教育中存在的学用脱节、师资紧缺、平台匮乏等制约因素；另一方面，能让学生与行业企业、需求市场进行相互了解，破解供需脱节，满足企业对技术技能型人才的需求[②]。

在支持体系中协同机制的发挥是以学生为中心，以高校为核心，以政府为主导，其他要素协同跟进的运动过程。本研究将各层面的系统运动分为“共性需求协同”和“个性需求协同”两大类。

（1）共性需求协同

高校层面将创新创业教育的需求反映给政府层面，政府层面发挥统筹管理职能，将高校需求传递给企业、社区、金融中介以及其他社会组织。反之其他层面对创新创业教育的需求反映给政府层面，由政府层面传递给高校。

（2）个性需求协同

高校层面直接将创新创业教育需求反映给政府、企业、金融中介等层面。反之，各层面也可就本层面对创新创业教育的需求与高校单独协同，此时政府的主导性体现在规范性上，即各层面与高校层面的协同必须符合政府的相应规定。

（3）联络机制

为保障协同的时效性和针对性，在协同机制内还要完成联络机制，即在各层面内部成立专门负责创新创业信息沟通的部门或组织机构，如在高校成立“创新创业学院”或由校党委书记、校长任组长的“创新创业领导小组”，负责收集整理创新创业教育的需求信息。这样各层面的相关负责部门点对点形成信息网络，以网带面全面保障信息沟通的时效性和针对性。协同机制在宏观上体现在管理协同、政策协同、导向协同等方面；在微观上体现在资金协同、实践平台协同、师资建设协同等方面[③]。

---

① 汤其成，周继良．大学协同创新：制约因素与改进思路 [J]. 煤炭高等教育，2013(3)：1–6.

② 郑洋．协同创新理念下高校创新创业教育分析与建构 [J]. 淮阴工学院学报，2017，26(6)：67–71.

③ 王敬国．新常态下大学生创新创业教育研究 [D]. 哈尔滨：哈尔滨师范大学，2018.

2. 管理机制

管理机制的作用是保证支持体系规范有序的运转。

（1）政府运行机制

该机制的运行以教育体系为核心，以政府为主导，政府依据社会生产力的发展需要，整合高校、企业、社区、金融中介和其他社会组织对创新创业的发展要求，将创新创业作为“一把手工程”，由政府主要负责人担任领导机构负责人，做好顶层设计，实施创新创业相关事宜的宏观管理调控，如政策制定、资金管理、风险防控、法律法规等。其他各层面以政府管理为框架和依据，在本层面内部明确分工，做好顶层设计，逐级实施管理①。

（2）高校运行机制

在高校成立书记、校长为组长的“创新创业教育领导小组”，各部处一把手为成员，对全校创新创业教育体系实施课程管理、学生管理、师资队伍管理、实践平台管理、资金管理等。

（3）金融中介运行机制

在金融中介层面中成立以主管（如总裁、CEO 等）为组长，各部门经理为成员的“创新创业业务领导小组”，实施与创新创业相关的基金管理、信息管理、人力资源管理、制度管理等。

（4）社区运行机制

社区成立以社区主任为组长的，各部门负责人为成员的“创新创业业务领导小组”，实施创新创业的政策管理、宣传管理和资金管理等。特别要指出的是：家庭也是管理机制的参与者。家庭依据大学生的创新创业需要进行包括收入与支出计划在内的家庭资金管理、发展规划管理和人员分配管理等。

3. 保障机制

在转型发展高校创新创业教育层次中，各层次的保障作用的发挥，对创新

① 黄旭艳. 多维协同视域下职业院校创新创业教育模式探究 [J]. 教育与职业，2018(6)：52-55.

创业相关活动的顺利开展起到巨大的促进作用。本研究将保障分为促进创新创业发展的发展性保障和降低创新创业风险的安全性保障两大类。

（1）政府保障机制

政府在宏观层面为创新创业相关活动做好顶层设计促进创新创业教育的发展，一方面提供发展性保障工作，依据相关需要出台政策、法规、提供资金等，从体制上和结构上为创新创业扫清障碍，使创新创业相关活动顺利开展，如简化创新创业行政审批程序，规范市场机制，完善创新专利的保护与使用制度等。另一方面提供安全性保障，如出台大学生失业补贴政策，下岗人员安置政策，金融风险防控政策，市场垄断防范措施，适当降低税收标准等。特别是，政府出台相应政策和规定，将创新创业活动的开展与其他层面的切身利益相挂钩，保障其他层面保质保量的发挥支持作用。

（2）高校保障机制

高校一方面提供发展性保障，出台政策，提供资金和场地，提供人力和智力支持，保障创新创业教育顺利进行。另一方面，提供创新创业种子基金、孵化基金或无息贷款等资金支持，提供创新创业政策、法规、管理等方面的指导，降低创新创业风险，提供安全性保障。

（3）企业保障机制

企业主要通过发挥技术优势、管理优势和平台优势为创新创业提供发展性保障，如指导创业大学生实现技术创新的市场化，为大学生技术创新提供技术、资金和平台的支持，创造就业岗位为大学生创新创业型人才提供就业保障等。

（4）金融中介保障机制

金融中介层面一方面通过直接资金支持，帮助初创企业融资，吸引风险投资等方式为创新创业提供发展性保障。另一方面通过提供人力资源管理和风险预防等方面的服务降低创新创业风险，提供专业性安全保障。

（5）社区保障机制

社区主要是通过认真落实与创新创业相关的政策法规，积极宣传创新创业事项，营造积极创新创业的社区文化，为创新创业提供发展保障。家庭的保障作用很大程度上受到其他层面保障机制发挥效果的影响。一般来说其他层面的保障机制越健全、越显效，家庭对创新创业在资金、精神鼓励和人际关系网络的支持就越大。

4. 激励机制

“激励机制”是在组织系统中，激励主体系统运用多种激励手段并使之规范化和相对固定化，与激励客体相互作用、相互制约的结构、方式、关系及演变规律的总和。激励机制分为“奖励”和“约束”两个方面。结合我国转型发展高校创新创业教育发展需要，激励机制可分为对外激励和对内激励两个层面。对内激励主要指各要素就本要素内部对创新创业相关事宜的执行效果实施奖励政策，如出台与奖金、晋级、评奖相关联的人力资源管理政策等，以提升要素内部支持创新创业教育的积极性和主动性，提升工作的时效性和针对性。对外激励主要指各层面针对创新创业教育活动的开展，从自身的职能出发提供激励措施，以提升创新创业教育相关主体的积极性和主动性①。

（1）政府激励机制

政府一方面出台奖励政策，提供专项奖励基金以及优厚的人才引进条件等政策和规定，激励创新创业发展。此外，也可通过创新创业先进人物评选、先进工作单位评选、先进事迹宣传等精神奖励的方式，激励创新创业。另一方面，公平的创新创业环境也能产生巨大的激励效应，政府可出台相关政策和措施，规范市场竞争秩序，提升管理水平，优化资源配置方式，促进社会公平、竞争公平和分配公平等。以此激发创新创业者的内生动力，进而促进创新创业教育的发展。

（2）高校激励机制

高校一方面通过设置创新创业奖学金，优化学分管理制度，完善创新创业学籍管理制度，营造关怀和支持创新创业的文化环境以及公平、公正的竞争环境等方式从政策、物质和精神上激发大学生创新创业的内生动力。另一方面针对创新创业教师（包括兼职教师）出台与工资绩效、奖金评定、评职晋级、竞赛指导或创新创业实践指导相关的公平公正的奖励政策，提升师资团队的积极性和主动

① 王敬国．新常态下大学生创新创业教育研究 [D]. 哈尔滨：哈尔滨师范大学，2018.

性。此外，高校还可通过营造良好的人文环境，激发师生的创新创业动力[①]。

（3）企业和金融中介激励机制

企业和金融中介层面发挥自身的技术、资金、信息优势，通过提升自身业务素质和供给水平，营造良好、开放、安全以及人文的技术环境和服务环境，使大学生看到创新创业的光明前景，提升创新创业的渴望和动力。此外，感恩也可产生巨大的激励效应。企业和金融中介通过提供技术扶植、资金供给和风险预警等优惠性服务政策，或通过校友会资助创新创业实践或竞赛的开展等措施，通过激发大学生的感恩意识提升创新创业内生动力。

（4）社区激励机制

社区则通过及时准确的政策落实与宣传，营造鼓励创新创业，支持创新创业，宽容失败的社区文化，以此营造有利于创新创业发展的良好的生活环境和舆论环境，进而激励创新创业活动的开展。

四、转型发展高校创新创业教育体系构建

创新是一个民族发展进步的灵魂，创业是时代发展的主题。党的十七大提出了“建设创新型国家”的发展战略。近年来，国家也先后在《国家中长期教育改革与发展规划纲要（2010—2020年）》《关于大力推进高等学校创新创业教育和大学生自主创业工作的意见》和《关于深化高等学校创新创业教育改革的实施意见》等文件中，多次提出在高校中大力推进创新创业教育，加快培养规模宏大、富有创新精神、勇于投身实践的创新创业人才队伍[②]。引导地方本科高校转型发展是党中央、国务院做出的重大决策。2015年10月，财政部、中宣部、教育部出台《关于引导部分地方普通本科高校向应用型转变的指导意见》指出：“高校转型发展的任务之一是以产业转型升级、技术进步和社会建设需求为导向，在人才培养模式改革、创新创业教育等方面深化改革，通过校企合作、工学交替，加快应用型、技术技能型、复合型、科技创业型人才培养。”2015年《国务院办公

① 陈静．高校主导型创业教育生态系统构建研究[D]．长春：东北师范大学，2017.

② 国务院办公厅．关于深化高等学校创新创业教育改革的实施意见[J]．中国大学教学，2015(5)：4-6.

厅关于深化高等学校创新创业教育改革的实施意见》中提出："要增强学生的创新精神、创业意识和创新创业能力。"创新创业教育与转型发展密不可分、协调统一，创新创业教育是转型发展的一个重要指标，最终要服务于高校转型的总目标，转型发展试点高校在转型阶段不断研究和探索，在创新创业教育体系的构建与完善方面取得了明显的成效。

（一）构建科学的创新创业教育目标体系

创新创业教育作为一种新的教育理念，其目标更加注重培养学生创新创业素质。为此，转型发展高校要树立新理念，促进人才培养模式的深刻变革。一要正确认识和准确把握创新创业教育实质。创新创业教育旨在引导大学生树立创新创业新理念，培养创造精神，提升创新能力，并在专业教育中渗透创新、创意、创造、创业精神，其核心在于教育。要持续推进创新创业教育全覆盖，把创新创业教育贯穿教学全过程，每一个学生都可以和有机会参与其中。二要完善创新创业教育目标体系。要做到专业教育和创业教育相互渗透。专业教育是创新创业教育的基础，是水之源，木之根；创新创业教育是专业教育的延伸和拓展，为专业教育注入生机和活力。二者融合，使专业得到应用和发挥，更实用、更前沿；使创新创业有了根基，更专业、更顺畅。三要做到传统教学和实践教学相结合。将课堂教学与实践教学结合起来，并通过资源共建共享，广搭平台，进一步完善创新创业教育全过程服务[①]。

通常情况下，教育目标包含两种含义，即抽象概括的目标和个别的有操作性、层次性和可测性的指标体系。依据布鲁姆的教育目标分类学理论，可将创新创业教育的培养目标分为认知目标、情感目标和操作技能目标三个层次[②]。教育目标体系由一系列教育目标构成。创新创业教育面向全体学生，但不是所有大学生都有创业的意愿和创业的潜质，应对不同层次的学生、不同类型的学生提出适合各

① 田丽媛.新常态下吉林省转型高校创新创业教育体系探究[J].白城师范学院学报，2020，34(2)：93-96、109.

② 李耘，李长安.构建大学生创业教育体系的思考[J].国家行政学院报，2008(5)：20-22.

自特点的创新创业教育目标，构成一套完整的创新创业教育目标体系①。创新创业教育的目标体系包含实施这一教育所要达到的总目标和分目标。创新人才培养模式，提高教育教学质量和人才培养质量是其总目标，也是高等学校推进创新创业教育工作过程中的根本出发点和落脚点。对于转型发展高校而言，要主动适应国家，特别是区域经济社会发展要求，将培养具有创新精神、创业能力及社会责任感的高级应用型人才，确定为人才培养的总体目标②。

创新创业教育体系的分目标包含教学活动目标和素质培养目标，在实践过程中，教学活动是素质培养的支撑，素质培养目标反过来导引教学活动方向，二者相辅相成。具体而言，在构建创新创业教育培养目标体系时，在素质培养方面，着重创新创业意识 (Thought)、创新创业知识 (Knowledge)、创新创业技能 (Skill)、创新创业品质 (Comprehensivequality)，形成“TKSC 四位一体”的创新创业教育理念；在教学活动中要推动机制、文化、过程、方式和评价等五个层次创新，从而

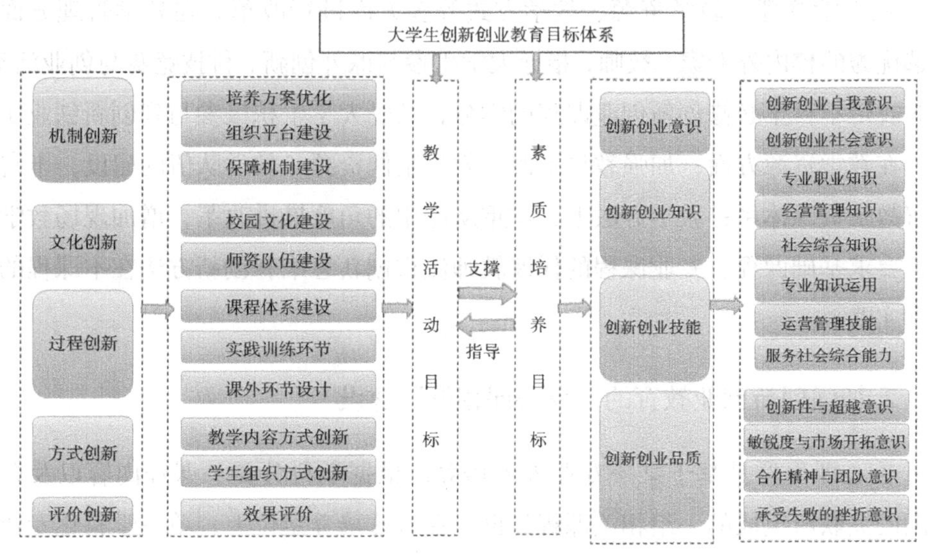

图 3-1　大学生创新创业教育目标体系

① 徐礼堂，陈旭阳．基于创业能力为核心的地方高校创新创业教育体系构建 [J]. 创新与创业教育，2011，2(4):9-12.

② 黄兆信，曲小远，施永川，等．以岗位创业为导向的高校创业教育新模式——以温州大学为例 [J]. 高等教育研究，2014(8):87-91.

有效实现“五个融合”，即理论教学与实践教学的有机融合、课内与课外的互补融合、思维与方法的内在融合、教师教学指导与导师实践指导的互动融合、专业教育与通识教育的双向融合。大学生创新创业教育目标体系如图 3-1 所示[①]。

（二）构建系统的创新创业教育课程体系

课程是实施教育的重要载体。《教育部关于全面提高高等教育质量的若干意见》（教高〔2012〕4 号）对高等院校的创新创业教育课程建设提出了明确具体要求，即制定创新创业教育教学的基本要求，并开发相关课程，同时纳入学分管理，充分说明科学的创新创业课程体系对于有效地推动创新创业教育具有重要的作用。

1. 建立立体化的课程建设体系

从教学管理、教学资源、教学方式等多方面进行改革。在教学管理方面，遴选优秀的校内外专家、教师，指导大学生参与课外创新、科技竞赛与创业活动，同时规定本科生必修创新创业课程的学分，鼓励大学生积极参与到创新创业实践中；在教学资源方面，加强教材资源、教学案例资源、教学队伍的建设，丰富和完善教学资源体系；教学方法上，注重从应用的角度推进改革，增加现场教学环节，要求基础课程、专业课程的任课教师注重创新思维和创新方法在本课程的应用和实践[②]。

2. 加强创新创业教育的“核心课程群”建设

核心课程群是基于某一专业人才培养，根据学科分类、课程内容以及课程之间的关联所组成的一组相关课程集群。在人才培养定位上，单一学科化专业人才培养有着很大的局限，地方高校要注重应用性、技能型人才培养，就要建立跨

---

① 李晓华，张丽萍，王晓凤 . 地方高校创新创业教育体系构建研究 [J]. 河北科技大学学报（社会科学版），2015，15(4)：84-89.

② 李晓华，张丽萍，王晓凤 . 地方高校创新创业教育体系构建研究 [J]. 河北科技大学学报（社会科学版），2015，15(4)：84-89.

学科的复合型人才培养模式，因此建设创新创业课程群有着重要的意义。建立创新创业教育的“核心课程群”，即要建立“知识、能力、素质”三位一体的模块化课程，将创新创业教育贯穿到整个教学和实践环节，倡导个性化教育，创建教改实验班，构建集通识教育、工程基础教育、工程设计、工程实践、创新创业教育五位一体的专业培养方案。

3. 推进创新创业课程的信息化建设

通过大数据技术，根据当代大学生的内在需求和学习规律，为学生设计并提供更加丰富多样的教育资源。主要指按照创新创业教育知识体系结构的内在逻辑性，利用现代化教学手段，加强互联网创新创业教育课程和优质教学资源的开发，推出一批资源共享的慕课、视频公开课等在线开放课程，建立以“互联网 +”为导向的精品课程资源服务体系[①]。

4. 构建“通识与专创融合”创新创业教育课程体系

坚持“通识教育、专业教育与创新教育有机融合”的原则，根据培养目标的要求加强对学科基础课程和专业教育课程的设计和整合，努力实现通识教育、专业教育和创新教育的有机融合[②]。“通识与专创融合”创新创业教育课程体系框架结构见图 3–2[③]。

（三）构建完整的创新创业教育运行体系

创新创业教育可以划分为三个不同的运行阶段——知识传授阶段、创业实训阶段和创业孵化阶段。知识传授阶段的主要目标是全面、系统传授创新创业知识；创业实训阶段的主要目标是通过创业模拟、实训，全面提升创新创业能力；创业孵化阶段的目标是搭建集虚拟演练与实战体验为一体的创业实践综合平台。三个

---

① 李晓华，张丽萍，王晓凤 . 地方高校创新创业教育体系构建研究 [J]. 河北科技大学学报（社会科学版），2015，15(4)：84–89.

② 徐雁行 . 创新创业课程体系建设探索与实践 [J]. 高教学刊，2016(23)：168–169.

③ 刘勇强 . 新工科背景下地方高校创新创业教育体系的构建 [J]. 新乡学院学报，2018，35(9)：73–76.

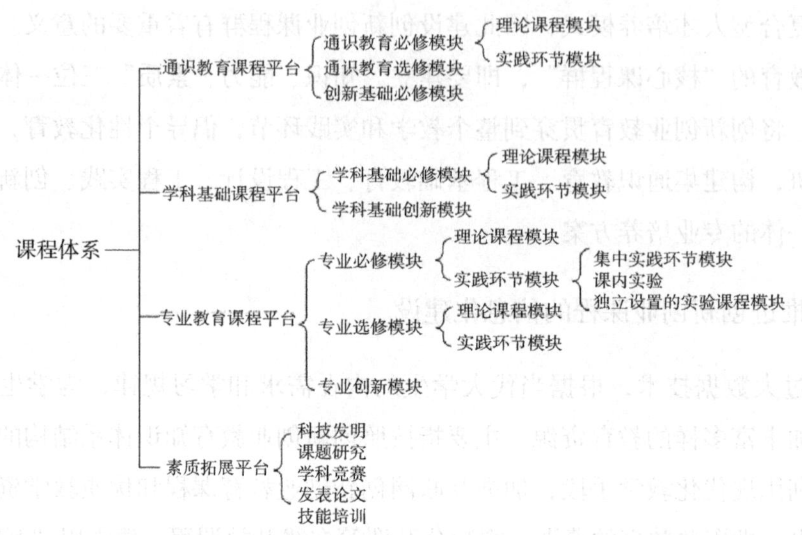

图 3-2 “通识与专创融合”创新创业教育课程体系框架结构

阶段是相互联系的统一体，构成创新创业教育完整的运行体系（如图 3-3 所示）①。转型发展高校要立足学校学科特色，构建创新创业教育联动机制，不断完善创新

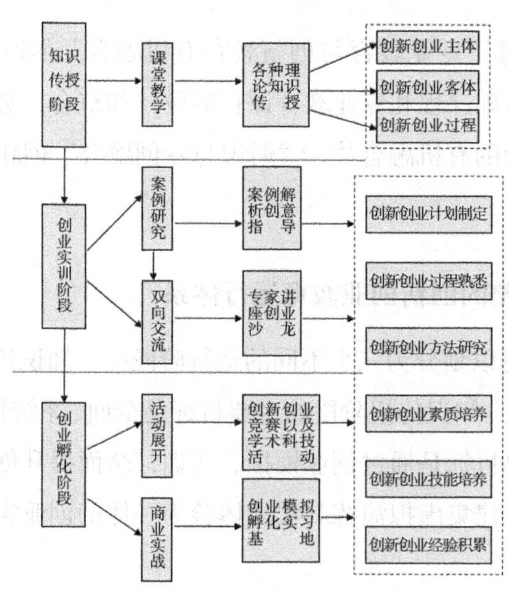

图 3-3 创新创业教育运行体系

① 李晓华，张丽萍，王晓凤．地方高校创新创业教育体系构建研究 [J]. 河北科技大学学报（社会科学版），2015，15(4)：84-89.

创业教育运行体系，促使创新创业教育逐步走向专业化、系统化、规范化。

转型发展高校的创新创业教育，应确立“以人才培养为中心，以服务学生成长成才为宗旨，以培养一批基础扎实、知识面宽、适应性强、德智体全面发展、具有创新精神和实践能力的高素质应用型人才为目标”的总体工作思路，努力搭建多种创新创业平台，提升大学生创业实践能力。

创新创业知识传授、第二课堂、创新创业竞赛、创新创业指导培训和创业孵化是必须抓好的五个关键点。积极向上的创新创业知识传授文化氛围有助于培育良好的创新精神，能有力推动转型发展高校培养高素质的创新型人才。丰富多彩的创新创业第二课堂有利于培养学生的创新思维，激发学生的创业兴趣。各级各类大学生创新创业竞赛是引导和激励大学生锐意创新、挑战自我的有力抓手。创新创业指导培训和创业孵化为学生开展创新创业活动创造了有利的前提条件，高校通过邀请具有创新创业理论的专家学者、实践经验丰富的成功企业家和政府相关指导员对学生进行创业培训及孵化培训来指导和帮扶学生的创业活动。同时高校应积极拓宽创业融资渠道，实现与风险投资、创业投资、天使投资等投资机构的对接，通过众筹和众投等模式引导社会资金和金融资本支持创新创业活动[①]。

（四）构建全面的创新创业教育保障体系

创新创业人才的培养必须有相应的制度保障。转型发展高校应制定出台具有各自特色的创新创业教育实施方案，在政策制定和资源的配置上全面创新，着力解决大学生创新创业的根本问题和深层次问题。主要应构建组织管理、师资队伍建设、激励政策、体系制度等四个方面的保障措施[②]。

1. 组织管理保障

机构建设是开展创新创业教育工作的重要基础性保障，通过组织机构的建立，形成学校高度重视，教务、学研、学工全面负责，其他部门主动参与，二级

① 刘勇强 . 新工科背景下地方高校创新创业教育体系的构建 [J]. 新乡学院学报 ,2018,35(9)：73-76.

② 杨伟东 , 李景宜 . 地方高校构建创新创业教育体系的探索与实践——以宝鸡文理学院为例 [J]. 创新与创业教育 ,2018,9(5)：68-72.

学院具体实施，协同推进的创新创业教育工作长效机制。

（1）成立由校长、校党委书记任组长的“创新创业教育领导小组”，强化顶层设计，加强部门协同；

（2）高校可成立“创新创业学院”，建立创新创业工作机构，加强创新创业的组织领导，深入推进创新创业教育工作；

（3）各二级学院也可成立由主要领导任组长的二级学院创新创业教育领导小组，为学生提供创新创业帮扶指导。

2. 师资队伍建设保障

创新创业教育师资是转型发展高校实施创新创业教育的重要影响因素，高校可采取一系列措施加强师资队伍建设。

（1）通过“个人申请——单位推荐——学校审核——集中培训”的“内部培养”方式，选聘一批具有创新创业指导经验、热衷指导学生创新创业的副高以上职称或有博士学位的教师担任校内创新创业导师，积极组织参加相关培训，提升校内导师的创新创业指导能力。

（2）走产学研结合的道路，与企事业单位合作，通过遴选校内专业教师外出培训和聘请行业资深专家担任创新创业导师的“内培外聘”方式，聘请一批知名科学家、创业成功者、企业家、风险投资人、优秀创业校友等各行各业优秀人才，担任专业课、创新创业课授课或指导教师，充实创新创业教育师资队伍①。

（3）鼓励教师担任创新创业教育导师，将指导大学生创新创业能力作为课程教学组成部分，计入教师教学工作量，并加大教师指导学生创新创业成果的奖励力度，激励教师主动参加创新创业教育工作。

（4）建立“大学生创新创业教育导师库”，探索建立“专业教师＋行业资深专家”的指导教师选聘、考核、激励、淘汰制度。

---

① 杨伟东，李景宜．新常态下地方高校构建创新创业教育体系的探索与实践[J]．教育教学论坛，2016(48)：167-168.

3. 激励政策保障

激励是管理的基本职能之一，建立师生参与创新创业教育工作激励机制是深入推进创新创业教育工作的重要保障。为鼓励和支持学生创新创业，提高学生科技创新、自主创业的能力和水平，应出台一系列行之有效的激励政策。

（1）制定实施如《大学生创新创业学科竞赛管理办法》《大学生创新创业学科竞赛学生奖励办法》等规章制度，对学生参与各类创新创业活动给予一定的学分和物质奖励，学生获得的奖励学分可冲抵公选课学分和创新创业课程学分。

（2）制定实施《大学生创新创业学科竞赛教师奖励办法》《创新创业教学成果奖励办法》和《专业技术职务评审量化奖励办法》，对教师指导学生获得创新创业大赛奖项的给予一定的物质奖励，并在教师职称晋升时给予加分，充分调动教师指导创新创业活动的积极性。

（3）积极探索建立“专项经费 + 企业赞助”的资金保障模式，高校每年可下拨一定经费用于开放实验项目、大创项目、创新创业学科竞赛和创新创业学院等方面建设，同时积极争取上级部门创新创业扶持优惠政策和资金，与地区企事业单位开展合作，吸引横向研究经费。学校可逐年加大创新创业教育专项经费投入，逐步形成学校与地方互动的创新创业人才培养经费保障体系。

4. 制度保障

创新创业只有激情是远远不够的，还需要好的体系、制度、团队以及良好的运营模式[①]，制度在创新创业教育中具有重要的保障作用。为了确保创新创业教育工作的科学与规范化，高校应出台一系列规章制度以保证创新创业教育工作的顺利开展。

（1）在体系制度建设方面，可制定如《关于深化创新创业教育改革实施方案》等制度，从创新创业指导思想、具体措施、目标任务、组织领导、改革完成时限等方面进行要求，保证高校创新创业教育工作的深入开展。

---

① 《赢在中国》项目组 . 马云点评创业资本运作篇 [J]. 职业 ,2008(22)：57–59.

（2）《大学生创新创业学科竞赛管理办法》《大学生创新创业团队管理办法》和《大学生创新活动管理办法》等制度，从创新创业团队建设、运营管理、责任目标、考核表彰等方面对创新创业教育工作进行规范，这些规章制度的制定、发布和实施，可以有效地推进和规范创新创业教育工作。

（五）构建多维的创新创业教育实践平台

创新创业意识和能力的培养离不开实践。实践是创新创业教育的基础，在学生创新创业教育中具有重要的作用，而培养大学生创新实践能力则需要相应的实践平台来进行①。大学生创新创业想法需要通过实践平台实现，仅仅依靠课堂教学是无法实现的。这就要求高校要与当地政府、企业、其他高校加强合作，整合资源，加强对资源的有效利用和协同管理。利用本校资源条件，构建创新创业园、大学科技园、共建研究院等不同类型的实践基地；利用信息化平台创新创业模式，如自建电子商务网站或利用电商平台进行互联网商铺运营等；与政府或其他高校合作创建创新创业孵化基地②。转型发展高校可构建下面五类大学生创新创业实践平台。

1. 创新型实验教学平台

（1）搭建提高学生综合实践能力和创新能力的“课程实践教学平台”。高校可在人才培养方案中，要求校内各专业在实践教学中除基础的验证性、演示性实验外，必须开设一定比例的综合性、设计性实验供学生选做，这些实验由学生自主选题、设计与实施，实现课程教学从实验到项目自主设计转化，最终实现学生实践动手能力和创新能力的全面提高。

（2）建立以提高学生创新能力的“开放性实验平台”。可制定《实验室开放管理办法》，建立实验室开放制度，在保证正常实验教学的情况下，每学期在

① 魏银霞，黄可，郭庆．地方工科高校创新创业教育体系研究与实践 [J]. 科技创业月刊，2017(1)：74-77.

② 唐丹丹，刘欣．新常态下工科类高校大学生创业育人体系建设与运行机制研究 [J]. 智库时代，2020(5)：90-92.

全校立项多个开放性实验项目，面向学生逐步开放教学、科研实验室，实现学校教学资源的共享，为学生创新精神和实践能力的培养以及课外科技活动及学科竞赛提供良好的条件，通过开放性实验进一步带动实验室的开放，提升学生的创新精神和实践能力。

2. 第二课堂与社团平台

作为第二课堂重要组成部分的团队活动，因具有广泛性、自主性、多重性特点，对学生个性发展以及创新创业能力提高具有重要作用。应采取一系列措施发挥社团与团队在创新创业教育中的作用。

（1）制定《大学生创新创业团队管理办法》，组建具有各学科专业特色的大学生创新创业团队，通过报告、讲座和课程等，拓展学生创新创业的知识和视野，提升师生创新创业的意识与能力。

（2）组建"就业帮帮团""大学生创业协会""大学生兼职与职业发展协会"等社团，举办"创青春"创新创业大赛、具有各学科专业特色的科技创新大赛、"创业训练营"等课外创业实践活动，激发广大学生的创业热情，提升学生的创新创业能力。

3. "大创项目"平台

大学生创新创业训练计划项目（简称"大创项目"）是促进高校转变教育思想观念，改革人才培养模式，强化创新创业能力训练，增强高校学生的创新能力和创业能力，培养适应创新型国家建设需要的高水平创新人才的重要举措①。高校可制定《"大学生创新创业训练计划"实施方案》《关于进一步加强大学生创新创业训练计划项目管理工作的实施意见》等文件，依据"兴趣驱动、自主实践、结合实际"的原则，实施校、省和国家级三级项目的管理模式。设立大学生创新教育训练计划项目专项经费，对获批的所有"大创项目"给予科研指导、训练场

---

① 刘长宏，李晓辉，李刚，等．大学生创新创业训练计划项目的实践与探索 [J]. 实验室研究与探索，2014(5)：163-166.

地和配套资金等全面支持。同时秉承“做中学”的理念开展“大创训练”项目，让学生在“自主完成课题研究的综合实践活动”中，学习创新创业基本知识与技能，从而获得发现、分析与解决问题的能力，完成课题研究、能力训练与成果培育孵化等任务①。

4. 学科竞赛平台

各学科专业特色的学科竞赛是提高学生综合素质，培养学生创新创造能力和实践能力的有效手段。为做好学科竞赛工作，高校可出台《学科竞赛管理办法》，坚持“兼顾级别、支持专业、重点优先、保留特色”的原则，每年支持由综合竞赛、专业竞赛和特色竞赛组成的一定数量年度竞赛计划，给予一定经费支持，通过竞赛计划支持老师带领学生开展学科竞赛，培训和培养学生进行作品制作、课题研究与成果培育。学生通过参与学科竞赛，进一步激发学习热情，参与过竞赛的学生，他们的专业学习积极性和主动性会明显增强。此外学生通过学科竞赛平台，可主动发现专业知识上的不足，会自觉进一步选修企业管理、人力资源管理、市场管理、财务管理等课程，实现高素质创新型应用性人才培养的教育目标。

5. 创业服务平台

以扶持大学生创业为核心目标的创业服务平台，是集创业政策研究、推广，创业帮扶指导为一体的创新创业教育服务平台。为了切实做好创业服务工作，可采取以下两项措施。

（1）成立学校层面的就业指导服务中心，每年开展以“创新创业指导”为核心的“服务大学生创新创业活动”，通过创业就业培训、创新创业资金资助、创业项目推介、创新创业法规政策帮扶指导等系列活动，大力推动大学生创业的实效。

（2）校企合作共建基地及研究院，聘请基地及研究院专家进行创业知识讲

① 杨伟东，李景宜．地方高校构建创新创业教育体系的探索与实践——以宝鸡文理学院为例 [J]. 创新与创业教育，2018，9(5)：68-72.

座，组织创业典型事迹、人物宣讲，进行创业政策、资金扶持等活动，让广大学生想创业、敢创业、会创业、创成业。

（六）构建生态的创新创业教育评价体系

1. 采用多样的创新创业教育评价方法

基于不同的评价目的和主体，创新创业教育评价指标体系内容和评级方式方法也不尽相同。选择每一种评价方法都有其自身不可替代的优越性，但同时也有其自身不可克服的局限性，任何一种评价方法都不能全面科学的评价创新创业教育。因此整合多元化的评价方法，多渠道实时收集相关信息，既能充分发挥各种评价方法的优势，又可克服各自的不足，使创新创业教育评价更加科学合理和真实有效。

2. 建立完善的创新创业教育评价结果反馈机制

建立完善的评价结果反馈制度是确保创新创业教育评价效用的重要环节，评价反馈报告应取代简单的“优”“良”“差”，评价在于发现问题、解决问题、提高创新创业教育质量，而不是得出一个鉴定性的结论。通过创新创业教育评价报告，可对整个创新创业教育评价的评价过程、评价方法、评价结论和相关的问题建议，有一个全面的了解；撰写评价报告，更有利于发现评价活动中存在的问题，为以后的评价活动提供宝贵的借鉴；有利于在后续的创新创业教育实践中进一步验证评价结果和评价标准，便于及时的修改和完善已有的创新创业教育评价指标体系。

3. 重视现代信息技术在创新创业教育评价中的应用

科技的飞速发展使信息技术深入到社会生活的各个方面，创新创业教育评价是一项系统庞大的工程，涉及到大量数据的处理和计算，如评价指标权重的确定、评价主体权重的确定、评价分类系统的管理、评价结果数据的处理和运算等。如果单纯地靠人力解决，不仅费时费力，且效率低下容易出错。因此在创新创业教育评价中应积极运用现代信息技术，使转型发展高校创新创业教育评价与信息教育技术相结合，体现创新创业教育评价的先进性，既高效便捷，又能保证评价的准确性和公正性。

4. 构建多维度全程性的创新创业教育生态评价体系

构建转型发展高校创新创业教育评价指标体系，可考虑从价值性、本土性、整体性、可操作性及协同性原则，提高指标选取的基本要求①。理想的创新创业教育评价体系应该是客观合理的，是一种多维度、全程性、个性化的生态评价体系，主要包含以下三个方面。

（1）构建创新创业教育评价指标体系的过程是科学合理的。应该听取多方意见，包括教师、学生、专家、管理者、领导和社会相关人员，使评价的指标内容全面科学，能翔实地反映课堂教学的方方面面。

（2）确保创新创业教育评价指标体系的动态性。创新创业教育评价指标体系不是一成不变的，在运用实践的过程中针对创新创业教育反映出的新问题，应适时的调整和修订评价指标体系。例如，对于一些创新创业教育行为很难用量化指标来测评，这时我们要适当增加陈述性问题，通过定性描述来达到目的②，或者通过特定的模型手段将潜在变量转化为显性变量来处理。

（3）注重创新创业教育评价指标体系的层次差异性。我国高校创新创业教育新体系是分层分类的，最大限度地使创新创业教育面向全体学生，扩大创新创业教育的受益面。根据不同学生接受创新创业教育的个性化需求，各高校实施分层分类的创新创业人才培养，实现创新创业教育的个性化与精细化③。用同一个评价指标体系去评价所有的创新创业教育类型，难以体现评价的准确性和保证评价实际效果的客观性，要充分考虑不同类型不同层次高校的创新创业教育特点，

---

① 钟学思，朱琳琳．广西高校创新创业教育评价指标体系构建研究 [J]. 统计与管理，2020，35(5): 125-128.

② 高云，方志刚，王勇，等．基于供给侧改革思维的高校生态创新创业培养体系优化 [J]. 中国冶金教育，2017(5): 80-82.

③ 黄兆信．推动我国高校创新创业教育转型发展 [J]. 中国高等教育，2017(7): 45-47.

构建有针对性的、多样性的创新创业教育评价指标体系。

五、转型发展高校创新创业教育评价方法

当前，关于转型发展高校创新创业教育评价有较多的方法可供选择，以下就比较常用的几种方法进行简要的分析。

（一）层次分析法（AHP 法）

“AHP 层次分析法”是把影响需要决策问题的相关影响因素分成多个层次，通过数学处理和经验判断相结合，对评价指标进行定性与定量比较后建立矩阵，求出最大特征根和特征向量，确定各评价指标的权重，再按照权重值的大小来选定最好的解决方案[①]。如分解的层次多为目标层、准则层、方案层等。层次分析法对于定性分析涉及的比较少，比较客观且简单易操作。层次分析法有定性分析使用的较少，有较高的系统性，评价方法简单有效等优点，但该方法需要预先设计好决策方案，无法根据具体情况及时提供新的解决方案[②]。

1. 层次分析法（AHP 法）的特点

——优点方面

（1）系统性和定性分析与定量研究相结合。

AHP 将问题的对象看成一个系统，通过定性分析与定量研究相结合的方式，按照分解、比较、判断、综合的思维方式进行决策，能够解决不少仅用技术无法解决的问题。

（2）决策者判断与决策分析者沟通相结合。

在运用 AHP 进行问题决策的过程中，输入信息主要来源于决策者的选择与判断，充分反映了决策者的认知能力。决策者在决策过程中可以与决策分析者进行沟通交流，决策者也可以直接应用它，可增加决策的有效性。

---

① 董杜斌．基于“AHP 层次分析法”的创新创业教育评价指标体系构建 [J]. 教育评论，2019(3)：70-73.

② 刘馨泽．辽宁省地方高校创新创业教育质量评价体系研究 [D]. 沈阳：沈阳师范大学，2018.

（3）对数据要求的数量不多，思路简单明了。

利用 AHP 分析问题时所需要的定量数据并不多，就可以清楚的分析出问题的本质和所涉及的因素及其内在关系。AHP 将决策者的思维变化过程系统化、数学化和模型化，便于计算，思路简单明了，容易被人们接受。

（4）有较强的适用性。

AHP 适用于多准则、多目标的复杂问题的决策分析，可以实现对能源政策分析、产业结构研究、科技成果评价、发展战略规划、人才考核评价等复杂问题的分析，应用范围非常广①。

——缺点方面

（1）无法提供新的解决方案。

因为 AHP 具有系统性，在构建模型时就已经确定好了可备选择的解决方案，所以无法提供原有方案之外的其他方案。

（2）受一定的人为主观因素的影响，不适用于高精度问题。

AHP 方法在建构层次结构模型和成对比较矩阵时，主要依赖于人的主观判断，人的主观因素对整个决策过程的影响较大，如果人为的判断出现失误，即可能造成决策失误。此外，AHP 的比较、判断以及结果的计算都是较为粗糙的，不适用于精度较高的问题。

（3）具有较大的随意性。

AHP 存在较大的随意性。对于同样一个决策问题，不同的决策者在互不干扰、互不影响的条件下分别利用 AHP 对问题进行分析研究，所建立的层次结构模型和所判断矩阵都可能不同，所得出的结论也可能存在差异。

虽然 AHP 有一定的缺陷，但其因操作简单，具有系统性和严谨等优点，已被人们广泛的使用。要使 AHP 决策尽可能的科学，可以通过克服 AHP 的不足进行一定的改进。例如：尽量请行内专家群体判断，减少人为主观因素的影响；在进行判断前，要尽可能多的收集相关的资料，厘清研究问题的目标、范围、方案和准则等；注意各元素之间的强度关系，如强度关系相差较大尽量不要放在同一

① 范文翔 . 基于 AHP 的研究生创新创业教育的评价研究 [D]. 重庆：重庆师范大学，2016.

层；与其他决策方法相结合，使决策更具有科学性和可靠性。

2. 层次分析法（AHP 法）的步骤

层次分析法简称 AHP，是将定性和定量方法相结合，其步骤如下：

（1）建立评价体系的层次结构。例如依据李克特调查表，评价指标体系建立了三个层次：目标层、准则层、指标层。其中有学校教育环境、教师能力、学生意愿和能力三个准则层等。

（2）构造判断矩阵。用专家评分的方式对各指标进行打分，采取 1–9 标度记分法。在一定的准则层下，对两两指标进行重要性比较，算出打分几何平均值。

（3）计算各准则层和各指标层下元素的相对权重，并进行一致性检验。

（4）计算评价指标总排序权重和综合评价指数[①]。

（二）CIPP 模式

CIPP 模式是一种以决策为中心的评价模式，也称之为决策类型评价模式。它包括四个基本步骤，CIPP 是这四个步骤阶段英文表达的第一个字母的组合，分别是：C 代表背景评价（Context Evaluation），I 代表输入评价（Input Evaluation），第一个 P 代表过程评价（Process Evaluation），第二个 P 代表输出评价（Product Evaluation）。它具有全程性、决策性和发展性三个特点[②]。

1.CIPP 模式的内涵与特征

CIPP 模式是美国学者 Sufflbeam，D.L. 于 1967 年提出的一种评价模式，CIPP 模式是由背景、输入、过程和结果四个流程评价构成，是决策导向评价模式，在指标体系构建和评价过程中应用比较广泛。背景评价是依据社会发展和评价对象的需要对方案目标作出的诊断性评价。背景评价为确定方案目标提供有效信息，

---

① 苏飞，项桂娥．基于 AHP 的应用型本科院校创新创业能力评价——以皖南三所院校为实证的研究 [J]. 通化师范学院学报，2019,40(5): 106-109.

② 杨江水．基于 CIPP 模式的大学发展规划决策模型研究——以重庆师范大学为例 [D]. 重庆：西南大学，2016.

着眼于确定和描述方案目标和对方案目标的合理性的判断。输入评价是对所需且可能获取的资源、工具、方法等条件进行评价的要素。对实现目标所需且可能获取的成本费用、人力物力等资源、解决问题的策略方法的调研有助于鉴别和遴选出优质的教育方案，其实质是对教育方案的可行性评价。过程评价是对教育方案实施状况的督导与反馈，它关注取得预期成果的最佳流程，其实质是对教育方案的高效性评价。成果评价是对教育方案实施成就的价值判断，即通过衡量、分析方案实施成果以决定是否继续使用、修正或终止方案，其实质是对教育方案的形成性评价①。

高校创新创业教育在促进学生创新创业意识培养、知识储备、提升能力等过程中，需要高校在一定环境背景下，对教育资源投入、教育过程把控、成果评价等进行一系列整合，与CIPP模式具有较高的契合性和一致性。构建评价体系将从创新创业教育的教育背景、教育投入、教育过程和教育成果四个方面进行逐一分析和评价②。

2.CIPP模式的优势

（1）CIPP模式突破了行为目标导向和总结性定位，突出教育评价的决策导向和形成性定位。为决策者提供有用信息、改进教学服务是其最鲜明的特征和优势。由此，对教育目标本身的必要性、合理性和可行性的诊断性评价成为不可忽视的环节。此外，CIPP模式对于非预期目标和难量化目标的考量，使得对教育的价值判断过程更为全面而深刻。

（2）CIPP模式适应当代教育评价的客观要求，注重过程评价和过程改进，强调反馈作用。这一模式着眼于教育评价与教学过程的有机融合，把教育评价视为教学过程的重要组成部分，把教育评价视为教学质量的改进工具而非鉴定工具。

（3）CIPP模式整合背景、输入、过程、成果四方面评价阶段，兼顾计划、

① 葛莉，刘则渊．基于CIPP的高校创业教育能力评价指标体系研究[J].东北大学学报（社会科学版），2014，16(4)：377-382.

② 周风，曾增，李龙．基于CIPP模型和层次分析法的高校创新创业教育评价体系的构建[J].宿州学院学报，2019，34(9)：29-34.

组织、实施和再循环四方面决策类型，教育评价富于科学性、全面性和系统性。此外，整个评价流程清晰、策略灵活、可操作性强。一方面，各种评价广泛适用于形成性评价和总结性评价，既可单独实行某一评价，又可结合若干评价同时实行；另一方面，各种评价可在教育方案实行前、实行中和实行后采用[①]。

总之，CIPP 模式在评价的层面，既关注教育决策也强调教育发展性现状；在评价观念的层面，CIPP 模式侧重于评价教育计划的价值与优点；在评价方法的层面，CIPP 模式兼顾描述性资料与判断性资料的收集与运用，从而提高了评价的认知度和可信度[②]。

（三）模糊层次分析法 (FAHP)

对于层次分析法（AHP）为了克服其定性成分多，定量数据少，不适应高精度水平研究的不足，相关学者将模糊数学与层次分析法相结合形成了“模糊层次分析法（FAHP）”。对转型发展高校大学生创新创业教育的研究从全社会全体系着眼，通过整体改进来提升创新创业教育实效。因此，对创新创业教育的评价要求做到，时效性高，针对性强，多主体参与。为了解决多主体参与产生的复杂性，特别是弱化创新创业“迟滞效应”的不利影响，可依据问题导向、科学规范、可操作、可发展的原则，在综合文献研究和实践研究成果的基础上选取模糊层次分析法（FAHP）作为评价方法。

1. 模糊层次分析法（FAHP）的原理

模糊层次分析法是在层次分析法的基础上发展而来的。因此，了解模糊层次分析法之前必须要先了解层次分析法。

（1）层次分析法的原理。层次分析法通过将问题总目标分解为多个目标或准则，依据各目标或准则的支配关系形成的若干层次，通过各目标或准则两两比较计算出各自的权重，以此作为解决问题方案的决策依据。在此过程中，通过征

---

① 葛莉．基于 CIPP 的高校创业教育能力评价与提升策略研究 [D]. 大连：大连理工大学，2014.

② 肖远军．CIPP 教育评价模式探析 [J]. 教育科学，2003,19(3)：42-45.

求专家意见并结合研究经验，对经验判断实施定量描述，不仅实现了对问题的定性研究，更有效提升了复杂环境中逻辑推理的准确性。综上所述，在应用层次分析法，对相关问题进行定性与定量研究时，将总问题目标分解为：目标层、准则层和方案层，自下而上形成相互支配的递阶层次。

（2）模糊层次分析法的原理。模糊层次分析法在建立递阶层次结构时与层次分析法基本一致，也是把问题总目标分为目标层、准则层和方案层。主要不同之处在于两点：

①在层次分析法的运算中，将目标元素进行两两比较后得到的是判断矩阵，而在模糊层次分析法中目标元素两两比较后得到的是模糊一致判断矩阵。

②对于各元素权重的计算方法，基于模糊一致矩阵求的算法与基于判断矩阵的算法各不相同[①]。

2. 模糊层次分析法（FAHP）的实施步骤

应用模糊层次分析法开展评价研究的步骤分为：构建评价指标体系、构建判断矩阵确定指标权重、建立评价集合、建立模糊评价矩阵、构建模糊综合评价模型、建立分数集、结果计算与评价[②]。

具体如下：

（1）构建评价指标体系。依据研究的需要，综合运用专家经验法或结构方程法，遴选指标级。

（2）构建判断矩阵确定指标权重。运用层次分析法中标度理论构建判断矩阵，即通过将各目标元素两两比较确定各个目标元素对问题总目标的相对重要性。在此基础上，通过专家评判对各层指标权重打分，同时对判断矩阵应用层次分析法进行运算。

（3）建立评价集合。按照评价目标的相对优势关系，对其进行等级评定。

（4）建立模糊评价矩阵。

① 王敬国．新常态下大学生创新创业教育研究 [D]．哈尔滨：哈尔滨师范大学，2018.

② 童晓玲．研究型大学创新创业教育体系研究 [D]．武汉：武汉理工大学，2012.

（5）构建模糊综合评价模型。运用模糊矩阵通过合成运算得出综合评价模型。

（6）建立分数集。

（7）结果计算与评价。

（四）熵权法

1. 熵权法概述

熵原本是热力学概念，它最先被引入信息论，被称为信息熵，现已在社会经济领域得到了广泛应用。在具体使用过程中，熵权法根据各指标的变异程度，利用信息熵计算出各指标的熵权，再通过熵权对各指标的权重进行修正，从而得出较为客观的指标权重。

把信息熵概念引入信息论中，作为随机事件不确定的度量，某个指标的信息熵越小，表明其指标值的变异程度越大、提供的信息量越大，继而在综合评价中所起的作用及该指标对应的权重也应越大[①]。熵权法是一种根据各指标所含信息有序程度来确定权重的典型的客观赋权方法。熵值法的优点是完全依靠指标的样本观测值和自身信息来判断指标的有效性和重要性，不受人为因素的干扰，可以依据客观实际对系统作出客观、公正的评价。

2. 熵权法的特点

（1）由熵的定义可以看出，某项指标的值变异程度越大，熵就越小，则该指标提供的信息量就大，熵权也就越大；反之，某项指标的值变异程度越小，熵权就越小。熵权的大小可以反映不同指标在评价时所起作用的大小。当各备选项目在指标 j 上的值完全相同时，该指标的熵达到最大值 1，其熵权为零。这说明该指标未能向决策者提供有用的信息，即在该指标下，所有的备选项目对决策者来说是无差异的，可考虑去掉该指标。因此，熵权本身并不是表示指标的重要性

---

① 仝金强 . 基于熵权 TOPSIS 法的舰船设计方案评估 [J]. 实验室研究与探索，2018,37(1)：9-12.

系数，而是表示在该指标下对评价对象的区分度[①]。

（2）在计算高校创新创业教育质量评价时，各个指标占有不同的权重，可利用熵权法赋予各个指标权重。熵权法是依照各指标间的偏差程度，利用信息熵计算出指标的熵权，再通过熵权进一步确定指标权重。这种方法可以客观地反映出数据中的隐藏信息，提高指标的分辨率，全方位翻译指标信息。指标熵越小，熵权越大，该指标越重要；反之亦然[②]。

（五）TOPSIS 法

1.TOPSIS 法概述

TOPSIS 法，又称为逼近于理想解的排序方法，是一种适用于多个方案的分析方法，依据多项指标对方案进行比较，是有限方案多目标决策的综合评价方法之一。TOPSIS 法其中“理想解”和“负理想解”是 TOPSIS 法的两个基本概念。所谓理想解是一设想的最优的解（方案），它的各个属性值都达到各备选方案中的最好的值；而负理想解是一设想的最劣的解（方案），它的各个属性值都达到各备选方案中的最坏的值。方案排序的规则是把各备选方案与理想解和负理想解做比较，若其中有一个方案最接近理想解，而同时又远离负理想解，则该方案是备选方案中最好的方案。

2.TOPSIS 法基本原理

TOPSIS 法的基本原理是通过检测评价对象与最优解和最劣解的距离来进行排序，评价对象在最靠近最优解的同时又远离最劣解是最理想的构成样本。各指标值都达到各评价指标的最优值便是最优解，各指标值都达到各评价指标的最差值便是最劣解。转型发展高校创新创业教育评价体系通过对各个方案进行最优解和最劣解的比较，并找出最靠近最优解和远离最劣解的方案，便是所要选择的最

① 金荣学，毛琼枝，张说．基于 AHP 和熵权法的我国高等职业教育绩效评价 [J]. 财会月刊，2017(36)：59-66.

② 刘馨泽．辽宁省地方高校创新创业教育质量评价体系研究 [D]. 沈阳：沈阳师范大学，2018.

佳方案[①]。

3.TOPSIS 法特点

（1）TOPSIS 法的中心思想在于首先确定各项指标的最优解和最劣解，最优解的各个属性值都达到各候选方案中最佳值，最劣解则为最差方案，之后求出各个方案与最优解、最劣解之间的距离，计算各方案与最优方案的接近程度，以此评价方案的优劣[②]。

（2）TOPSIS 法为逼近理想解的排序方法，是多属性分析的常用方法，也是系统工程中常被用到的决策技术，它是将被评价对象与评价标准之间的距离作为被评价对象优劣排序的标准的评价方法。通过计算目标靠近（或偏离）最优解、最劣解的程度来评价教育质量，可以全面且客观地反映高校创新创业教育的真实效果[③]。

（3）TOPSIS 法是进行多目标决策时常用的一种决策方法。它是根据有限个评价对象与理想化目标的接近程度进行排序，是在现有的对象中进行相对优劣的评价。该方法由于没有严格的样本量大小限制，应用的领域广泛且运算比较简单，因此可以将该方法应用到创新创业教育评价的研究领域中。

（六）BP 神经网络法

1. 人工神经网络

人工神经网络是一种由大量处理单元（神经元）组成的模自适应非线性动力系统。这种系统适应能力强，有极强的自主学习能力，以及具有非线性、非局域性的特点。它以现代神经科学研究成果为基础而提出，试图通过模拟大脑神经

① 张男星，孙继红．基于 Topsis 评价模型的“双一流”高校分类评价实证研究 [J]. 黑龙江高教研究，2020,38(9)：36-43.

② 王明．基于 TOPSIS 方法的时间序列预测模型 [D]. 南京：东南大学，2019.

③ 王学颖，刘馨泽．基于熵权 TOPSIS 模型的高校创新创业教育质量评价 [J]. 沈阳师范大学学报（自然科学版），2018，36(1)：47-51.

网络处理、记忆信息的方式设计一种新的机器使之具有人脑那样的信息处理能力系统[①]。

2.BP 神经网络法

BP 神经网络是人工神经网络中的一种多层前馈型类型网络，在非线性映射能力上的能力十分强大。BP 神经网络是利用 BP 算法进行训练的多层感知器网络模型，该模型是使用较广泛的前馈神经网络模型[②]。这种神经网络模型各层之间仅仅与相邻神经元相连接，内神经元没有任何联系，各层神经元无反馈连接。这些神经元可以分为输入层、隐含层和输出层。

标准的 BP 神经网络学习算法本质上以网络误差的平方和为目标函数，以梯度法求目标函数达到最小值的算法，其最基本原理是纠错，即采用梯度下降法通过网络输出误差进行反向传播，调整和修改网络的连接权值，将误差调制最小，学习过程计算和误差反向传播两个过程。

3.BP 神经网络法的主要过程

（1）神经网络是由一组神经元组成，决定了其并行处理能力。神经元种类有输入、隐层、输出三种。输入神经元被外界信号激活，输出神经元发出外界信号，隐层神经元作为内部单元不接触外界。根据实际需求，每种神经元可选择适用的转移函数、输出函数。神经网络模型间的区别就是转移函数的差别，从而导致信息处理方式的差别。

（2）激活状态：是全体神经元激活状态的状态向量，表示系统在某时刻所表示的对象。激活值可以是连续值，也可以是离散值。

（3）单元输出：全部神经元的输出构成神经网络的输出向量。

（4）连接模式：连接模式指各神经元间的相互连接，用权值矩阵 W 表示。连接模式代表神经网络的知识储备，用编码的形式放于权值矩阵 W 中。单个权

① 王经纬．基于 BP 神经网络的高校旅游专业创新创业教育评价研究 [D]. 沈阳：沈阳师范大学 ,2017.
② 刘佳．基于 BP 神经网络的大学生科研能力评价 [D]. 大连：大连海事大学 , 2017.

值矩阵代表一种编码形式，即神经网络知识模式。

（5）传递规则：实质是输出向量和连接矩阵相联系的标准，是任意输入量通过神经元的净输入的规则。

（6）激活规则：主要指系统模式的更新规则。

（7）学习规则：由连接权重矩阵表示，即权值变换规则。

（8）工作环境：代表所有输入模式，有的输入模式要求为正交集或者线性无关集，有的没有严格规定。

4.BP 神经网络法的泛化能力

所谓泛化能力是掌握已有数据的内在规律后，对新的情况做出估计。之所以建立模型是建立输出和输入间关系，从而可通过新输入预测输出。由于模型在应用过程中，训练样本、模型参数、要解决的问题性质对神经网络泛化能力会有影响，所以在解决问题的时候要考虑的方面包括使用哪种输入模式、样本与训练样本选择的相似性、样本输入输出噪声影响。在训练模型过程当中，影响神经网络泛化能力的状态是过拟合和欠拟合，通过改变网络结构、改进学习算法或增加训练时间可避免欠拟合，先验知识的缺失、样本量和噪声等都会导致过拟合，该状态较难控制[①]。

六、转型发展高校创新创业教育评价模型

（一）AHP 模型

1. 简单层次结构模型的构建

在利用 AHP 分析问题时，根据问题的总体目标罗列出相关的影响因素和解决方案，构建出层次结构模型。所构建的层次结构模型一般包括三个层次，即目标层、准则层和方案层。

---

① 刘佳 . 基于 BP 神经网络的大学生科研能力评价 [D]. 大连：大连海事大学 ,2017.

（1）目标层

目标层又称为最高层，表示决策的总目标和要解决的问题，在目标层有且只有一个元素。

（2）准则层

准则层又称为中间层，表示实现总目标需要考虑的因素和决策的准则，是实现总目标的中间环节。

（3）方案层

方案层又称为最底层，表示解决问题可备选的方案。

假设所要解决的总问题的总目标是 Z，有 n 个准则层，可选择的解决方案有 n 个，所构建的简单层次结构模型如图 3-4 所示[①]。

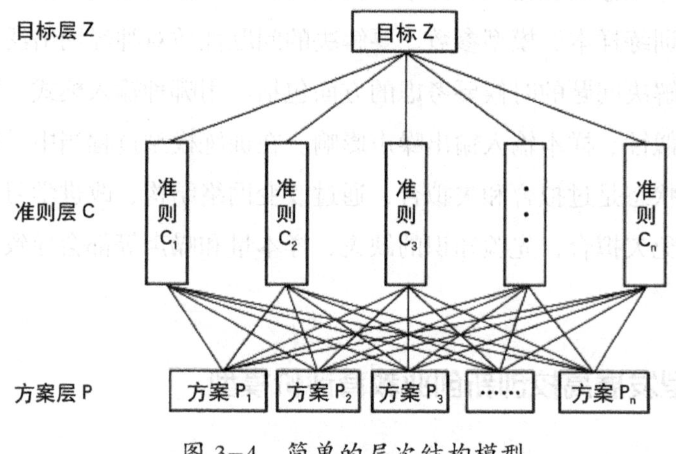

图 3-4　简单的层次结构模型

2. 典型 AHP 模型层次结构模型

运用层次分析法分析和决策问题时，需要建立一个完整的、有层次的结构模型。各个层级之间具有支配与被支配的关系。首先确定最高层也就是目标层，通过目标层再建立相应的影响目标层的准则层和指标层。各个层级之间的元素进行相互对比分析。下一层级的因素是根据上一层级通过专家讨论研究推导得出，

① 范文翔．基于 AHP 的研究生创新创业教育的评价研究 [D]. 重庆：重庆师范大学，2016.

并且具有相对应的关系。每个层级之间都有严格的逻辑对应关系，从而最终建立完整的层级结构模型，如图 3–5 所示①。

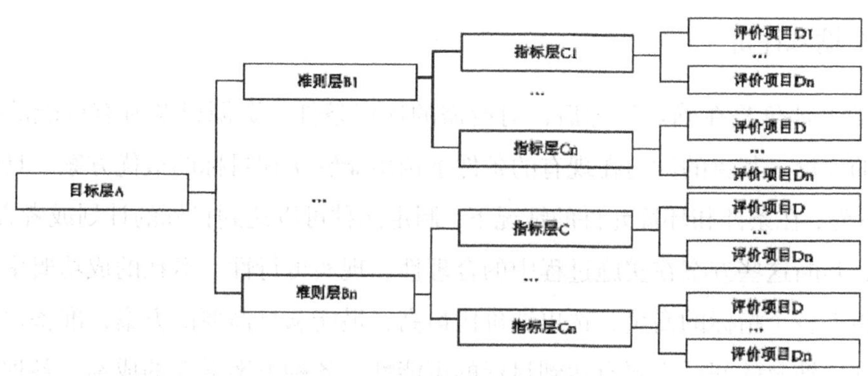

图 3–5　AHP 层次结构模型

（二）CIPP 模型

CIPP 模型是由美国著名教育评价专家斯塔弗尔比姆提出的。CIPP 模型是由背景（Context）、输入（Input）、过程（Process）和结果（Product）这四种评价构成的评价模型②。该评价模型注重改进而非证明，具有较强的系统性和动态评价的特征，能够比较全面、客观地反映被评价对象的全貌。

1. 背景评价

背景评价是 CIPP 模型的第一步，即最基本的评价。是指评价形成方案的社会背景、环境条件，即首先评价为什么提出这些目标，其依据和基础在哪儿；其次，目标的选择有取与舍问题，背景评价要为这种选择提供信息，作为取舍的依据。具体包括以下内容：首先明确现实背景，了解受益方需要；第二，弄清受益方在满足需求方面存在的问题，确定现有资源的种类和数量是否足够，方案执行的时机是否成熟；第三，确定目标，并判断目标与受益者需求的关联程度，是否

① 王驰 . 基于 AHP 法和模糊综合评价法的产业化建筑生态评价体系研究 [D]. 合肥：合肥工业大学，2016.

② 葛莉，刘则渊 . 基于 CIPP 的高校创业教育能力评价指标体系研究 [J]. 东北大学学报（社会科学版），2014，16(4)：377–382.

充分反映了受益者的所需，还要保证目标具有实际的可行性。它涉及的问题是提出需要、发现问题并要求予以解决的时候进行①。

2. 输入评价

输入评价是在确定目标后，对所需的环境条件、资源以及所有可能的备选方案的评价，其目的就是在现有的条件下选出能够实现目标的最优方案。具体来说，首先，在条件和环境允许的情况下，制定几种可以达到目标的计划或者方案；然后，判断这些方案在实施过程中的合理性、现实可行性、潜在的成功概率；最后，根据各个指标的衡量，选出性价比最高，最能满足需要的方案，准备执行。输入评价涉及的问题主要有达到目标的可能性、各种方案潜在的成本、各种人员的利用以及对外界资源的需要，等等，其目的是为了避免草率盲目的方案执行带来不必要的损失与资源浪费②。

3. 过程评价

过程评价是对方案的执行情况进行实时的监督与控制，及时发现问题，反馈给相关的制定、执行或者管理人员，便于对方案进行修正与改进并促进计划的正常进行。进行过程评价是十分重要的，第一，描述方案实施的真实过程，考量方案的进度如何，是否按原计划实施；第二，时刻关注方案的实施过程，方案的执行程度如何，是否有效利用了可用资源；第三，外界的环境是否发生变化，是否需要优化方案；第四，记录和评价方案进行中的活动，包括突发事件、管理者的反应、方案的改进、预算的变动、各方参与人员对方案的评价等，为以后的工作积累经验教训③。

① 霍力岩 . 学前教育评价 [M]. 北京：北京师范大学出版社，2000：289.

② 杨江水 . 基于 CIPP 模式的大学发展规划决策模型研究——以重庆师范大学为例 [D]. 重庆：西南大学，2016.

③ 刘慧姝 . 基于 CIPP 模型的应用型本科院校创新创业教育评价体系研究——以吉林工程技术师范学院为例 [J]. 吉林工程技术师范学院学报，2019,35(10):51-53、57.

4. 结果评价

结果评价是 CIPP 模型的最后一步，是对一个方案的执行结果的测量、解释与判断。主要内容包括方案的执行得到的结果，此结果与预定目标的一致程度，是否满足了受益人的需要，目标的决策者、方案的制定者、管理人员等相关人员对整个过程和结果的满意程度，对所有的活动进行总结，以为后续的活动提供有价值的指导。

总体说来，组成 CIPP 模式的四种评价是：第一，背景评价，就是根据评价对象的需要对教育目标做出判定，判断教育目标是否反映这些需要，从而发现与实际结果的差异；第二，输入评价，是基于背景评价对达到目标所需要的各种条件与资源等方面进行评价，对教育方案的可行性与效用性的评价是其本质；第三，过程评价，是对方案实际运行中进行监督与检查，找出存在问题，为决策者提供有效的反馈信息的评价；第四，结果评价，就是通过收集与结果相关的信息，对目标所达到的实际程度所做出的评价（如图 3–6）。将 CIPP 模型应用于高校创

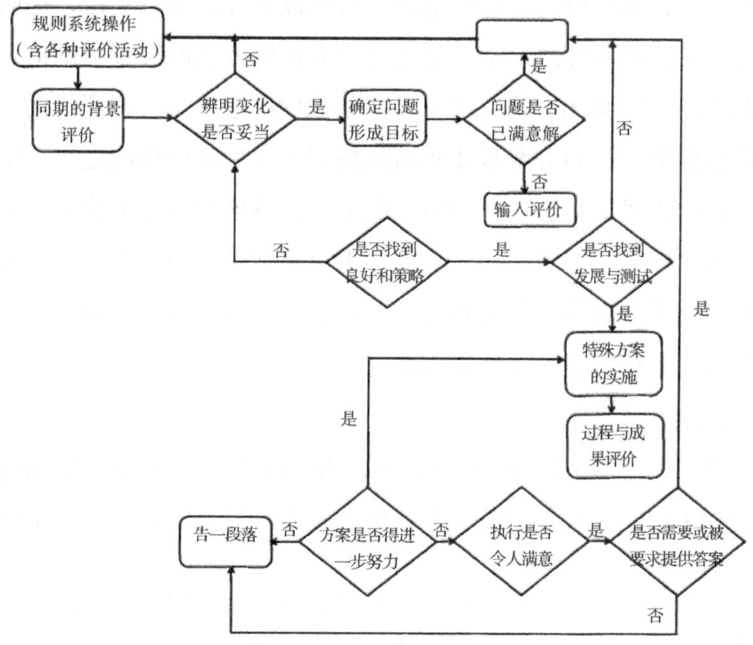

图 3–6　CIPP 模型流程图

新创业教育评价中，开辟了评价教育和教学管理与活动的可能性[①]。

5.CIPP 模型的特点

（1）全程性

评价有两种情况，一种是结果评价，用目标达到的程度来判别效果，如泰勒目标达成模式，它是以目标为中心来指导教育活动，所有的评价行为都是为了检验预定标准教育目标的实现程度，而对目标本身的合理性与可行性没有验证。一种是全程评价，既关心过程又关心结果，如 CIPP 模式不是简单的某个目标是否达成，而是在更宏观的层次上对整个教育全程活动进行评价，其首要工作就是对所设定的目标进行科学性的检验，提取有用的信息，用心指导方案的实施和调整修改。

（2）决策性

评价是提供有用资料以作决定的历程。CIPP 模型评价的根本目的是为决策提供信息和服务。该模型每一阶段都同方案形成和实施中、实施后的不同决策相联系。背景评价为问题界定、组织定位、目标设立提供决策支持，指向确定方案目标的决定（又称规划性决定）。输入评价为预期方法的决策提供信息服务，指向修改方案或比较方案优劣的决定（又称结构性决定）。过程评价为补救方法的决策提供信息服务，指向方案具体实施的决定（又称实施性决定）。结果评价为最终目标的决策提供信息服务，指向判断方案最终实施结果的决定（又称考核性决定）[②]。CIPP 模型在证明的基础上更注重对出现结果的原因分析，把相关的信息反馈给教育决策管理者，从而对教育过程、教育方案进行改进和修正，以更好地达到预期目标，促进教育整体的不断进步。

（3）发展性

评价最重要的意图不是为了证明，而是为了改进（not to prove but to iprove）[③]。也就是说使用 CIPP 模型最重要目的不在于为评价对象的优劣提供证明，而在于

① 张乐 . 地方高校创业教育质量评价体系研究 [D]. 石家庄：河北经贸大学 ,2017.

② 李雁冰 . 课程评价论 [M]. 上海：上海教育出版社，2002：85.

③ 瞿葆奎，陈玉琨，赵永年 . 教育学文集，教育评价［M］. 北京：人民教育出版社 ,1989:298.

改良评价对象，使评价对象更富成效。评价的基本取向是为了改进和提高，是为了服务决策，促进发展，帮助决策者们系统地获得和使用反馈信息，以便满足组织或个人的需要。

（三）熵权 TOPSIS 评价模型

1. 熵权 TOPSIS 评价模型简介

TOPSIS 为逼近理想解的排序方法，是多属性分析的常用方法，也是系统工程中常被用到的决策技术，它是将被评价对象与评价标准之间的距离作为被评价对象优劣排序标准的评价方法。通过计算目标靠近（或偏离）最优解、最劣解的程度来评价教育质量，可全面且客观地反映高校创新创业教育的真实效果[①]。

2. 模型构建的步骤

（1）构建标准化评价矩阵

设现有 m 个评价指标，n 个待评对象，构建初始评价矩阵：

$$X=\begin{bmatrix} x_{11} & x_{12} & \cdots & x_{1n} \\ x_{21} & x_{22} & \cdots & x_{2n} \\ \vdots & \vdots & \vdots & \vdots \\ x_{m1} & x_{m2} & \cdots & x_{mn} \end{bmatrix}_{m*n}$$

$X=\left(x_{ij}\right)_{m*n}$ ①

其中，x_{ij} 为第 i 个评价指标下，第 j 个待评对象的评价值[②]。

依据公式②③对矩阵 X 进行归一化处理，得到标准化矩阵 R。如果评价指标为收益型（收益越大越好），则

① 王学颖，刘馨泽．基于熵权 TOPSIS 模型的高校创新创业教育质量评价 [J]. 沈阳师范大学学报（自然科学版），2018，36(1):47–51.

② 刘馨泽．辽宁省地方高校创新创业教育质量评价体系研究 [D]. 沈阳：沈阳师范大学，2018.

$$r_{ij}=\frac{x_{ij}}{\sqrt{\sum_{i=1}^{n}x_{ij}^{2}}}\quad②$$

如果评价指标为成本型（成本越小越好），则

$$r_{ij}=\frac{\frac{1}{x_{ij}}}{\sqrt{\sum_{i=1}^{n}\left(\frac{1}{x_{ij}}\right)^{2}}}\quad③$$

（2）确定指标权重

$$C=\begin{bmatrix}c_{11} & c_{12} & \cdots & c_{1n}\\ c_{21} & c_{22} & \cdots & c_{2n}\\ \vdots & \vdots & \vdots & \vdots\\ c_{m1} & c_{m2} & \cdots & c_{mn}\end{bmatrix}=\begin{bmatrix}r_{11}\omega_{1} & r_{12}\omega_{2} & \cdots & r_{1n}\omega_{m}\\ r_{21}\omega_{1} & r_{22}\omega_{2} & \cdots & r_{2n}\omega_{m}\\ \vdots & \vdots & \vdots & \vdots\\ r_{m1}\omega_{1} & r_{m2}\omega_{2} & \cdots & r_{mn}\omega_{m}\end{bmatrix}\quad④$$

（3）为各参评对象排序

计算正、负理想解。正理想解为最优解，即各个指标最大值的集合；负理想解为最劣解，即各个指标最小值的集合。计算各方案到正、负理想解的距离，令为各参评对象到正理想解的距离，为各参评对象到负理想解的距离。

计算方案与理想解的贴近度，贴近度越大，说明该参评对象与理想解贴近度越高，即越接近理想解，反之相反。由此可根据贴近度大小为各参评对象进行优劣排序。

（四）BP 神经网络模型

标准的 BP 神经网络学习算法本质上以网络误差的平方和为目标函数，以梯度法求目标函数达到最小值的算法，其最基本原理是纠错，即采用梯度下降法通过网络输出误差进行反向传播，调整和修改网络的连接权值，将误差调制最小，学习过程计算和误差反向传播两个过程。

1.BP 神经网络模型的学习算法

传统学习算法的基本思想相当于把样本输入输出转化为非线性优化问题，利用梯度下降法对网络阈值权值进行学习与修正，使实际输出与期望输出之间均方误差（Mean square error，MSE）达到最小[①]。学习过程分为以下两过程：

（1）输入训练样本，基于确定的网络结构和上次迭代的权值与阈值，从输入层开始依次计算每层各神经元的输出值；

（2）计算实际输出和期望输出的误差，从输出层开始向前计算权值与阈值对误差的梯度，基于梯度修正权值和阈值。重复以上两过程，直到误差达到设定范围或训练达到设定迭代次数结束[②]。

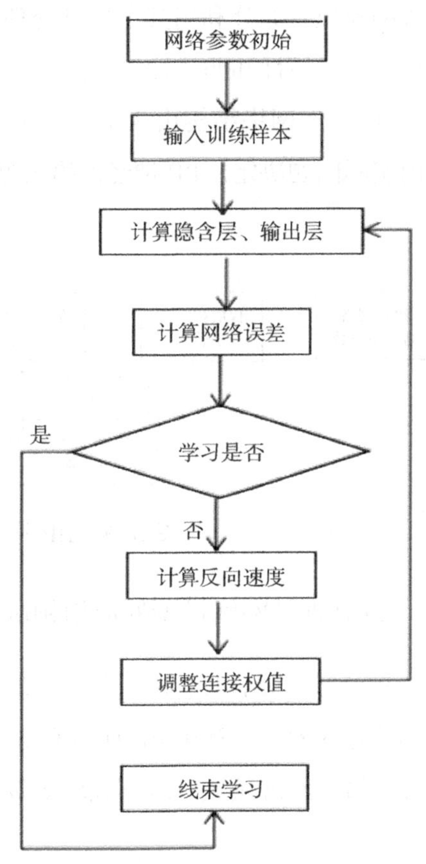

图 3-7 BP 神经网络学习流程图

通过对以上过程的分析，其实质是权值重复调整的过程，只是调整的依据有所不同，可以归为有导师学习和无导师学习两类。

（1）有导师学习。有输入向量和期望输出向量，学习过程是权重调整的过程。权重最后定值记录了学习的结果，常见的学习规则有误差纠正和感知器学习。

（2）无导师学习。只有输入向量，学习过程是抽取样本隐藏的特征，用连接权重方式记录学习后形成的规则。

① 刘佳 . 基于 BP 神经网络的大学生科研能力评价 [D]. 大连：大连海事大学，2017.

② 查志杰，成朴之，杨程钦，等 . 基于 BP 神经网络的区域本科教育质量评估研究 [J]. 医学教育研究与实践，2019,27 (2)：222-225、230.

学习过程的基础是处理组单元间和处理组间的合作，若输入信号激活处理组的任意单元，则整组单元活性都会加强，继而把信息传递到下一个处理组。BP 神经网络学习流程图见图 3-7①。

常用评价方法存在须预先知道分析对象具体资料的局限性，建立准确的数学模型有一定难度，而 BP 神经网络模型虽然可以克服参数的时变性与复杂性，提高对主观性较强问题的评价准确性，但稳定性却较差，且收敛速度缓慢，经常陷入无法实现全局最优的困境，采用改进的 BP 神经网络来进行优化，通过对神经系统的模拟，充分利用其在信息处理方面强大的记忆力、学习力和自适应力及容错性、非局域性和非线性等特点，以获得较理想的实际输出，得到评价结果②。

BP 神经网络结构由 3 个部分组成：输入层、隐含层以及输出层，其单元数均由实际问题决定。BP 神经网络模型评价流程图见图 3-8③。

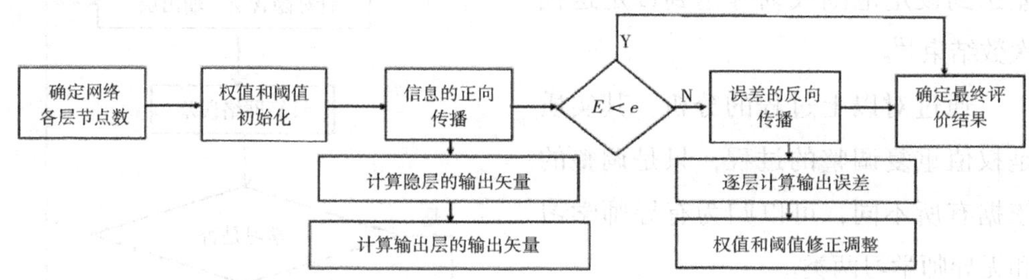

图 3-8　BP 神经网络模型评价流程图

2.BP 神经网络模型的应用领域

BP 神经网络可应用于分类、聚类、预测，许多解决实际问题的基本方法达不到较好的效果，利用 BP 神经网络解决能取得良好的效果。特别是在信息领域、工程领域、经济领域、教育领域等效果显著④。

① 王经纬 . 基于 BP 神经网络的高校旅游专业创新创业教育评价研究 [D]. 沈阳：沈阳师范大学，2017.

② 郭亚军．综合评价理论与方法［M］. 北京：科学出版社，2002.

③ 冯艳飞，童晓玲 . 研究型大学创新创业教育质量评价模型与方法 [J]. 华中农业大学学报（社会科学版），2013 (1)：122-128.

④ 刘佳 . 基于 BP 神经网络的大学生科研能力评价 [D]. 大连：大连海事大学，2017.

（1）信息领域

BP 神经网络属于智能信息处理的范畴，应用于信息的采集、接收、传输和加工的各个环节。如项目开发风险评价、企业系统业务支撑能力评价等。

（2）工程领域

BP 神经网络在汽车工程、军事工程、水利工程等领域也得到了应用。如河水质量的评价、钻井安全评价、军事作战效能的评价、桥梁火灾风险评价等。

（3）经济领域

在该领域主要用于信用评价、市场预测、股票趋势预测。

（4）教育领域

在该领域主要用于对高校科研能力、高校教师科研能力及绩效、学生学习能力及就业能力等评价。

（五）VPR 结构模型

VPR 结构模型是一种以价值（Value）—过程（Process）—结果（Result）为核心的 VPR 三维三级创新创业教育评价结构模型①。

1. 价值评价（value evaluation)

价值评价是对创新创业教育产生的意义进行价值判断，分为精神价值和现实价值两个维度。精神价值是指创新创业教育在精神、意识层面体现出的教育和社会贡献，并不一定有现实的物质的结果，但在引领个体和社会的价值观念，形成创新创业的追求和生存方式等方面发挥种植基因的作用。创新创业教育不仅涉及“资源与知识干预”，也包含“社会价值观干预”，是公民获得正确的价值认识的重要途径。精神价值具体分为个体精神价值和社会精神价值两个子维度，个体创新精神、创新态度、创新观念的培养和社会创新理念的引领，是创新创业教育的重要价值体现。现实价值是指创新创业教育在现实的、物质的层面体现出的教育和社会贡献，包括经济绩效、解决实际问题和解决市场痛点三个维度。经济

① 徐小洲 . 创新创业教育评价的 VPR 结构模型 [J]. 教育研究 ,2019,40(7)：83-90.

绩效是指创新创业教育带来的经济价值和效益，具体可以用税收、国民生产总值等经济指标来衡量；解决实际问题强调解决的是现实的真问题；解决市场痛点则强调解决的是关键问题。

2. 过程评价（process evaluation)

过程评价是评估创新创业教育过程中的政策投入、教育投入，以及促进学生发展、企业发展的情况和效果。

政策投入是评价政府层面对创新创业教育的政策支持情况，包括各级政府的政策力度、落实情况和效果，包括政策支持和政策效果两个子维度，分别考察各级政府部门有没有相应的创新创业教育支持政策以及政策的执行效果和对创新创业教育的影响效果。

教育投入包括学校的课程与活动设置、教育配套投入和教师工作投入三个子维度。课程与活动设置包括创新创业教育的专门课程和活动的设置，也包括创新创业教育在专业课中的融合和体现；教育配套投入是评价学校的创新创业机构设置、师资配备、平台建设、基地建设等情况；教师工作投入是评价从事创新创业教育工作的教师的工作投入实践和教育工作质量。

学生发展包括知识能力提升、学会探索实践和创新意识发展三个子维度。知识能力提升是评估学生接受创新创业教育后相关知识和能力的发展，重点在于考察“知道了什么”；学会探索实践是评估学生进行问题探索和实践操作的表现，重点在于考察“会做什么”；创新意识发展是评估学生创新创业的观念变化。

企业发展维度是以发展的视角评估创新创业教育活动的较长期经济影响和效果，包括企业存活期、创新示范作用和发展潜能三个子维度的评估。企业存活期是评估创业企业成立后有没有产生利润、利润的维持或增值、企业存活时间等指标，用以考察创业的持续效果，纠正现实中评估大学生创业偏重创立企业数量，以成功融资代表创业成功，不注重创业维持和创业产品实际经济效益的现象。

3. 结果评价（result evaluation)

结果评价是从创新创业教育的绩效和成果产出进行评定，分为创业者绩效、产品与成果两个维度。创业者绩效是以人为单位的结果评价，主要包括竞赛获奖、创业率、带动就业率、创业维持率、杰出校友等子维度。创业率不仅包括在读学生创业率和毕业生创业率，也包括毕业后创业率。创新创业教育的效果可能是立竿见影的，也可能具有滞后性，毕业后创业率、杰出校友等指标是对创新创业教育“时滞性”特征的反映。产品与成果维度是以物为单位的结果评价，包括项目孵化、项目落地、创办企业、企业规模、科技成果转化、科研立项与获奖、著作论文发表和专利发明等九个子维度指标。其中，前四个主要考察的是创业结果的四个层次水平，后五个主要考察的是创新和创业研究的成果。

VPR 三维三级创新创业教育评价体系的三级结构见表 3-1。

表 3-1　VPR 三维三级创新创业教育评价体系的三级结构

	一级维度	二级维度	三级维度
VPR 三维三级创新创业教育评价	价值评价	精神价值	个体精神价值；社会精神价值
		现实价值	经济绩效；解决实际问题；解决市场痛点
	过程评价	政策投入	政策支持；政策效果
		教育投入	课程与活动设置；教育配套投入；教师工作承诺
		学生发展	知识能力提升；学会探索实践；创新意识发展
		企业发展	企业存活期；创新示范作用；发展潜能
	结果评价	创业者绩效	竞赛获奖；创业率；带动就业率；创业维持率；杰出校友
		产品与成果	项目孵化；项目落地；创办企业；企业规模；科技成果转化；科研立项与获奖；著作论文发表；专利发明

七、转型发展高校创新创业教育评价指标体系

科学性和规范性是大学生创新创业教育作为素质教育的本质特征和属性，更是大学生创新创业教育健康发展的重要保证。转型发展高校开展大学生创新创业教育，构建精准规范，合理高效的评价体系，是保证其科学性和规范性的重要举措，有利于科学合理地统筹教育资源，有的放矢地补齐教育短板，进而提升创新创业型人才培养的质量与数量，促进转型发展高校大学生创新创业教育的提质增效。

（一）创新创业教育评价指标体系构建的原则

1. 问题导向性原则

转型发展高校构建创新创业教育评价体系，其目的是紧紧围绕转型发展需要，以评促建、以评促改，扬长克短、扬长补短，促进创新创业教育不断走向科学化、规范化，不断满足转型发展需要，促进大学生的全面发展。因此，在构建创新创业教育评价体系过程中，必须坚持以问题为导向，依据社会的需求、学生的渴求，构建创新创业教育评价指标体系。科学客观的对创新创业教育的实效性开展评价，客观把握创新创业教育开展的现状，为解决问题提供精准靶向。同时，在梳理评价结果时以问题为线索和逻辑起点，从创新创业教育投入和产出两个维度入手，双管齐下，准确全面的指出大学生创新创业教育在教育投入和人才培养中存在的问题，为转型发展高校大学生创新创业教育的良性发展奠定坚实的基础。

2. 科学规范性原则

科学性和规范性是转型发展高校构建合理高效的创新创业教育评价体系的首要前提，它直接关系到评价方式方法的规范性和合理性，评价结果的可信性和可行性，问题梳理的精准性和时效性。因此，在构建转型发展高校大学生创新创业教育评价体系过程中，通过总结前人的研究经验，把科学性、规范性作为核心贯穿于评价指标、评价时间、评价主体和评价方法四个关键环节之中。在评价指标的选取上，紧紧围绕转型发展对创新驱动、人才驱动的需求，以提升创新创业型人才的培养质量为目标，进而推动大学生创新创业教育突出创新、鼓励创业，以创新提升创业，以创业促进创新，实现人的全面发展的育人效果。在评价时间的把握上，充分考虑到大学生创新创业教育的“延迟效应”①，采取定性评价与定量评价相结合的评价方式，将评价时机控制在创新创业教育实施期以及创新创

① 曹扬 . 转变经济发展方式背景下高校创新创业教育问题研究 [D]. 长春：东北师范大学 . 2014：139.

业教育结束后两个时间维度。评价主体坚持多元化，将关系紧密、利益相关的政府、企业、高校、学生、社区和中介金融组织纳入评价主体范围，力求全面地反映有关各方需求。对于评价方法的选择，做到因时而异、因地而异、因校而异、因人而异，使评价方法最大限度的反映实际情况，保证评价的科学性和规范性[①]。

3. 可操作性原则

创新创业教育评价体系的可操作性，是联结理论与实践的关键环节。评价体系的建立如果失去可操作性，则再好的评价思路、评价理论和评价机制都只能是空中楼阁，无法发挥实际效力而归结于“零”。本研究认为在转型发展高校创新创业教育评价体系的可操作性直接体现在两个方面，一是评价体系的可行性。对于评价指标的选取要有针对性和可比性，特别是要坚持实事求是，符合客观规律，不能主观臆想造成评价指标与评价主体、评价主题的严重偏离，失去实践价值。二是评价体系的时效性。转型发展高校大学生创新创业教育评价体系要求把握好评价指标体系的选取，评价的时机选择以及评价方法的运用。如果评价指标体系过于冗繁，评价时机选择不当或者评价方法选择失当，都会影响评价体系的可操作性，使评价周期延长，极大降低了转型发展高校创新创业教育评价体系的时效性。

4. 发展性原则

转型发展高校创新创业教育评价体系的构建不是一时之需，而是关乎创新创业教育事业蓬勃发展的长久之计。因此，转型发展高校创新创业教育评价体系的构建，一方面要紧跟时代要求与时俱进，不断增强适用性和实用性，保持良好的生机活力。另一方面，在时间上要保持连续性，使评价体系对转型发展高校大学生创新创业教育的评价具有可持续性，要根据转型高校不同的发展要求、发展主题，以及对大学生创新创业教育提出的不同要求，分阶段有重点的对大学生创新创业教育开展的实效性进行评价，将评价结果形成档案集，便于对转型发展高

① 王敬国．新常态下大学生创新创业教育研究 [D]. 哈尔滨：哈尔滨师范大学，2018.

校创新创业教育的梳理和改进。这里需要强调的是，时间上的连续性不等于内容上不变性。即随着转型高校的不断发展变化，创新创业教育评价体系的相关要素要随之更新、发展和完善，使创新创业教育评价体系不断优化，从而保持评价的科学性和连续性。

（二）创新创业教育评价指标体系的设计

创新创业教育的发展，只依靠个别环节的加强和改良是不可能实现的，只有全社会全体系的协同发力才能使创新创业教育更好的服务全局。因此，转型发展高校构建创新创业教育评价体系必要体现鼓励创新、激励创业的时代要求，同时又要符合创新创业教育的发展规律，体现评价主体的整体性和多元化。

转型发展高校大学生创新创业教育评价体系的主体

本研究基于对转型发展高校大学生创新创业教育评价主体应该体现整体性多元化的认识，本着联系紧密，利益相关的理念选取政府、企业、高校、金融中介、社区、学生作为评价体系的主体。具体如下：

（1）政府支持。政府在转型发展高校发展创新创业教育中发挥着举足轻重的作用。主要体现在对创新创业教育的经费投入，通过设立专门的管理机构，制定配套的管理制度，在全社会规范和协调创新创业教育的发展。通过制定扶植政策和激励措施为创新创业教育的发展扫清障碍，提供内生动力。同时，在全社会范围内积极宣传创新创业，培育创新创业文化，为创新创业教育发展营造良好的文化环境。

（2）企业合作。企业是转型发展高校大学生创新创业教育开展的重要支持力量。其作用的发挥主要体现在为高校提供实习平台，参与高校科技园或孵化器项目，为大学生创新创业项目孵化提供技术指导或资金支持。成立相关管理部门，协调高校创新创业支持以及技术引进与转化事宜。建立健全用以协调与高校协同创新创业的规章制度，在企业内部宣传创新创业先进集体和个人，弘扬创新创业精神，营造激励创新、鼓励创造的创新创业企业文化，为与高校协同开展创新创业教育，实现企业与教育双赢奠定思想基础。

（3）高校育人。转型发展高校是创新创业教育开展和改进的组织者和实施者，是创新创业教育开展的核心要素。其作用的发挥主要体现在设立创新创业教育专职管理机构，制定健全管理制度，在全校范围内统一协调和规范创新创业教育活动的开展。努力实现创新创业教育课程本（专）科、硕士生、博士生全覆盖，并与专业课程有机融合，不断提升具有创新创业实践阅历的教师比重，实现团队化授课，其师资团队包括：专业课教师、创新创业专职教师、实践导师（来自企业）、政策导师（来自政府）、素质拓展导师（高校辅导员）。积极建设创业园、科技园或孵化器，积极开展创新创业竞赛活动，指导学生创办创新创业社团组织，广泛建立实习实训基地提升大学生实践能力。在校内积极宣传创新创业扶植政策，宣传创新创业突出个人或集体的先进事迹，宣传学校创新创业理念及优势，积极构建鼓励创新创业的校园文化。

（4）金融中介。金融中介组织是转型发展高校创新创业教育成果转化的重要支持因素。金融机构为大学生开展创新创业活动提供资金支持，引导相关项目与风险投资对接，设立种子基金等保证资金。中介组织为大学生创新创业提供创业指导、市场行情资讯、技术咨询、人才服务、财务分析、法律顾问等服务。总之，金融中介组织从自身功能出发，为大学生创新创业活动的开展提供资金与信息服务保障。

（5）社区支持。社区是大学生成长和生活的环境要素，对大学生创新创业精神、意识和心理品质的形成具有重要作用。大学生所在家庭通过日常生活的内化，激励大学生树立创新创业精神、意识，培养相关心理品质。并根据家庭的实际情况，适当提供资金支持或风险保障。社区的管理和服务机构则通过及时关注创业家庭，宣传和落实优惠政策，营造鼓励创新、激励创业、包容失败的社区文化环境来支持大学生创新创业活动。

（6）学生表现。大学生是创新创业教育的主体，是创新创业教育效果的直接体现者。其科技创新能力主要体现为：在校期间发表科研论文数量、参与科研活动数量、参与创新创业各类竞赛数量；创业实践能力主要体现为：在校期间从事创业活动的学生数量、应用创新开展创业学生数量、学生参与科研项目成果转化数量；其创新创业素质主要体现为：参与创新创业活动的热情、对创新创业持有正确的看法、有较好的综合素质①。

（三）转型发展高校大学生创新创业教育评价指标体系 1

1. 创新创业教育评价方法选取

关于创新创业教育的评价方法学术界做了大量的有益研究，在评价指标的选取上主要采取时效性高、针对性强、灵活度好的专家经验评价法以及科学客观的结构方程模型法。在评价工具上主要应用定性与定量相结合，善于处理复杂问题的层次分析法（AHP）②，以及具有较好的记忆与学习能力，自适性与容错性强的 BP 神经网络法③。尽管各种方法都存在一定的局限与不足，但在创新创业教育的研究中，依据不同的研究目的、研究背景和研究对象结合自身优势在相关应用中发挥着重要的作用，且在实践应用中不断发展完善。例如对于层次分析法（AHP）为了克服其定性成分多，定量数据少，不适应高精度水平研究的不足，相关学者将模糊数学与层次分析法相结合形成了“模糊层次分析法（FAHP）”。本研究对转型发展高校创新创业教育的研究从全社会全体系着眼，通过整体改进来提升创新创业教育实效。因此，对创新创业教育的评价要求做到，时效性高，针对性强，多主体参与。为了解决多主体参与产生的复杂性，特别是弱化创新创业“迟滞效应”的不利影响，依据问题导向、科学规范、可操作、可发展的原则，在综合文献研究和本文实践研究成果的基础上选取模糊层次分析法（FAHP）作为评价方法。

2. 应用模糊层次分析法构建转型发展高校创新创业教育评价指标体系 1

应用模糊层次分析法开展转型发展高校创新创业教育评价研究的步骤分为：构建评价指标体系、构建判断矩阵确定指标权重、建立评价集合、建立模糊

---

① 王敬国．新常态下大学生创新创业教育研究 [D]. 哈尔滨：哈尔滨师范大学，2018.

② 董杜斌．基于“AHP 层次分析法”的创新创业教育评价指标体系构建 [J]. 教育评论，2019(3)：70-73.

③ 刘佳．基于 BP 神经网络的大学生科研能力评价 [D]. 大连：大连海事大学，2017.

评价矩阵、构建模糊综合评价模型、建立分数集、结果计算与评价[①]。具体如下：

（1）构建评价指标体系。依据研究的需要，综合运用专家经验法或结构方程法，遴选指标级。本研究采用表 3-2 指标级。

表 3-2　指标级

T 值	0-60	60-70	70-80	80-90	90-100
评语集	差	较差	中等	良好	优秀

（2）构建判断矩阵确定指标权重。运用层次分析法中标度理论构建判断矩阵，即通过将各目标元素两两比较确定各个目标元素对问题总目标的相对重要性。在此基础上，通过专家评判对各层指标权重打分，同时对判断矩阵应用层次分析法进行运算。

（3）建立评价集合。按照评价目标的相对优势关系，对其进行等级评定。一般将评价集分为 n 个等级表示为：$U=\{u_1, u_2, u_3, \cdots, u_n\}$，一般 n 被赋值于 5，即评价集为：

U={ 优秀，良好，一般，较差，很差 }。

（4）建立模糊评价矩阵。

$$F=\begin{pmatrix} F_{11} & F_{12} & \cdots & F_{1n} \\ F_{21} & F_{22} & \cdots & F_{2n} \\ \vdots & \vdots & \ddots & \vdots \\ F_{m1} & F_{m2} & \cdots & F_{mn} \end{pmatrix}$$

其中 F_{ij}（i=1，2，…，m;j=1，2，…，n）表示对第 i 个评价指标的第 j 个评价指标对于评语集的隶属度，即隶属度向量。

（5）构建模糊综合评价模型。运用模糊矩阵通过合成运算得出综合评价模型 B 为：$B=W' \cdot F=(B_1, B_2, \cdots, B_n)$，当 $\sum B_i \neq 1$，时则 $B'=(B_1', B_2' \cdots B_n')$，

① 冯艳飞，童晓玲．研究型大学创新创业教育质量评价模型与方法 [J]. 华中农业大学学报（社会科学版），2013 (1)：122-128.

其中$B'=Bj/\sum B_i$，（$j=1$，2，…，n）.

（6）建立分数集。规定$W=(W_1, W_2 \cdots W_n)^T$，$n$代表评语集的级数，$W_i$代表第$i$级评语的分数，设满分为100分则$W_i=i\times 100/n$（$i=1$，2，…$n$）

（7）结果计算与评价。T代表评价对象的得分，则$T=B\times W$（$B'\times W$），最终依据T值的大小将评价结果分为五个级别即：

在深入细致的文献研究的基础上，征求相关专家的指导意见，结合本研究成果制定转型发展高校大学生创新创业教育评价指标体系。共含有6个一级指标和22个二级指标，具体如表3-3。

表3-3 转型发展高校创新创业教育评价指标体系1

总目标	一级指标	二级指标	测度（观测点）描述
转型发展高校创新创业教育评价	政府支持	经费支持	用于创新创业教育的资金总量占教育经费总支出的比重。
		机构设置与制度建设	是否设立专门管理和协调创新创业教育事务的管理机构，是否出台相应的管理制度特别是促进各部门协同创新创业的管理制度。
		政策扶植与激励措施	是否出台促进创新创业教育发展的扶植政策与激励措施，是否建立高新产业园区。
		文化营造与宣传动员	是否在全社会积极宣传创新创业思想、理念和先进事迹，营造创新创业文化，是否及时宣传和讲解创新创业扶植政策。
	企业合作	实习实训支持	企业是否为高校提供实习平台，是否为高校提供企业创新创业导师，是否参与高校科技园或孵化器项目。
		技术转化与校企协同支持	企业是否为大学生创新创业项目孵化提供技术指导或资金支持，是否与高校合作共建研究院，是否设立创新创业教育校企合作专项资金。
		机构设置与制度建设	企业是否成立相关管理部门协调高校创新创业支持，技术引进与转化事宜，是否建立较健全的用以协调与高校协同创新创业的规章制度。
		文化营造与宣传动员	企业是否营造激励创新、鼓励创造的创新创业企业文化，是否宣传创新创业先进集体和个人，弘扬校企合作创新创业精神。

续表

总目标	一级指标	二级指标	测度（观测点）描述
转型发展高校创新创业教育评价	高校实施	机构设置与制度建设	高校是否设立创新创业教育专职管理机构，如有设立管理制度是否健全，是否设立创新创业教育专项资金，用于创新创业教育的资金总量占学校经费总支出的比重。
		政策扶植与激励措施	学校是否将创新创业教育纳入人才培养体系，是否出台政策鼓励教师提升创新创业教育技能，对于参与创新创业竞赛获奖或实践业绩突出的师生是否采取激励措施。
		创新创业课程设置	创新创业课程设置的数量，是否实现本（专）科、硕士、博士生全覆盖，是否把创新创业教育课程纳入必修课程，是否与专业课程有机融合。
		创新创业师资队伍	具有创新创业实践经历的教师比重，是否实现师资团队授课（团队包括：专业课教师、创新创业专职教师、实践导师、政策导师，素质拓展导师）。
		创新创业平台建设	是否建有创业园、科技园或孵化器，是否开展创新创业竞赛活动，是否指导学生创办相关社团组织，是否建有校内外各类实习实训基地。
		创新创业文化与宣传思政	是否积极宣传创新创业扶植政策，宣传创新创业突出个人或集体的先进事迹，宣传学校创新创业理念及优势，积极构建鼓励创新创业的校园文化和创新创业课程思政理念。
		教学效果	课堂出席率、课程课时数、教师与学生的科研论文、申请专利及课题数量、学生满意度情况。
	金融中介	金融机构支持	为大学生创新创业提供资金支持，引导相关项目与风投对接，种子基金等保证资金的设立。
		中介机构支持	提供创业指导、市场行情资讯、技术咨询、人才服务、财务分析、法律顾问的数量及质量。
	社区支持	家庭支持	是否激励大学生树立创新创业精神、意识，培养相关心理品质，适当提供资金支持或风险保障。
		社区机构支持	及时关注创业家庭，宣传和落实优惠政策，营造鼓励创新、激励创业、包容失败的社区文化环境。
	学生成效	科技创新能力	学生在校期间发表科研论文数量，申请科技发明数量，学生参与创新创业科研项目及活动数量，学生参与创新创业各类竞赛的比例及获奖情况。
		创业实践能力	在校创业实践经历学生数量，应用创新支撑创业学生数量，学生参与科研项目成果转化率。
		创新创业素质	具有创新创业精神、意识和心理品质的学生数量，主要体现在相关活动的参与热情，对创新创业持有正确看法，有较好的综合素质。

用层次分析法确定的权重。邀请领域专家为指标体系中各指标间的相对重要程度打分，然后通过专家打分建立各指标层的判断矩阵，再运用 YAAHP 软件对判断矩阵进行处理，得到用特征向量法计算而来的各指标权重及一致性比例，层次分析法得到的权重见表 3–4。

表 3–4　转型发展高校创新创业教育评价指标体系 1 权重分配表

一级指标	权重系数	二级指标	权重系数
政府支持	0.08	经费支持	0.24
		机构设置与制度建设	0.26
		政策扶植与激励措施	0.35
		文化营造与宣传动员	0.15
企业合作	0.22	实习实训支持	0.22
		技术转化与校企协同支持	0.34
		机构设置与制度建设	0.29
		文化营造与宣传动员	0.15
高校实施	0.38	机构设置与制度建设	0.11
		政策扶植与激励措施	0.14
		创新创业课程设置	0.15
		创新创业师资队伍	0.15
		创新创业平台建设	0.21
		创新创业文化与宣传思政	0.10
		教学效果	0.14
金融中介	0.12	金融机构支持	0.55
		中介机构支持	0.45
社区支持	0.06	家庭支持	0.68
		社区机构支持	0.32
学生成效	0.14	科技创新能力	0.40
		创业实践能力	0.35
		创新创业素质	0.25

3. 转型发展高校创新创业教育评价实例

本研究以L省教育厅在2015—2016年批准的10所普通本科高校转型发展示范校为研究主体。为了扎实推进各项试点工作，根据L省转型发展高校创新创业教育评价指标体系，邀请评价专家组对L省转型发展试点高校创新创业教育工作总体情况进行实地评价，旨在更加准确地把握新形势下地方本科转型发展高校创新创业教育工作的进程。

（1）评价指标计分结果

评价工作紧紧围绕区域经济社会发展需要，结合L省高校实际，根据L省本科高校转型评价指标体系，着力引导试点院校向应用型转变。评价专家组以L省本科高校转型发展试点工作实施方案和评价指标体系为基本依据，在审核试点院校自评材料基础上，通过采用听取汇报、查阅资料、个别访谈、实地考察相结合的方法对学校转型发展工作进行实地评价。最终形成了计分结果，见表3-5。

表3-5　L省本科高校转型发展试点10所高校评价指标体系1综合得分

名次	学校名称	最终得分
1	X8	88.13
2	X1	86.37
3	X6	85.25
4	X10	80.16
5	X5	78.52
6	X9	77.34
7	X7	75.87
8	X4	74.05
9	X3	71.16
10	X2	66.78

（2）评价指标结果分析

根据评价合格标准要求，L省10所试点院校总分均大于60分，10所试点院校评价全部达到合格。其中，X1、X6、X8这三所高校综合得分分别为88.13分、86.37分、85.25分，均大于85分，相对其他试点高校分值较高，说明此三所院校总体上成绩突出，可以作为转型发展试点高校创新创业教育先进典型高校。

（四）创新创业教育评价指标体系 2

经过近几年的快速发展，我国转型发展高校创新创业教育逐渐具备一定规模，由于发展起步相对较晚等原因，目前转型发展高校创新创业教育体系尚不完善，尤其在教育质量控制和评价方面更是薄弱。为了优化转型发展高校创新创业教育质量评价体系，在分析 CIPP 模型和创新创业教育契合性的基础上，利用 CIPP 模型初步构建创新创业教育评价指标体系，运用层次分析法计算各个层次指标权重值，最后构建一套相对完整的创新创业教育评价体系，并提出加大创新创业教育资源投入力度、推进教育体系改革和加强教育联动建设等建议，为促进转型发展高校创新创业教育发展提供一定的参考和借鉴①。

1. 创新创业教育评价体系构建原则

（1）客观性原则

高校创新创业教育评价体系是创新创业教育水平考核的衡量标准，也是创新创业教育发展质量的控制途径②，在指标体系构建过程中，要综合考虑各种影响因素，并结合高校人才培养定位和实际规律，客观合理地选取评价指标，确保评价体系指标的完整性和合理性，再基于层次分析算法得到评价体系中各级指标权重值，构建一套科学合理的创新创业教育评价指标体系。

（2）系统性原则

创新创业教育本身就是一个完整的教育系统，在构建评价指标体系时注意各个要素之间的内在联系，明确指标体系之间的层次关系，同时明确指标内涵和意义，从多角度构建出多层次结构分明、易操作和执行的评价指标体系。创新创业教育应该从资源的投入和创新创业教育运行机制等方面进行评价③。

① 周风，曾增，李龙. 基于 CIPP 模型和层次分析法的高校创新创业教育评价体系的构建 [J]. 宿州学院学报，2019,34 (9)：29-34.

② 蒋德勤. 论高校创新创业教育质量评价体系建设 [J]. 创新与创业教育，2015,6(6)：1-4.

③ 沈杰，孙晓红. 高校创新创业教育评价体系研究 [J]. 教育现代化，2018,5(5)：45-46.

（3）动态性原则

由于高校面临的外在环境是不断变化和发展的，高校创新创业教育发展理念和教育教学体系也要根据社会经济发展变化进行不断的调整。在构建评价指标体系过程中，评价指标体系需要不断地根据外在环境变化和发展进行相应的改进和调整。

2. 应用 CIPP 模型构建转型发展高校创新创业教育评价指标体系 2

CIPP 模型是美国学者 Stufflebeam，D.L. 于 1967 年提出的一种评价模式，CIPP 模式是由背景、输入、过程和结果四个流程评价构成，是决策导向评价模型，在指标体系构建和评价过程中应用比较广泛[①]。转型发展高校创新创业教育在促进学生创新创业意识培养、知识储备、提升能力等过程中，需要在一定环境背景下，对教育资源投入、教育过程把控、成果评价等进行一系列整合，与 CIPP 模型具有较高的契合性和一致性。构建转型发展高校创新创业教育评价体系将从创新创业教育的教育背景、教育投入、教育过程和教育成果四个方面进行逐一分析和评价。

（1）教育背景评价

教育背景是转型发展高校创新创业教育发展面临的氛围和环境，主要包括校内和校外环境。校内环境条件主要指标有创新创业咨询指导服务中心数、创新创业讲座数和孵化器数。区域环境是影响高校创新创业发展的外在环境，主要包括转型发展高校所在地区政府对本地区创新创业活动支持力度和城市创新创业活跃程度。

（2）教育投入评价

高校创新创业教育投入主要是指对资源投入和高校资源配置能力，主要包括教师队伍投入、经费投入力度和组织保障三个方面。教师队伍投入以教师职称结构、教师规模和类型等为测度，具体指标包括授课教师数、高职称授课教师比例和“双师型”授课教师比例等。教育经费投入力度是高校发展创新创业教育的重要条件，主要包括课程建设经费投入力度、教师培训经费投入力度和学生实践经费投入力度。制度保障是高校创新创业教育重要支撑，选择课时数和安排学分

① 谢娟，张延飞．基于 CIPP 的微课评价体系构建 [J]. 教育导刊，2016(11)：72-76.

作为衡量指标。

（3）教育过程评价

教育过程评价是教育质量控制的核心内容，通过及时监控有效反馈创新创业教育推进情况，主要选取教学计划和实践安排两个指标，其中教学计划属于课程教学范畴，具体可划分为课程设计、教学内容、教学方法。实践安排属于行动能力评价范畴，实践是将知识转化为能力的重要环节，主要包括创新创业训练、创新创业项目和创新创业项目比赛，作为学生创新创业实践能力发展水平衡量指标。

（4）教育成果评价

教育成果评价是一种结果反馈评价，为新的教育方案的实施和改进提供依据，主要包括社会效益和创业效果。社会效益是指高校创新创业教育对社会发展做出贡献的体现，包括创业园累计毕业企业数、发明专利授权数、创业率和就业率之比，作为高校创新创业教育为解决社会就业压力和创造社会财富的三个量化指标。教学效果是成果在学校层面的体现，包括学生创新创业项目立项数、比赛获奖数、社会声誉、知名度和杰出创业校友数。通过 CIPP 模型和创新创业教育特点进行契合性分析，利用 CIPP 模型对高校创新创业教育体系进行梳理，初步构建创新创业教育评价体系，具体如表 3-6 所示。

3. 指标体系权重确定

层次分析法简称为 AHP，是美国学者 T.L.Saaty 在 20 世纪 70 年代初提出的一种分析方法，其主要思路是通过对比和归一化等运算得到权重，能够有效避免人为赋值的随意性和复杂性，保障指标体系的客观性，在评价体系权重赋值过程中应用的比较广泛[①]。为了保障所构建转型发展高校创新创业教育评价体系指标权重的客观性和合理性，在构建评价指标体系过程中，采用层次分析法确定指标权重值，通过专家咨询，以判断两两指标的重要程度，针对出现较大差异的项目，则采用德尔菲法重新对专家反复咨询，经过多次调整和修改，得出较为科学合理的指标判断表。通过利用 CIPP 模型初步构建高校创新创业教育评价体系，再运

① 刘豹，许树柏，赵焕臣，等．层次分析法：规划决策的工具 [J]. 系统工程，1984(2)：23-30.

表 3-6　应用 CIPP 模型的转型发展高校创新创业教育评价体系 2

目标层	一级指标	二级指标	三级指标
高校创新创业教育评价指标体系构建（A）	教育背景（B_1）	校内环境（C_1）	创新创业咨询指导服务中心数（C_{11}）
			创新创业讲座数（C_{12}）
			创业孵化器数（C_{13}）
		区域环境（C_2）	政府对创新创业支持力度（C_{21}）
			所在城市创新创业活跃程度（C_{22}）
	教育投入（B_2）	师资投入（C_3）	创新创业课授课教师数（C_{31}）
			高级职称授课教师比例（C_{32}）
			“双师型”创新创业授课教师比例（C_{33}）
		经费投入（C_4）	课程建设经费投入（C_{41}）
			教师培训经费投入（C_{42}）
			学生实践经费投入（C_{43}）
	教育过程（B_3）	课程投入（C_5）	创新创业学分安排（C_{51}）
			创新创业课时安排（C_{52}）
		教学计划（C_6）	创新创业教学方法（C_{61}）
			创新创业课程设计（C_{62}）
			创新创业教学内容（C_{63}）
		实践安排（C_7）	创新创业项目比赛（C_{71}）
			创新创业项目早读（C_{72}）
			创新创业训练（C_{73}）
		社会效益（C_8）	发明专利授权数（C_{81}）
			创业园累计毕业企业 数（C_{82}）
			创业率和就业率之比（C_{83}）
		教学效果（C_9）	创新创业比赛获奖数（C_{91}）
			创新创业立项数（C_{92}）
			社会声誉和知识度（C_{93}）
			杰出创业校友数（C_{94}）

用层次分析法确定指标体系权重值，最后构建一套相对完整的高校创新创业教育评价指标体系，所构建的高校创新创业教育评价指标体系如表 3-7 所示。

4. 转型发展高校创新创业教育评价实例

本研究以 L 省教育厅在 2015—2016 年批准的 10 所普通本科高校转型发展示范校为研究主体。为了扎实推进各项试点工作，根据 L 省转型发展高校创新创

表 3–7　应用 CIPP 模型的转型发展高校创新创业教育评价体系 2 权重分配表

目标层	一级指标	权重	二级指标	权重	三级指标	权重
基于CIPP模型层次分析法的创新创业教育评价体系（A）	教育背景（B_1）	0.08	校内环境（C_1）	0.83	创新创业咨询指导服务中心数（C_{11}）	0.23
					创新创业讲座数（C_{12}）	0.12
					创业孵化器数（C_{13}）	0.65
			区域环境（C_2）	0.17	政府对创新创业支持力度（C_{21}）	0.33
					所在城市创新创业活跃程度（C_{22}）	0.67
	教育投入（B_2）	0.56	师资投入（C_3）	0.28	创新创业课授课教师数（C_{31}）	0.16
					高级职称授课教师比例（C_{32}）	0.30
					双师型创新创业授课教师比例（C_{33}）	0.54
			经费投入（C_4）	0.59	课程建设经费投入（C_{41}）	0.23
					教师培训经费投入（C_{42}）	0.12
					学生实践经费投入（C_{43}）	0.65
			课程投入（C_5）	0.13	创新创业学分安排（C_{51}）	0.25
					创新创业课时安排（C_{52}）	0.75
	教育过程（B_3）	0.23	教学计划（C_6）	0.75	创新创业教学方法（C_{61}）	0.17
					创新创业课程设计（C_{62}）	0.39
					创新创业教学内容（C_{63}）	0.44
			实践安排（C_7）	0.25	创新创业项目比赛（C_{71}）	0.11
					创新创业项目申请（C_{72}）	0.31
					创新创业训练（C_{73}）	0.58
	教育效果（B_4）	0.13	社会效益（C_8）	0.67	发明专利授权数（C_{81}）	0.16
					创业园累计毕业企业 数（C_{82}）	0.30
					创业率和就业率之比（C_{83}）	0.54
			教学效果（C_9）	0.33	创新创业比赛获奖数（C_{91}）	0.09
					创新创业立项数（C_{92}）	0.25
					社会声誉和知识度（C_{93}）	0.18
					杰出创业校友数（C_{94}）	0.48

业教育评价指标体系，邀请评价专家组对 L 省转型发展试点高校创新创业教育工作总体情况进行实地评价，旨在更加准确地把握新形势下地方本科转型发展高校创新创业教育工作的进程。

（1）评价指标计分结果

评价工作紧紧围绕区域经济社会发展需要，结合 L 省高校实际，根据 L 省本科高校转型评价指标体系，着力引导试点院校向应用型转变。评价专家组以 L 省本科高校转型发展试点工作实施方案和评价指标体系为基本依据，在审核试点院校自评材料基础上，通过采用听取汇报、查阅资料、个别访谈、实地考察相结合的方法对学校转型发展工作进行实地评价，最终形成了计分结果，见表 3–8。

（2）评价指标结果分析

根据评价合格标准要求，L 省 10 所试点院校总分均大于 60 分，10 所试点院校评价全部达到合格。其中，X1、X6、X8 这三所高校综合得分分别为 86.24 分、85.81 分、85.14 分，均大于 85 分，相对其他试点高校分值较高，说明此三所院校总体上成绩突出，可以作为转型发展试点高校创新创业教育先进典型高校。

表 3–8　L 省本科高校转型发展试点 10 所高校评价指标体系 2 综合得分

名次	学校名称	最终得分
1	X8	86.24
2	X1	85.81
3	X6	85.14
4	X10	80.25
5	X5	79.45
6	X9	79.23
7	X7	74.57
8	X4	73.41
9	X3	72.33
10	X2	67.16

如表 3–9 所示，按学校性质分析，X1、X6 、X8 均是省属本科院校（10 所高校分别是省属 3 所、市属 2 所、独立学院 2 所、民办 3 所），因此，省属高校、市属高校相对独立学院和民办本科的转型发展及创新创业教育成效更为明显。

表 3–9　L 省本科高校转型发展试点 10 所高校学校性质

学校名称	学校性质
X1 大学	省属本科
X2 学院	独立学院
X3 学院	民办本科
X4 学院	民办本科
X5 大学	市属本科
X6 大学	省属本科

续表

学校名称	学校性质
X7 学院	独立学院
X8 大学	省属本科
X9 大学	市属本科
X10 学院	民办本科

三所高校在转型过程中，集中呈现如下特点：应用型办学定位明确，转型发展思路清晰，转型目标明确建立“特色鲜明的高水平应用型大学”，校领导高度重视，均将转型发展及创新创业教育工作列入院校工作重点，列入“十三五”规划主要工作任务，制定了《转型发展及创新创业教育实施方案》和《转型发展及创新创业教育工作方案目标任务、责任分解表》等相关配套文件。督导检查、考核评价等一系列保障机制相对更为健全。

根据评价结论，无论是应用模糊层次分析法构建的转型发展高校创新创业教育评价指标体系 1 还是应用 CIPP 模型构建的转型发展高校创新创业教育评价指标体系 2，最后的结果都显示 X1、X6、X8 三所院校总体上成绩突出，创新创业教育成效明显，与真实情况相符。说明本研究构建的两个转型发展高校创新创业教育评价指标体系的评价方法有效，评价方式可行，可应用到更多转型发展高校的创新创业教育监测评价工作中，为促进转型发展高校创新创业教育发展提供一定的参考和借鉴。

本章小结

本章在对不同类型高校创新创业教育的特点及差异性分析的基础上，系统论述了“转型发展高校创新创业教育的政策推力及其发展态势、创新创业教育层次维度、创新创业教育体系构建、创新创业教育评价方法”等问题，给出了创新创业教育评价模型及创新创业教育评价指标体系，并对样本高校的创新创业实绩进行了分析评价。

第四章　转型发展高校创新创业教育的引领策略及模型建构

转型发展高校的创新创业教育，除了与“985”“211”等研究型高校的创新创业教育在层次和维度上应有所区别外，其存在的问题、改进措施及引领策略都应有所不同。不能只看到所有高校大学生创新创业教育的共性，还应注意研究转型发展高校大学生在接受层次和能力层次上的特殊性，并依此建构转型发展高校大学生创新创业教育模型，找准切实可行的路径和方法，引领转型发展高校创新创业教育健康发展。

一、创新创业教育中存在的问题及其引领策略

进入21世纪以来，随着就业市场供需关系的进一步失衡，就业形势日趋严峻，大学生就业越来越成为社会关注的热点问题。党中央和国务院对大学生就业创业给予了高度重视，在系统总结过去大学生就业工作实践经验、深入分析我国就业形势和就业压力的基础上，专门颁发了《关于进一步做好普通高等学校毕业生就业工作的通知》[①]，着重强调要加强创业教育、创业培训和创业服务，提出了“促进以创业带动就业”的发展战略。在国家政策的鼓励和推动下，大学生创业教育研究与实践在中国迅速兴起。陈康敏等对当代大学生创业教育的现状，特别是面临的困境进行了系统分析，指出了创业教育亟待突破的瓶颈，提出了推进大学生

① 国务院．关于进一步做好普通高等学校毕业生就业工作的通知 [EB\OL]. [2013-01-16]http://www.gov.cn/zwgk/2011-06/01/content_1874998.htm.

创业教育的相应对策[①]；刘海滨等探讨了怎样引导大学生创业问题，构建了创业教育评价指标体系[②]；亓凤香等将强化创业意识作为大学生思想政治教育的新课题，论述了思想政治教育对大学生创业动机的激励作用[③]。上述研究对于改进和强化大学生创新创业教育工作提供了积极的启示和借鉴。

（一）创新创业教育中存在的问题

中国的创业活动虽然持续升温，但仍然处于创业意愿强、创业层面窄、创业能力弱及创业成功少的态势，创业类型仍然多为生存型创业。与美国等经济发达国家相比，中国的创业成功率较低。影响大学生创业素质提升的根本原因是高校创业教育缺位。据 2009 年教育部对 24 个省（市、区）的一项调查结果显示，在高校毕业生创业企业中，有高达 50% 的创业者对自己创办的企业经营状况感到不满意；甚至将近 20.71% 的企业已经停止经营；只有 22.98% 的企业经营状况良好[④]。另据清华大学中国企业成长与经济安全研究中心等单位 2011 年 7 月开展的一项调查结果显示，认为“大学教育对创业有帮助”的仅为 29.6%，表现出了受访者对大学创业教育的失望[⑤]。

1. 理念模糊，手段落后

虽然中国众多普通高校都成立了创业指导中心等组织机构，专门负责大学生的创业教育工作，然而，即便是中心工作人员本身也尚未从本质上厘清大学生创业素质的核心内涵及其内在依存关系。创业教育存在着严重的功利主义倾向，为了提高就业率而转向围绕就业问题开展创业教育。实施创业教育大多依赖于辅

① 陈康敏，刘光胜．地方院校大学生就业创业教育研究 [J]. 教育与现代化，2009(4)：48-52.

② 刘海滨，杨颖秀，陈雷．关于构建高职生创新创业教育评价体系的思考 [J]. 东北师大学报，2012(6)：78-79.

③ 亓凤香．强化创业意识：大学生思想政治教育的新课题 [J]. 山东农业大学学报，2004(3)：112-114.

④ 新浪教育．调查显示：高校毕业生真创业者仅 1.94% [EB\OL]. [2013-01-17]http://edu.sina.com.cn/j/2009-08-05/1030175569.shtml.

⑤ 中国 MBA 网校．全球创业观察中国报告 [EB\OL] [2013-01-22]http://www.52mba.com/sjhh_news_view.asp?d_id=12667&sort1=3.

导员或学团负责人，教育形式大多停留在讲授一些创业教育课程。教育手段落后，仍然局限于在课程内用黑板、PPT 来单方面地传授知识。没有给予有创业意向的学生以真正创业体验，学生很难理解和体悟到创业过程中最真实的感受，唤起的只是对探索创业的兴趣和热情，导致学生怀着强烈的冲动去创业，等待他们的却是迷茫和无奈。

2. 教材滞后，知识陈旧

中国的创业教育学科还处在初创阶段，创业教育学科的不成熟主要体现在创业教育的知识内容支离破碎，缺乏层次性和针对性，导致教学内容与创业需求严重脱节。创业教育课程体系不合理、不完善，教材开发严重滞后。很多教材照搬国外创业教育素材，与中国的国情、学情的契合度较低，教材内容的不适应性是制约中国大学生创业教育发展的重要因素之一。一些高校仅开设《大学生创业指导》一门课程，且多以选修课、公选课的形式开设。课程内容缺乏社会学和行为学等创业必需的交叉学科、综合学科知识。教学管理方面也没有给予充分的重视，课程考核缺乏激励性和导向性。

3. 师资短缺，经验匮乏

创业教育不仅需要授课教师拥有宽泛扎实的创业理论知识和生动的讲授技巧，而且，还应具备实际创业经验或企业实践工作经历。目前绝大多数高校还没有专门的创业教育师资队伍，承担创业教育的教师多数是辅导员或招生就业处的工作人员。由于这些人长期从事行政工作，缺乏企业经历和经验，教学技能相对欠缺，加之投入到创业教育中的精力有限，不可能将课程讲得生动富有情趣，不易于唤醒学生的创业激情，教学效果很难尽如人意。创业教育师资队伍短缺和经验匮乏的现状，致使无法有效地推进创业教育。有的高校虽然也聘请一些成功创业人士来校开设创业讲座，但企业人士大多忙于经营，很难腾出时间系统梳理经验，所讲案例过程性叙述较多，缺乏对规律性内在本质的阐释，普遍性指导意义不大，效果不甚理想。

4. 投入不足，缺乏实践

创业教育实践需要多元主体协同和资源投入，政府对高校创业教育虽然有政策性支持，但缺乏配套性资金扶持和刚性政策支撑，企业和其他社会组织对创业教育实践不感兴趣，协同意愿冷淡。而高校自身的财力又不足，导致了创业教育实践基地建设难有进展，无法满足创业教育实践需要。目前，许多高校的创业教育仍然是在“纸上谈兵”，理论与实践严重脱节。创业支持体系的不健全，导致大学生无法亲历创业实践。调查结果显示，亲历过创业实践的大学生仅占10.3%，没有亲历过创业实践的则高达89.7%[①]。

（二）创新创业教育的改进措施

积极推进大学生创业教育，既是学生工作的实际需要，更是创新型国家建设对人才素质需求的客观要求，有助于提升大学生的能力素质，促进大学生就业创业，推动社会创新发展。

1. 创新理念，改进方法

创业表现为创业者将创业意识转化为创业行为的综合能力，包括创造力、创新力、决策力、项目管理、风险规避及抗挫力等能力。创业教育不是单纯地理解为鼓动大学生去创办企业，更不是鼓励大学生都去当老板，创业教育的根本目的指向并不仅仅局限于创办企业和提供新的工作岗位，而是培育大学生的创新意识和创造精神。不能把高校的创业教育与劳动部门的技能培训等同起来，高校创业教育的主旨是要激发大学生的创业意识和创新精神，全面提高大学生的整体素质和职业发展能力。在创业教育中，要通过典型案例教学，深入分析案例中创业者创业成功与失败的经验教训，把案例中最深刻、最具有警示意义和价值的东西挖掘出来，让学生感悟创业的真谛。

---

① 中国 MBA 网校 . 全球创业观察中国报告 [EB\OL] [2013-01-22]http://www.52mba.com/sjhh_news_view.asp?d_id=12667&sort1=3.

2. 完善体系，交叉渗透

要严格按照2011年教育部颁发的《高等学校创业教育教学基本要求》和《创业概论》课程大纲要求，科学构建创业教育的教学原则、目标、内容、实践途径和评价方法。积极开发适合中国国情和行业岗位（群）实际需要的创业教育通识课程，将行业准入、项目选择、企划书撰写、资金筹措、团队组建、经营管理及风险规避等基本知识系统地传授给学生，提高学生的创业素质。紧密结合专业学科知识，对学生的能力素质进行重构。将社会学、心理学、管理学、经济学、组织行为学等学科知识融入到创业教育课程中去，形成知识宽泛、内容丰富及实用价值高的创业教育课程体系，加强对大学生创新意识和创业能力的培养。

3. 加强培训，打造队伍

师资队伍建设是提升创业教育效果的关键，要通过加强校内的创业教育专业师资队伍建设和校外创业教育导师团建设，全力打造一支专兼结合的创业教育师资队伍。通过选派创业教育教师参加教育部举办的“创业教育骨干教师培训班”、团中央举办的“KAB创业教育培训”，以及省人力资源和社会保障厅举办的“创业模拟实训师培训班”等，提高创业教育教师的教学能力。还可以通过深入典型企业考察调研，实地了解企业创业成功的经验及运作方式，获得直接经验，增强授课的生动性和真实感。在校外创业教育导师团建设方面，可以聘请校友中的创业成功人士担任创业教育兼职教师，校友的亲和力和感召力会使创业教育收到意想不到的效果。

4. 搭建平台，扶持创业

创业是一项具有探索性和风险性的社会实践活动，需要敏锐的洞察力和准确的判断力，只有通过大量的（模拟）创业实践，才能积累到特有的创业知识和经验。将创业理论运用于创业实践，可以帮助大学生体悟创业流程，提升问题处理能力和人际交往能力，提高创业成功的可能性。高校要充分利用后勤社会化改革、大学科技园、当地高新技术企业等自身或社会资源优势，作为大学生的“模拟公司”，实施创业实践运作，为提升大学生创业能力搭建创业实践平台。同时，多渠道争取政府、企业和其他社会组织对大学生创业给予政策、资金、税收及市场准入等方面的扶持。

5. 强化培养，提升素质

俗话说，打铁还需自身硬，没有过硬的真实本领，创业教育体系再完善，创业教育实施得再到位，也会因为创业者能力素质缺乏而导致创业失败。因此，研究和解决大学生创业问题，不能仅局限于创业教育本身，应该把着眼点前移到大学生能力素质的培养提高上。从改革课程体系和实践教学体系入手，构建校企协同人才培养新机制，实现人才培养与就业的“无缝对接”，才能让创业教育与成功创业成为可能。

大学生创业是最具活力的社会实践活动，关乎大学生就业，社会就业岗位衍生，创新型国家建设，以及全面建成小康社会宏伟目标的实现。研究大学生创业教育实践方法，拓展大学生创业实践路径，提升大学生创业质量，不仅是高校的重要责任，也是政府、企业和社会的共同责任。提高全社会对大学生创业的认知，构建由高校、政府、企业及其他社会组织多元主体参与的创业实践平台，为大学生成功创业开设绿色通道，不只是大学生的期望，更是高校必须努力践行好的职责和义务。

（三）创新创业教育的引领策略

国务院办公厅《关于深化高等学校创新创业教育改革的实施意见》，再次吹响了创新创业教育的进军号，深化高等学校创新创业教育改革已成为当前和今后一个时期高等教育综合改革的重要内容。既然需要“深化”，就说明以前的创新创业教育还不够深入，所以，教育部部长袁贵仁在“深化高等学校创新创业教育改革视频会议”上提出了六项需要重点“深化”的工作任务和到 2020 年“建立健全高等学校创新创业教育体系，实现人才培养质量显著提升，学生的创新创业能力明显增强，投身创业实践的学生显著增加”的工作目标。要完成六项重点任务、实现预期工作目标，除了坚定贯彻国务院 2015 年 6 月 11 日颁发的《关于大力推进大众创业万众创新若干政策措施的意见》外，主要应从以下几个方面着力推进。

1. 明确创新创业教育的主体责任

要深入领会《意见》的科学内涵，明确深化创新创业教育的改革方向，形成具有中国特色的创新创业教育科学理念，健全体制机制抓好《意见》的贯彻实施。要落实以“一把手”为第一责任人的创新创业教育主体责任和以指导教师为考核对象的具体责任，形成教务处、招生就业指导处、学生处、团委及学生会多部门齐抓共管的创新创业教育工作机制。结合学科、专业实际制定深化创新创业教育改革的实施方案，明确责任分工和目标要求，用政策和制度强化考核推动。

2. 与人文素质教育紧密结合

要把创新创业教育与人文素质教育紧密结合起来，从人生观和价值观的角度切入对大学生进行思想政治教育，让越来越多的大学生以时代赋予的责任去自觉领悟创新创业新内涵，让创新创业成为大学生的一种人生追求，成为自我价值实现的重要路径，成为时刻与梦同在的一种生活方式。进而带动整个社会释放创新创业的发展活力和倍增效应，成为以创新助推发展的重要力量。

3. 按层次分类推进

不能不分高校层次类别搞一种模式的创新创业教育，创新创业教育要实施分类指导，分层次进行。“985”高校、“211”高校应在本科教育阶段就实行导师制，在导师的引领下重点实施以项目为依托的创新创业教育，直接与创新创业项目对接，而不再去重新建立什么创新创业教育课程体系，作为研究型大学那本应属于是教学常规建设的内容。对接的项目也应该是同时兼具创新和创业两个指向，而不是只创新不创业（这是中国科技成果转化率低的重要原因）或只创业没创新（这是中国产业多处于国际同类产业链低端的重要原因）。没有博士点的普通高校和高职院校则应以创业带动就业教育为主，辅之以创新意识教育和创新能力培养。如果此类高校也一味地空谈通过创新实现创业，通过创业完成创新之类的口号，就偏离了自己的人才培养定位，只能是空谈误国。而那些介于研究型和教学型之间有博士点的高校，则应具体学科（专业）具体分析，学科较强（博士点所在学科）的专业应该效法“985”“211”高校，走导师指导下的项目依托式创新创业之路，学科较弱的专业应该通过创新创业意识的引发，实现不同业态的创业。

4. 完善创新创业实践对接课程学分制度

完善创新创业实践对接课程学分制度。就目前的情况看，绝大多数高校都设置了创新创业教育实践课程，也有将创新创业成果认定为创新创业实践学分的。但这都远不能撬动大学生的创新创业梦想，因为只有取得了优异的成绩（竞赛获奖）或高水平成果（发表论文、出版专著或获得专利）才能获得极其有限的学分认定机会，即便是通过创新创业已经成长为业内行家了，耽误的专业课程还是要补上，不然还是不能毕业，这在一些成功人士之中不乏其例。完善创新创业实践对接课程学分制度，就是要打破只能认定创新创业实践课程学分的束缚，将创新创业实践与课程学分完全对接起来，创新创业的态度、过程及经验教训都可以认定为专业课程学分，而且没有封顶限制。成功了认定学分，失败了（只要不是个人不作为所致）同样要认定学分。必须善于理解、包容和爱护创业失败者，从某种意义上讲甚至还要感谢创业失败者，因为他们很可能就是“成功之母！”

5. 用理性管控激情

创新创业教育切忌泛化，搞“一窝蜂”式地师生总动员。创新创业涉及多学科、多领域，不宜让所有的老师都开展创新创业教育，很多老师对此根本就是空白，如果勉强让他们去做不擅长的工作，结果是白白浪费资源和精力。学生方面也不是所有的人都适合创新创业，更不是创新创业都一定能够成功。意大利经济学家巴莱多（Paredo）20世纪初提出的“2 ：8定律”已经被证实对于任何事物都适用，事实上，创新创业也不可能跳出“2 ：8定律”。

普林斯顿大学终身教授、中国科学院院士、清华大学副校长施一公认为，大部分学生在学校所学的知识和实践还有一些差距，就业过程中也不一定占优势，而且不少大学生是独生子女，动手能力不足，贸然去创业，显然不是理性的选择。高校在引导大众创业的时候，不是要提倡人人创业，而应该量力而行。

教育部副部长林蕙青 2016 年 3 月 9 日下午通过教育部新闻办“微言教育”平台与网友交流时也表明了“大学生创业要激情也要理性”的观点。

创新创业教育要消除浮躁心理，不能急于出成果。创业必须要理性，切忌急于求成，“不积跬步无以至千里”，如果认为只要有激情就能够成功创业，那只能说是幼稚，甚至是无知的表现，要懂得“厚积薄发”的道理，谋定而后动，深厚的积淀比激情更重要。从创业的第一天起就要有经受困难和失败考验的心理准备，而不是成功的喜悦。

6. 建立健全大学生创新创业保险机制

建立健全大学生创新创业保险机制。无论是政府、高校还是社会，都没有权利不负责任地空喊“强化大学生创新创业意识”，创新创业过程隐含着各种各样的风险和不确定因素，意识“强化”出来了，出了问题谁来承担？出了问题没人管不但会使失败者一蹶不振，而且会极大地挫伤有创新创业意向学生的积极性，使之望而却步，严重的还可能引发社会问题。要建立健全大学生创新创业保险机制，通过“保险”来降低和分担创新创业的风险，让大学生既有责任意识和风险意识（保险也是有成本的），又没有太大的后顾之忧，敢于创新创业；让企业和社会敢于参与融资或开展项目合作；让政府也有了宏观调控创新创业的着力点，通过低风险建立新的生产函数。

二、用社会主义核心价值观引领大学生创新创业

创新创业教育作为培养大学生创新精神和创业能力的重要教育实践活动，是知识经济时代和现代社会发展的重要标志，是国际竞争和发达国家谋求领先发展的迫切需要，已成为世界各国破解传统产能过剩、经济复苏乏力困境的重要主导战略。中国高校承担着服务国家以创新驱动发展战略的重大使命，通过创新创业教育可以使大学生的知识综合运用能力和自身发展能力全面提高，为大学生未来创业、执业提供了真切的实践体悟机会，从源头上提高供给体系的质量和效率。

如何"大力推动"和"全面深化"创新创业教育，将直接影响到创新创业的成败，用社会主义核心价值观引领大学生创新创业应该成为高校立德树人的首要任务。

（一）创新创业教育研究与实践的发展态势

1. 创新创业教育研究与实践取得的成效

"十二五"期间，教育部为了解决大学生创新创业能力不足这一社会普遍关切的问题，以"国家级大学生创新创业训练计划"为重要抓手，成立了国家级创新创业训练计划专家工作组，指导和推动全国高校创新创业教育的开展，将创新创业教育纳入了人才培养的全过程。有 117 所国家部委直属高校和 710 所地方及省部共建高校参与了"国家级大学生创新创业训练计划"，参与学生数达 40 余万人，国家财政及高校配套总额超过 20 亿元人民币，对近 11 万个创新创业项目给予了资助[①]。据麦可思（Mycos）研究院发布的《中国大学生就业报告》（2009—2016）显示[②]，中国大学毕业生当年自主创业率已由 2008 年的 1.0% 上升到了 2015 年的 3.0%，年均增长率达 17% 以上。自主创业率连续 7 年持续增长的态势表明，国家推动大学生创新创业的举措已取得了明显成效。

2. 创新创业教育中存在的问题

在创新创业教育不断向深层次高水平发展、大学毕业生当年自主创业率持续攀升的同时，必须清醒地看到，当前中国大学生创新创业教育实践上出现了功利化、肤浅化和非规范化等不容忽视的问题，导致了创业后的退出率多年在 60% 左右的高位居高不下，这意味着将会有更多的大学生正在或即将遭受创业失败的挫折，退出率居高不下的问题不解决不但会使已经创业或有创业意向的大学生产生观望或恐惧心理，严重的还可能引发社会问题，必须引起各有关方面的高度重

① 薛成龙，卢彩晨，李端森．"十二五"期间高校创新创业教育的回顾与思考 [J]. 中国高教研究，2016(2)：20-28,73.

② 麦可思研究院 .2016 中国大学生就业报告 .[EB/OL]. [2016-08-06]. http://www.fsonline.com.cn/p/176960.html.

视并积极探求有效的解决方案。

创新创业退出率高的成因固然很多，有国家体制机制的问题、有行业生态环境的问题、也有大学生自身的问题，但最主要的还是教育引领失当问题。一方面是师资问题，缺乏一支经验丰富的具有创新精神和创业能力的师资队伍。现阶段中国高校的教师绝大部分都是从学门到学门的“纯书生”，有的甚至连什么是“创新创业”基本概念都还没有搞清楚，却要对大学生进行创新创业教育，夏虫语冰式的教育效果可想而知——不是流于形式就是偏离方向。2015 年 7 月 15 日，在上海财经大学创业学院主办的“全国创新创业教育高端论坛”上，有学者就毫不讳言地说“我觉得创业思维、创业技能，都是目前大学老师培养不了的”，学生会问“老师你教创业，有本事你创办一个给我们看看”。意思是让一个没有创过业的老师去教一群没有创过业的学生的做法并不可行①。另一方面是内容问题，创新创业教育的课程体系有待完善，缺乏真正有实用价值的教材。现阶段的创新创业教育不是让大学生去感知社会不同消费群体需求和了解行业产业前沿发展态势，而是在“学生们还不知道创业是怎么回事，不知道市场是什么情况”的“初级阶段”就教创业管理了，这种超越认知阶段的“揠苗助长”式教育被一些学者称之为“用力过猛”。有学者吸取 2000 年盛极一时的美国互联网经济泡沫使纳斯达克股指从 4000 点跌落至 1000 点的教训，认为这种创新创业教育中存在的浮躁做法“容易起泡沫。”②

（二）核心价值观与创新创业的融通性与契合性

1. 核心价值观与创新创业的融通性

党的十八大报告明确提出了“富强、民主、文明、和谐、自由、平等、公正、法治、爱国、敬业、诚信、友善”社会主义核心价值观。“富强、民主、文明、和谐”是整个中华民族的共同理想和不懈追求；“自由、平等、公正、法治”是

① 张玉堂. 创业教育五个基本问题 [EB/OL].[2016-08-21]. http://www.360doc.com/content/15/0727/15/9165195_487735563.shtml

② 王烨捷，程彤辉. 创业热中冷思考：创业教育用力过猛了吗 [N]. 中国青年报，2015-07-21（09）.

整个社会的道德规范和行为准则；“爱国、敬业、诚信、友善”是每个公民的价值取向和行为意识。三个层面相辅相成，构建起了内涵深厚的社会主义核心价值体系，是在汲取中华民族一切优秀文明成果合理内核的基础上，在社会主义革命、建设和改革历程中逐步凝练形成并在中国特色社会主义理论体系内加以创新发展起来的，用以指导社会主义革命和建设的价值理念和目标追求，作为中国社会的主流价值观对于一切社会意识和社会行为，特别是大学生创新创业教育发挥着重要的、无可替代的价值导向和行为引领作用。社会主义核心价值观与创新创业在内核上有着极为宽泛的融通性，使得两者可以在践行中有机结合。“富强、民主、文明、和谐”作为中华民族的共同理想和不懈追求，是创新创业赢得更好的国际声誉和竞争软实力的根本保证，当然也应该成为创新创业者的最高追求目标；“自由、平等、公正、法治”作为整个社会的道德规范和行为准则，为创新创业提供了更好的外部环境和公平竞争机制的重要前提，同样也是创新创业组织内部治理和外部竞争所必须遵守的基本准则；“爱国、敬业、诚信、友善”作为每个公民的价值取向和行为意识，是体现创新创业归属感和荣誉感的精神内核，必然也是创新创业者每个个体共通的价值取向和行为意识①。

2. 核心价值观与创新创业的契合性

大学生思想政治教育必须与其关心的现实问题有机结合起来，避免空洞地说教才能奏效。在社会主义核心价值观教育过程中，要积极寻求有效的载体和恰当的切入点，将社会主义核心价值观教育与创新创业教育有机结合起来，不但可以使前者具有实实在在的现实依托，而且还可以使后者具有更高的使命意识和目标追求。社会主义核心价值观与创新创业在践行上具有高度的契合性，本文仅就“爱国、敬业、诚信、友善”层面加以论述。“爱国”作为一种以国家认同为基本内涵的特殊情感，表现为对国家和民族的热爱。以中华民族伟大复兴中国梦的实现为己任，为服务国家以创新驱动发展战略的实施拼搏进取，就必然要通过创

① 季国平．提升高校社会主义核心价值观教育有效性探析 [J]. 黑龙江高教研究，2016(10)：135-138.

新创业为国家经济社会发展做出贡献。强烈的爱国主义情感能够有效激发大学生创新创业并努力成功实践的内在驱动力，“爱国”是大学生践行社会主义核心价值观的内驱力。“敬业”作为一种执业或从业态度，表现为对事业的敬重和热爱。“敬重”就是要脚踏实地，不能急于求成，不能投机取巧钻空子，更不能走旁门左道。在市场经济体制下，面对多元价值的利欲诱惑，必须确立规则意识、规范意识和规矩意识，做到“居处恭、执事敬、与人忠”，唯有遵守规则才有可能取得成功。“热爱”就是要干一行、爱一行，不能只凭一时的冲动和心血来潮。创新创业不可能一帆风顺，更不可能一蹴而就，顺境中不能安于现状，既要勇于开拓进取，又要善于规避风险，竭尽全力把事业做大做强；逆境中要用平和的心态去面对挫折和失败，用积极的态度去承受枯燥无味的苦闷，用坚忍不拔的意志和勇气去攻坚克难。“敬业”可以让创新创业者形成积极心理品质和敢于担当的人生态度，为创新创业的成功和持续发展提供坚实的意识保障。“诚信”对于个体而言既是内在品质的基本内涵，也是外在行为的重要表征，无论是在任何社会背景下，“诚信”都是人的安身立命之本，“人而无信，不知其可也”。一个完善的社会公民不但要紧守法律和制度的底线，更要在法不设范的处世行为中做到不弄虚作假、欺上瞒下，诚实守信、表里如一。对于企业而言“诚信”是赢得消费者认可的无形资产，良好的信誉是企业不可或缺的软实力，是企业与社会各种交易契约关系的无形纽带，是维系市场秩序和繁荣的道德基石。不但可以为企业在激烈的市场竞争中创造良好的人际环境，帮助企业获得更多的可利用资源，而且还能够增强企业持续发展的核心竞争力。诚信意识的确立和践行既是大学生处世的道德基础，更是在创新创业过程中不被“从经济舞台上赶下去”的行为基础。“友善”包括人与人的友善、人与社会的友善和人与自然的友善三个层面，是中华民族的传统美德，能够显著提升个体的亲和力和影响力。人与人的友善表现为以仁者之心爱人、以辞让之心待人，在“利己”与“利他”的取舍中不是非他即我，也不仅仅是“己所不欲，勿施于人”，还应有“己欲立而立人，己欲达而达人”的境界，在物欲横流的拜金主义社会里不会被不当得利所蒙蔽，始终保持一种友爱他人的积极心态。人与社会的友善表现为经营处世不是以图利为唯一目的，而是要兼顾经济效益和社会效益，在关乎国家整体利益或人民群众核心利益问题上的经济效益与社会效益博弈中，勇于牺牲个体的经济利益，将社会效益放在优先考虑的位置。在处理与同行业者的关系上，以共谋发展的理念建构和谐共生的行业竞争环境，以协同共赢的方式整合资源、优化资源、共享资源，使社会资源要素的使用效率最大化。人与自然的友善表现为坚持绿色发展理念，在发展经济与保护环境的博弈中不能以牺牲环境为代价，也不能搞所谓先污染后治理，而是要有利于经济社会的可持续发展和人与自然的和谐发展。创新创业者从“友善”的主体愿望出发，内不欺心、外不欺人、推己及人、成己达人，必然会在创新创业过程中得到广泛的社会支持。

（三）引领大学生创新创业的实现路径

社会主义核心价值观对于大学生创新创业具有重要的引领价值，努力探索行之有效的引领路径是实现大学生思想政治教育与创新创业教育取得实效的关键。

第一，要着力加强大学生思想政治教育专职教师队伍建设，在加强团委、学生处、招生就业处等职能部门建设的同时，还应选拔优秀中青年教师不断充实到辅导员队伍中来，形成一个贯通全校上下和整个教育过程的大学生思想政治教育网络系统，形成强大的思想政治教育优势。与此同时，要鼓励所有学生管理工作人员学习专业知识，使自身具备创新创业的能力，并以成功的运作让社会主义核心价值观教育具有现实实践依托。第二，要打造一支理论素养高、实践能力强的专业教师队伍。用社会主义核心价值观引领创新创业是集政治性、思想性和专业性于一体的综合性教育实践活动，不能只依赖学生管理干部或专职辅导员，应针对不同的学科专业建设一支既懂得专业教育又有较高政治理论素养的教师队伍。要选拔专业学术水平高、实践能力强的教师充实到思想政治教育队伍中来，通过系统培训或支持参与国内外创新创业教育学术交流及实践竞赛补齐各自的短板，着力造就一支引领创新创业的高水平“双师型”教师队伍。第三，把社会主义核心价值观教育和创新创业教育融入各学科课程体系。要充分发挥各学科教学的“立德树人”功能，在学科教学中潜移默化、润物无声地把社会主义核心价值观内化为大学生创新创业的自觉行动。第四，在创新创业实践中强化大学生对社会主义核心价值观的理解。当代大学生主体意识极强，喜欢通过亲身体悟进行价值判断，而对空洞的说教则持排斥态度。社会主义核心价值观对创新创业的引领作用不是单向的，在引领创新创业的同时又可以在实践中得到理解和强化，要让大学生在创新创业实践的锻造中思考、体悟，促进大学生对社会主义核心价值观由外显认同向内隐认同转化，最终在创新创业实践中上升为行为认同。第五，更加注重创新创业的社会性和公益性。创新创业不能闭门造车、不能唯利是图，不能为了创新而创新、为了创业而创业，单纯追求数字指标必然会导致创新创业庸俗化、肤浅化，与社会主义核心价值观的主体诉求相悖。要建立科学有效的创新创业评价机制，从评价体系和机制上更加注重创新创业的社会性和公益性，让大学生从创新创业的意识萌动和实践起步伊始就置于社会主义核心价值观的正确引领之下，使创新创业服从和服务于国家以创新驱动发展战略的实施。第六，更加注重创新创业过程的参与性和成长性。创新创业不能以成败论英雄，重视创新创业成果本无可厚非，但绝不能唯成果论，物化的成果仅仅是创新创业教育目的指向之一，更重要的是在创新创业过程中培养大学生的创新意识、创业精神、处世方法和优良品质。要更加注重创新创业过程的参与性和成长性，只有积极主动地参与才能得以更好地历练成长。

社会主义核心价值观教育和创新创业教育是时代赋予高校的重大使命，是立德树人的重要内容和实现路径，要充分发挥社会主义核心价值观对创新创业的引领作用，有效提升大学生的创新创业能力，为国家以创新驱动发展战略的实施提供人才和智力支撑。

三、创新创业教育中协同合作意识的强化培养

在全球性传统产能过剩、经济复苏乏力的国际背景下，许多国家或地区都将鼓励和引导全社会开展创新创业作为破解经济与社会发展困境的重要主导战略。创新创业教育不仅是高校服务国家以创新驱动发展战略的重要使命，也是实现自身发展模式转变与创新的应然选择。值得注意的是，现阶段创新创业教育的重点仍集中在大学生的个人专业素养上，而对于大学生严重缺乏的协同合作意识的培养却几乎完全被忽视，重构并强化大学生的协同合作意识，是深化高等学校创新

创业教育改革的重要内容。创新创业需要大批具有创新精神、创业意识和创业能力的高水平人才的主导和驱动，为此，早在 20 世纪 80 年代创新创业教育就在发达国家逐渐兴起，并被赋予了与学术教育和职业技术教育同等重要的地位，通过多种手段加速培养各种创新创业型人才。

（一）创新创业教育的发展态势

20 世纪 90 年代中国的创新创业教育开始萌动，在经历了“研究借鉴国外创业教育模式的探索期”和“以创业就业问题为导向的发展期”之后，教育部于 2010 年印发了《关于大力推进高等学校创新创业教育和大学生自主创业工作的意见》，创新创业教育进入了“以促进学生创新能力培养的创业实践引领的转型期”。[①] 开始了系统的创新创业教育研究与实践，并逐步把创新创业教育融入到专业教育之中，将其作为专业教育的重要组成部分纳入人才培养的全过程。在创新创业教育研究与实践中形成并固化了一批重要的理论成果和实践方法，建构了创新创业教育评价方法[②]，为推动和深化创新创业教育提供了积极的思维引领和方法启示作用。据麦可思研究院 2015 年 6 月 10 日发布的《2015 年中国大学生就业报告》显示，中国大学毕业生自主创业连续 5 年呈持续上升态势，2014 届大学毕业生自主创业比例由 2009 届的 1.2% 上升到了 2.9%[③]，5 年间创业率增长了近 142%。创业率持续增长的事实表明，国家大力推动大学生创新创业的成效已开始显现。特别是国务院总理李克强 2014 年 9 月在夏季达沃斯论坛上提出了“要在 960 万平方公里土地上掀起‘大众创业’‘草根创业’的新浪潮，形成‘万众创新’‘人人创新’的新态势”以来，中国的创新创业教育和创新创业实践更是迅即形成了一股新的浪潮。2015 年 5 月 13 日，国务院办公厅专门颁发了《关于深化高等学校创新创业教育改革的实施意见》，7 月 23 日，刘延东副总理又进

① 田夏，张淑敏，吴益锋 . 我国创业教育的理论研究现状与展望：基于 CSSCI 来源期刊论文（2004–2013 年）的计量与分析 [J]. 黑龙江高教研究 ,2014(11):91–94.

② 高苛，华菊翠 . 基于改进 AHP 法的高校创新创业教育评价 [J]. 现代教育管理 ,2015(4): 61–64.

③ 麦可思研究院 .2015 年中国大学生就业报告 [EB/OL].[2015–12–27].http://blog.sina.com.cn/s/blog_5a0151030102vkbm.html.

一步强调指出，高校要认真贯彻党中央、国务院以创新驱动发展的战略部署，把全面提升大学生的创新创业能力摆在高等教育综合改革的核心位置，为实施创新驱动发展战略和创新型国家建设贡献力量[①]。由此表明，中国将以国家意志为主导大力推动和深化创新创业教育进一步向深层次、高水平发展，为大众创业、万众创新注入数以千万计的“源头活水”。

（二）创新创业教育的认知与共识

从目前能够检索到的文献看，能够成为“共识性”的创新创业教育内涵界定尚未形成，学界的认识与主张仍然具有较大的差异，呈现出“多学科融合性”和“地域分布不平衡性”两大态势[②]，尽管创新创业教育的表述林林总总，但梳理起来可以概括为以下几种。（1）互动说。认为开展创新创业教育不能脱离专业教育，创新创业教育需要在教学理念、培养方案、教学内容、教学方法、实践平台等方面与专业教育进行有效的互动融合，才能取得良好的实际效果。要在专业教育教学中加入创新创业教育内容，使学生能够清晰地了解专业知识在创新创业过程中的应有方向，有利于提高学生对专业知识的主动学习热情，也有利于创新创业意识的培养；把专业及产业的前沿发展趋势融入到创新创业教育中，让学生从专业及产业的前沿发展态势中汲取创新创业元素，结合自身的优势条件及环境寻求创新创业的切入点[③]。（2）构成说。认为创新创业教育是专业教育的有机组成部分，是专业教育在知识经济时代的创新性延伸与拓展，是普通高校专业教育深化改革的价值选择和应然路径，在推进专业教育创新发展中具有战略性作用。创新创业教育不是游离于专业教育之外的课程培训和技能训练，而是以学生创新精神、创业意识及创业能力培养为核心，集理论教学、实践教学及意识品质于一体的全方位人才培养模式[④]。（3）一体说。创新创业教育与专业教育之间不应是

---

① 新华社 . 全面提升高校创新能力，服务支撑创新驱动发展战略实施 [N]. 中国教育报，2015-07-24(01).

② 田夏，张淑敏，吴益锋 . 我国创业教育的理论研究现状与展望：基于 CSSCI 来源期刊论文（2004-2013 年）的计量与分析 [J]. 黑龙江高教研究，2014(11)：91-94.

③ 江玮璠，李文 . 创新创业教育与专业教育互动分析 [J]. 科技经济市场，2014(10):113-115.

④ 李志义 . 创新创业教育之我见 [J]. 中国大学教学，2014(4):5-7.

“两张皮”，而应是“一股绳”，高校应科学合理开发创新创业教育课程群，形成与专业教育有机结合的全方位、一体化创新创业人才培养课程体系①。（4）层次论。黄兆信认为创业教育需要在不同层次、不同类别高校自身发展战略和实施路径规范下深化对创业教育内涵的认识，大力推进创业教育通识课程及专业创业课程的开发，将创业教育的理念、方法及内容融入专业课程体系，根据不同专业特点及人才培养目标定位在专业平台上融入基于创业知识、创业意识、创业能力为导向的创业教育②。（5）实践论。认为必须改变单一的专业教育理念，深刻理解创新创业教育和专业教育的协同促进关系，不应把创新创业教育看作是专业教育以外的附属内容，而应把创新创业教育理解为是专业教育的具体化和实践化，将创新创业教育融入到专业教育过程中，帮助大学生树立积极的创新精神和创业意识③。（6）“两性”论。认为创新创业教育对于专业教育具有引导、促进和调控作用。创新创业教育可分为“刚性”和“柔性”两个方面，“刚性”教育虽然能够强化学生的创新创业意识，但容易导致创新创业意识被动、行为拓展力不强；“柔性”教育可以通过开展人文、管理方面知识的教育引领开拓学生的视野，点燃学生的创新创业激情，激发学生的创新创业灵感，提升学生的创新潜质和创造潜能，促进大众创业万众创新成功率的有效提升④。

（三）协同合作对于创新创业的重要性

1. 协同合作是人的社会属性决定的

人的本质是由人的内在矛盾性和外在关系决定的，不能抽象地把人的本质归结为自然属性或生理属性。任何人都不能离开他人和社会而独立生存，合作是保证人生存的内在需求和寻求发展的必要前提，是人的社会属性决定的。马斯洛需求层次理论认为，人的哪个层次需求都不可能独立地进行或完成，人与人之间

① 赵静，冯建民．融合协同：创新创业教育与高校专业教育 [J]. 科教导刊，2015(11)：14–15.
② 黄兆信，王志强．论高校创业教育与专业教育的融合 [J]. 教育研究，2013(12)：59–67.
③ 李继怀．地方本科院校特色培育与质量提升的应然路径 [M]. 沈阳：辽宁人民出版社，2015：303.
④ 张景胜，储旭东．创业教育与专业教育的关系研究 [J]. 教育教学论坛，2012(S5)：3–5.

的交往合作是十分必要的。卡内基通过对众多成功人士的总结分析后认为：一个人的成功有85%是靠人际交往，只有15%是靠专业知识。协同共生理论告诉我们，共生不仅仅是自然现象，而且是人类社会亘古不变的普遍现象，协同共生的本质是协同与合作，是包括自然与人类社会的所有事物生存发展的根本动力。人类要解决自身的生存发展问题就必须学会运用协同共生的理念和方法处理政治、经济、文化等方面的复杂关系，从家庭、社会群体（单位）乃至国家或地区间普遍建立起包容和谐、协同合作的主流意识和稳固关系，这不仅是中国建设社会主义和谐社会的需要，也是整个人类社会生存发展的需要。

2. 协同合作是创新创业人才的必备素质

在知识“爆炸”的信息化社会，学科分化越来越细，交叉学科、边缘学科不断衍生，在浩如烟海的知识演化过程中“细分化”与“整体化”两种趋势相向而行、并行不悖。“细分化”表现为知识体系建构的不断分化增多，让学习者只能管窥而无力通览。也就是说，作为单一个体无论是哪一个人都不可能全面系统地掌握这浩如烟海的知识，即便是与自己本专业相关、相邻的学科知识要全面系统掌握也非常人所能做到。由于知识的不断细分而在各学科间不断衍生新的学科，使各学科知识的联系不断加强，相互间的渗透更加紧密，“整体化”态势日趋明显。同时，现实世界中的问题已不再是哪个学科的单一知识能够解决，必须要由多学科知识的综合运用才能奏效。从严格的意义上讲，无论是创新还是创业都是一种开创性的工作，万事开头难，千头万绪、百事待举，一个人即便是能力再强也必然显得知识匮乏、分身乏术，必须要由几个人或多个人的协同努力才能取得成功。为此，唯有合作才能突破创新，唯有合作才能成功创业，唯有合作才能实现自身的理想和价值，协同合作是弥补自身不足、实现自我价值最大化的必然方式。

在中华民族五千年文明的历史长河中，蕴藏着深厚的协同合作文化底蕴，“一个篱笆三个桩”“一个好汉三个帮”，朴素的话语就是对协同合作必要性的高度概括和深刻诠释。需要进一步阐明的是，并不是说一个篱笆只要三个桩、一个好汉只要三个帮，而是说没有“三个桩”就树立不起一个篱笆、没有“三个帮”就不可能成就一个好汉。由此可见，从古至今个人英雄主义都是没有用武之地的。因此，在一定条件下创新创业能否成功，根本问题并不在于创新创业者个人的专业素养和行动决心，而在于是否具有积极的协同合作意识及维系协同合作持续有效运行的方法。特别是在资源锐减、竞争加剧的现实社会里，协同合作是通往创新创业成功的必由之路，协同合作意识是创新创业人才的必备素质。因此，让大学生懂得“整体大于个体之和”——即通常所说的“1+1>2”协同效应原理，培养大学生乐于并善于与不同知识结构及能力素质的人协同合作的意识品质，不但对其未来的职业发展非常必要，而且对于“大众创业、万众创新”、以创新驱动发展意义重大。

（四）协同合作意识的缺失及成因

当代大学生绝大多数都是独生子女，自出生以来就一直在“小皇帝”或“掌上明珠”的唯我独尊环境中生活，多数家长不懂得教育和欣赏孩子与人合作，据中国少年雏鹰网关于“您认为好孩子的标准是什么”的调查结果显示，只有0.21%的家长认为是“能与人合作”。长期的家庭溺爱和孤独的个人世界，让他们对周围人群的存在“无感”，不但形成了极强的自我意识，而且有的甚至是偏执任性，根本不懂得如何倾听不同声音，更不善于包容处世，在涉及到自身的利益时对社会、特别是对周围人群有着天然的排他性，更不要说是尊重他人意见、考虑他人感受了。这种由家庭溺爱滋生出来的思想意识问题本应该通过学校教育和社会教育得到纠正，然而，自20世纪90年代以来，随着市场经济竞争机制的引入和强化，整个社会都在强调竞争，学校开展的各种活动也是过多地强调竞争而忽视合作，以至于竞争在大学生的头脑当中占据了主导地位，加之升学考试竞争的催化和社会上不正当竞争风气的污染，不善于合作、不正当竞争等不良意识不但没有在学校教育中得到有效的纠正，而且已对大学生的处世态度和生活行为产生了非常深刻的负面影响。尽管自20世纪90年代末以来，高校一再强调加强和改进大学生思想政治教育工作，但且不说收效如何，仅“加强和改进”的层面而言就很少提及协同合作意识教育培养问题。理论上说“协同合作意识教育培养”本属于大学生思想政治教育及创新创业教育范畴，然而，由于竞争充斥着整个社会生活，比较起来“合作”似乎“并不那么重要”，以至长期以来“协同合作意识教育培养”一直处于边缘化的境地，在某些高校甚至几乎被完全忽视。家庭的溺爱和娇宠、学校教育的缺位、社会舆论正向引领的缺乏，导致了大学生协同合作意识的先天缺失。

（五）协同合作意识的重构

重构大学生的协同合作意识是现代高等教育“人才培养”职能决定的。无论是对缺失的弥补，还是对创新创业的助推，都必须对大学生的协同合作意识给予重构。协同合作意识是一个十分复杂的思想体系，主要包括以下几个方面。

1. 不拘一格的诉求

在与哪个层次、哪个群体的人合作等合作伙伴选择上，当代大学生往往会有选择层次较高、学缘较近、私交较好的诉求，不仅极大地限制了合作对象的选择空间，而且也不利于创新创业的协同开展。原因很简单，都是高层次人才那些“低层次”的事务必然没人愿意去做；都是学缘较近的人思维方式和处理问题的方法必然相近、甚至相同，在学科知识交叉渗透、社会关系错综复杂的当代社会，一个线性的思维群体不但很难有所突破、有所创新，即便是在事业初创过程中有了一片属于自己的小天地也会因为不懂得审时度势、顺势而为而走进死胡同；私交较好即便是有不同的意见或看法也不便于表露，生怕伤了和气，时间一长心结就会愈深，反而不利于协同合作的开展。要培养学生学会选贤用人，跳出同窗及亲友的小圈子，从是否有创新创业的共同价值诉求出发，不拘一格地选择合作伙伴，使整个团队成为一个层次梯次合理、学缘发散、个性鲜明、优势互补的合作群体，实现最大化的协同效应。

2. 俯身低就的姿态

合作伙伴的选择不都是在自己的主导下是否接受别人的加入，也可能是选择是否加入他人主导的群体。这就出现了一个选择与被选择的问题，在已被选择的前提下，如何做出是否接受选择的决定也是一种能力，也需要教育和培养。必须教会学生有勇于“俯身低就”的姿态，一味地追求“高、大、上”很可能会因为自身条件与合作需求的不匹配而遭拒，即便是有幸加入了“高、大、上”群体，自己的才情也很可能被这群体的“高、大、上”所淹没，自身的理想和价值反而不能得以实现。这样做当然不是要求学生无条件地过分低就，而是要懂得“量体裁衣”，为自己觅得一个最能够施展理想抱负的空间和平台。“俯身低就”不是委曲求全，而是蓄势待发、厚积薄发的一个“蓄积”过程，可以让人在新的机遇来临时以更深厚的专业基础和更高效能的管理经验实现更高层次的创新创业。现阶段存在的大学生就（创）业难在很大程度上并非是业态上或岗位的问题，而更多的是大学生的就（创）业取向问题，如果能够让大学生有一点“俯身低就”的姿态而非好高骛远，则中国大学生的就（创）业难问题将不复存在，原本已呈紧张态势的人力资源将会得到更有效的利用。

3. 包容处世的胸怀

每个人都是一个具有独立人格的个体，团队成员之间的思维方式、处世方法乃至生活态度都会存在诸多差异，因此，作为一个创新创业群体来说存在各种各样的矛盾在所难免。有分歧并不可怕，有争论也不一定是什么坏事，世界原本就是由矛盾构成的，没有矛盾就没有世界，面对矛盾不能回避、只能解决。这就存在一个如何解决的问题，既不能针锋相对使矛盾更加激化，也不能回避妥协使矛盾愈发增多。关键是要做到开诚布公，在共同的目标诉求下能够形成统一的意见，即便是未能形成统一意见也要有一个妥善的团队决策机制，不能在行动上产生不利于协同合作的局面。事实上，只有“宫、商、角、徵、羽”这五音的交响才能奏出激扬而美妙的乐章，关键是如何使这不同的音符形成和谐的旋律，而不是各自独立的调调。自我任性不应该成为这一代青年大学生的固有符号，要让大学生学会以严己宽人的胸怀包容处世，懂得只有容得下不同意见、听得进不同声音，才能建立起和谐互补的协同合作关系。

4. 互惠共生的坚守

研究资料显示，中国大学生在毕业时成功创业的人中，三年后仍坚持创业的比例始终在 45% 左右徘徊[①]，也就是说，守业失败的高达 50% 以上。所谓创业容易守业难，是无数事实早已证明了的严酷客观现实。为什么守业比创业还要难呢？对于不同的个案原因可能有很多不同。创业之初的合作者或许是为了共同的价值诉求满怀激情地走到一起，团结一心、乘势而上，成功的概率当然不会太低；而面对成功的收获利益分配却很难让每个合作者都满意，谁都认为自己的贡献大，谁都想多得一杯羹，利益纷争是导致守业失败的重要原因之一。必须要让大学生懂得只有互惠才能共生，从某种意义上说，对合作者利益的更多给予就是对自身生存发展空间的有效拓展，必须学会用现实既得利益换取未来生存发展空间的"营销策略"。

5. 不断拓展的视界

协同合作必须有所坚持，朝秦暮楚是不会取得成功的。但这不等于就一定要"闭关锁国"，死抱着合作之初的群体不放，要用不断拓展的视界去审视合作群体及合作形态，根据创新创业发展阶段及形式内容的变化适时调整合作对象及合作形态。作为自己主导的群体要不断吐故纳新，只有对那些不适合深度合作的人做出适当调整才不至于阻碍事业的发展；只有广纳"贤士"才能有更进一步的创新发展。如果是他人主导的群体则要对各方面的情势适时做出审慎评估，有利于发展就要有所坚持，不利于发展即便是忍痛也要离开，坚持与离开都是为了群体的发展和自身的发展，而非一时冲动或意气用事。为创新创业群体除了要不断增强群体的实力、完善自身内部的合作机制外，更要审时度势与外界群体寻求在更广泛领域的、更大规模的协同合作，拓展更加广阔的创新创业空间。

四、大学生创业素质模型建构及其培养路径

创新精神和创业活动是一个国家或地区经济内生发展的核心动力，成为社会进步和民族复兴的动力源泉。大学生作为创业群体中最活跃的力量，创业活动也产生了积极的社会和经济效益。但从总体层面看，仍然属于创业意愿强、创业

---

① 麦可思研究院 .2015 年中国大学生就业报告 [EB/OL].[2015-12-27].http://blog.sina.com.cn/s/blog_5a0151030102vkbm.html.

机会多、创业能力不足的状况。与美国等西方发达国家相比，中国大学生创业的成功率依然较低。影响大学生创业成功的主要因素是大学生的创业素质、能力要素、能力结构以及创业的支撑环境和条件。国内关于创业能力的理论研究以及模型建构虽然取得积极的成果，但现有研究在理论模型及测量工具相对单一有限。对创业教育的研究不能停留在对一般现象及行为的介绍和描述上，应加强对创业教育的本质、理论体系、目标及任务以及对创业所需知识结构和心理品质等创业素质的系统探究。鉴于创业能力的复杂性，整体化综合建构创业能力模型在维度和指向上难以形成共识，本研究在梳理有关文献的基础上，分别建构创业素质模型、创业能力结构模型和创业能力要素层次模型。创业素质是大学生创业的前提基础，本节先从理论与实证研究相结合的角度构建大学生创业素质模型，以期为后续的模型建构做好铺垫。

（一）创业素质模型的建构①

1. 创业素质要素

大学生创业素质是指大学生能够完成创业过程并能实现所创事业可持续发展，同时完成自身从探索创业向企业家转变所应具备的素质。构成大学生创业素质的要素很多，包括扎实的知识基础、良好的个性特征、较强的风险意识和抗挫折能力、组织管理能力和团队合作精神等。为了确定中国大学生创业素质内容的结构，采用试测性调查构建大学生创业素质的内容维度和构成要素，在辽宁省部分高校中进行了深度访谈、专家归类、开放式探测性问卷调查等一系列工作，模型中各维度和要素的定义及问卷中相应题项的设计均来自对相关文献的梳理与选择，在此基础上建构了大学生创业素质理论模型（见图 4-1）。

---

① 李芳凝，张建哲 . 大学生创业素质模型构建及培养路径 [J]. 现代教育管理，2011(8):105-108.

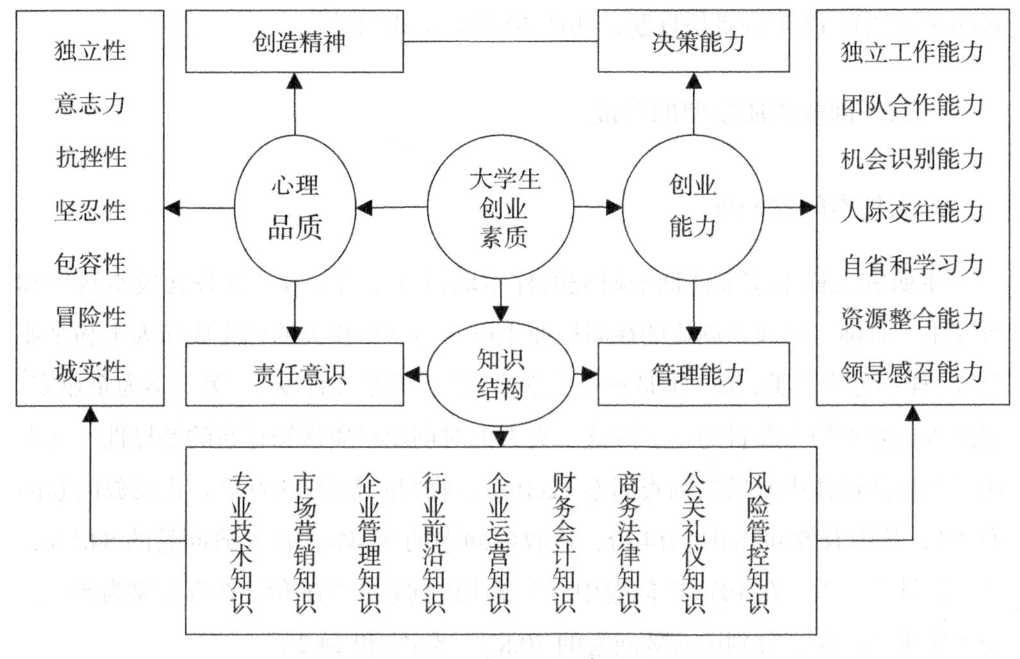

图 4-1　大学生创业素质模型

2. 小样本试测和试题分析

为了验证并能更好地应用大学生创业素质模型，编制了“大学生创业素质调查问卷”。各要素对应的问句（题项）采用李可特（Likert）五点量表法①，被调查者对各题项的认同程度，依序给予 1 分到 5 分，分别代表非常不同意、不同意、基本同意、同意、非常同意。

在辽宁省部分高校进行了小样本试测，选择具有创业意识的在校生和创业教育专家为调查对象，获得有效样本 127 份。将有效样本各题项的计分进行统计特征分析，使用统计分析软件为 SPSS11.5。首先对量表题项的区分度进行分析，剔除区分度在 0.5 以下的题项。然后取 27% 的打高分者和 27% 的打低分者构成高分组和低分组进行题项分析，判断两组平均数的 T 检验是否显著，因为 T 检验不显著的题项鉴别度低，故将对其剔除。经过反复取舍，最终形成包括 38 个正

① 李志，李雪峰，万凤艳 . 当代大学生创业意识问卷的初步编制 [J]. 心理学探新，2010，30(1)：85-89.

式测量试题和 12 个背景信息题，共计 50 题的正式问卷。

（二）创业素质模型的验证

1. 大样本问卷调查

本研究大样本实证性调查研究的样本取自辽宁省的 6 所高校在校本科生和研究生、教师、已成功创业的往届毕业生以及与学生相关的创业成功人士和企业家等。样本分为三类，第一类是在校大学生，第二类是教育专家，第三类为企业家。如此构成样本的主要目的是了解这三类人群对创业素质认知存在的差异性。在上述三类样本群体中共发放调查问卷 1200 份，收回问卷共 1109 份，占发放问卷的 92.4%；其中有效问卷共 1014 份，占收回问卷的 91.4%，占发放问卷的 84.5%，符合统计学要求。在 1014 份问卷中，大学生的问卷为 718 份，教育专家为 51 份，企业家为 245 份，分别占有效问卷的 70.8%、5.0% 和 24.2%。

2. 分析验证

根据问卷调查采集的数据，在上述理论分析的基础上，进一步验证大学生创业素质模型，研究假设大学生创业素质由心理品质、素质能力和知识结构三个维度（二级指标）和 26 个要素（三级指标）构成，对 1014 个有效样本运用 AMOS4.0 软件进行验证性因子分析。首先考察了每个题项在其相对应的三级指标上的标准化因子负荷值，结果显示负荷值在 0.73 到 0.95 之间。其次，考察了每个三级指标在二级指标上的标准化因子负荷值，结果表明负荷值在 0.87 到 0.99 之间。

从验证性因子分析的拟合效果来看结果比较理想（见表 4–1）。其中 NFI、NNFI、CFI 和 IFI 值均在 0.9 以上，而且大部分非常接近于 1，表明整体模型拟合程度很好。RMSEA 为近似均方根残差，表明样本数据与假设协方差矩阵中元素的平均误差，由表 1 可以看到 RMSEA 等于 0.038，RMR 等于 0.033，一般来说 RMSEA 值小于 0.08，RMR 小于 0.035 表明拟合非常好。

表 4-1　验证性因子分析的拟合效果

指标	χ^{2}/df	NFI	NNFI	CFI
指标值	2.006	0.903	0.953	0.962
指标	IFI	RMSEA	GFI	RMR
指标值	0.961	0.038	0.826	0.033

（三）创业素质模型的评价

1. 模糊数学综合评判

对以上大学生创业素质模型进行模糊数学量化分析处理[①]，找出大学生、教育专家和企业家三类群体对大学生创业素质各要素重要性的认识差异，形成大学生自身的期待模型、高校教师对大学生的理想模型和企业家认知模型。

2. 群体差异性比较

运用模糊数学综合评判原理，分别根据三类群体在调查问卷中对各要素的打分，计算出三种模型各个指标的重要程度得分，根据指标重要程度得分从大至小的排序进行截取，得出三种模型的差异性比较（见表 4-2）。

从表 4-2 可以看出，在心理品质排序的前 5 位中，三方共同强调的是创新精神、冒险精神、责任意识和诚实守信，这说明这四种心理品质是当前高校的确必须重视培养的创业素质；各自的不同强调是：高校教师强调创新精神，大学生和企业家强调冒险精神。而冒险精神正是创业者应更为重要的精神。同时，大学生将自信独立列在心理品质排序的前 5 位中，强调的是自身的感觉，追求在最大程度上个性发展，实现自身价值；而高校教师和企业家将挫折承受力列于前 5 位，他们是更看重实际。

① 郎艳怀 . 经济数学方法与模型教程 [M]. 上海：上海财经大学出版社，2004：243-258.

表 4-2 大学生创业素质的群体差异性比较

项目	序号	大学生自身的期待	高校教师的理想	创业企业家的认知
心理品质	1	冒险精神	创新精神	冒险精神
	2	创新精神	责任意识	创新精神
	3	自信独立	诚实守信	责任意识
	4	诚实守信	冒险精神	诚实守信
	5	责任意识	挫折承受力	挫折承受力
创业能力	1	组织管理能力	组织管理能力	谋略决策能力
	2	人际交往能力	团队合作能力	资源整合能力
	3	谋略决策能力	反省和学习	反省和学习
	4	领导感召能力	资源整合能力	识别机会能力
	5	资源整合能力	谋略决策能力	组织管理能力
知识结构	1	专业技术知识	专业技术知识	行业调研知识
	2	管理知识	管理知识	专业技术知识
	3	市场营销知识	会计财务知识	市场营销知识
	4	法律知识	法律知识	公关礼仪知识
	5	会计财务知识	市场营销知识	管理知识

在创业能力排序的前 5 位中，组织管理能力、谋略决策能力和资源整合能力是三方共同强调的。同时，大学生还比较重视培养自己的人际交往能力和领导感召能力。而企业家和高校教师强调反省和学习能力。企业家还特别重视机会识别能力。大学生的创业意向往往激情创业多于理性创业，往往以自我为中心，市场观念淡薄，换位思考意识和反省学习能力不强，而且期望值过高。这些都是高校创业教育中应进一步思考的问题。

在对知识结构的理解中，三方共同强调专业技术知识、管理知识和市场营销知识。师生都比较重视会计财务知识和法律知识，而企业家更强调行业调研能力和公关礼仪知识，说明企业家更注重实用性。面对激烈的就业竞争压力，许多大学生为拓展未来职业发展空间，在夯实理论知识、掌握专业技能的同时，迫切希望学习一定的创业知识，培养创业能力。为此，应从大学生的真正需求出发，坚持不懈地把大学生的创业素质教育抓紧抓实。

3. 模型总体评价

从理论与实证相结合的角度，研究了大学生创业需要具备的基本素质，建立了大学生创业素质模型。大学生创业素质模型包含三个维度，分别为个性特征、创业能力和知识结构；在三个维度下包含 26 个因素。通过大样本的问卷调查，验证了大学生创业素质模型，表明假设的理论模型与观测数据有很高的拟合度。应用此模型对大学生、高校教师和企业家三类群体在创业素质的认识方面存在的差异性进行了实证分析。模型具备素质测评、定位培养、素质强化和差异比较等方面的功能，可为探索大学生创业素质培养提供借鉴。

（四）创业素质的培养路径

1. 科学认识创业教育的作用

中国的创业教育起步较晚，经过近年来的不懈探索和努力，已取得了一定的成效。但是，对创业教育作用的认识仍然存在一些形式化和功利化的倾向。创业教育的目的不仅仅是能促使学生毕业后自谋职业，以缓解就业的压力，开展创业教育的根本目的在于培养学生在未来社会中的创业能力和生存能力，在于增强学生的责任意识、诚信意识、意志力和承担风险的勇气，在于增强学生领导开拓与合作开拓事业的创新精神和创业能力，为全社会的创业文化建设起到引领推动作用。创业教育并非专指激发学生开展个体创业活动，而是培养学生创新与创业型思维的教育活动，为学生的长远发展提供一种素质，打下坚实的基础，创业教育对于每个学生都有实际意义。适应现代社会发展的人才应当是具备宽泛的学识基础、适应多变竞争态势、敢于独立创新并具有坚韧意志等素质潜能的人。因此，高校创业教育要融入人才培养全过程，要在加强专业教育的基础上，以提高学生的社会责任感、创新精神、创业知识与能力为核心，以改革人才培养模式和课程体系为重点，大力推进高校创业教育工作，不断提高学生的创业素质。

2. 着力培养学生的创新精神

在各相关部门和机构的大力支持下，众多高校正在积极探索创业教育的模式和方法，但是也有少数高校对创业教育的理解还仅局限于实务层面，因而创业教育的内容更多地侧重于创业教育的一部分环节——商业意识和创办企业的教育，将创业教育简单地等同于创业技能的训练和创业知识的传授。所谓的创业教育课堂，不过是将市场营销、财务会计、融资、战略管理、供应链管理和人力资源管理等内容“打包”压缩，填鸭式塞给学生，简单而空洞，缺乏对于本专业、本地区的针对性，重“术”轻“道”，有“形”无“神”。[①] 不能将创业狭义地理解为创办企业。具有创业精神的人，是创业行动的前提和保证。高校应该培养大批具有创业精神和创新能力的高素质人才，而不是职业技能培训或创办企业前的辅导站。创业教育不等于开业培训，它要给学生提供的是一个走向社会的起点，而不是终点；要改变专业对口的静态就业观，确立不断创新创业的动态过程观。创业教育重在渗透和培养学生终生受益的创新精神和创业理念。高校在开展创业教育过程中，力争将学习、科研与创业结合起来，着力培养学生的创新精神和企业家精神，培养团队合作、社会交往和独立工作的能力，培养敢冒风险和果断决策的作风，以及所需的专业技术和管理能力，历练把握别人没有注意到的机会所需的洞察力和敏锐性。

3. 加强创业教育的师资队伍建设

创业教育对师资要求较高，要求教师既具有系统的理论知识，又要具备一定的创业经验。通过对辽宁省高校创业教育师资情况的调查发现：具备这两种素质的师资十分匮乏。在高校从事创业教育的教师一般来自两个方面：一是从事学生就业指导的行政工作人员，二是原来从事管理学科教学的教师。这两部分师资都有一个共同的弱点，那就是自身缺乏创业经历或在企业就职的经历，不熟悉企业的运作、经营和管理，因而在教学过程中更多倾向于理论教学，对学生缺乏吸

① 袁新文 . 创业教育，给“面包”还是给“猎枪”[N]. 人民日报，2010-07-02（018）.

引力，教学效果不尽如人意。也有一些高校聘请创业成功人士或企业家担任创业教育的客座教师，教学多采取讲座的形式进行，受到学生的普遍欢迎。但讲座毕竟有限，而且各有见地，缺乏系统性。加强创业教育的师资队伍建设，首先要加大师资的培养力度，学校要创造条件，鼓励教师参与企业咨询、经营管理以及创办企业的活动，增加其实践经验。其次，组织开展创业教育研讨，交流创业教育经验，选拔创业教育的示范课程，从而有效地提高教师创业教育水平。第三，引进优秀创业教育人才，优化创业教育师资队伍。高校应吸收有实践经验的企业经营管理人才和工程技术人员、政府经济部门的专家及其他理论扎实、实际工作能力很强，尤其是一些在创业和职业发展方面的成功人士充实教师队伍或担任兼职教师，形成一支专兼结合、相对稳定的师资队伍。第四，要把充实和完善教师创业教育的知识结构纳入到全体教师的培养规划中，聘请创业教育和创业研究方面的专家对全体教师进行创业教育培训，创造各种机会，强化全体教师的创业教育意识，使大学生在接受人文知识和科学知识教育中潜移默化地提升创业素质。

4. 构建多元化创业平台

政府有关部门应该引导与鼓励社会各界关注和参与创业教育工作，积极推动高校乃至全社会创业文化的形成。目前，中国各级政府高度重视并积极支持高校创业教育活动的开展，成为创业教育的主要动力来源。如辽宁等省实施了“大学生创业工程”和“大学生创业引导计划”等，同时根据地方政府自身的财力，推出了针对大学生创业群体的各类扶持政策，支持大学生创业。高校的创业教育除需要政府的政策支持外，还需要得到全社会的支持。国外一些大学创业教育的开展得到了企业极大的支持。在美国，除了政府的支持之外，成功创业者对高校创业中心的捐助也是高校开展创业教育工作的一个重要资金渠道。此外，一些公益性的基金会提供的创业研究资助也为美国创业教育的发展提供了重要支持。中国的创业教育同样需要得到众多有社会责任感的企业家、企业管理人士提供人力和资金的支持。如，担任创业导师或兼职教师、提供实践平台、参与校园孵化项目、为有潜力的创业计划提供风险资金、捐资支助高校创业教育及相关活动等。政府有关部门还应加大对创业教育的舆论宣传以及对社会各界参与创业教育工作的引导与鼓励，使更多的社会资源进入创业教育领域，加快创业教育的发展。

五、大学生创业能力结构模型建构及其特色优势

创业是一个非常宽泛的概念，从经济学、行为学、社会心理学等不同学科角度定义创业可以赋予其不同的内涵指向。国外学者 Lindsay&Craig 认为，创业是指创新或不同的有内在价值的多角度观察当前市场以及识别并解决问题的活动[①]。Gartner 从创业者的性格特征和行为结果定义创业，认为创业者的个人特质包括人格特质、创新性等决定创业成效，创业行为结果被理解为价值创造、追求利润、成为企业所有者以及创建组织[②]。国内学者也从不同的视角和外延对创业进行了界定。林嵩认为，创业是一种价值的创造活动，不仅指一般意义上的从创业机会到创建新企业的过程，还指在成熟的大企业内部新业务的开展过程[③]。李文胜等人认为，创业本质上是一种新价值的创造活动，包括创办新企业、企业内部新业务开展以及职业的事业化[④]。尽管各种表述不同，但其内涵指向都离不开"创办新企业"和"拓展新业务"两大诉求。无论是"创办新企业"还是"拓展新业务"都需要具备较强的创业素质和创业能力，创业能力的整体化培养已经成为新时代创新型国家建设对高等教育的必然要求。为此，建构大学生创业能力结构模型，为整体化培养大学生的创业能力提供理论依据和路径参考是高等教育理论研究的重要任务。本节将在前节建构创业素质模型的基础上，建构创业能力结构模型[⑤]，以期为创新创业教育及研究评价提供工具选择。

---

① Lindsay, N.J. and Craig, J. A framework for understanding op portunity recognition: Entrepreneurs versus private equity financiers [J].The Journal of private Equity, 2002(6): 13-24.

② Carten M. B. What are we talking about when we talk about entrepreneurship [J] Entrepreneurship Theory&Prac; tic; e,1990(18): 15-18.

③ 林篙 . 创业学 : 原理与实务 [M]. 上海 : 上海财经大学出版社，2008: 5.

④ 李文胜，成波锦 . 创业基础 [M]. 西安 : 西安交通大学出版社，2015: 4.

⑤ 程玮 . 大学生创业能力结构模型的建构 [J]. 黑龙江高教研究，2017(5): 133-136.

（一）创业能力结构维度及要素选取

在运用文献分析法提炼出28项频率较高的基础性创业能力要素基础上，通过半结构化访谈进行补充性要素调查，以利更全面梳理大学生创业能力结构要素。针对“创业活动首先应具备哪些能力要素？创业者应具备哪些关键能力要素？贵单位的创业者有哪些突出的能力要素”等问题，分别选取高校创业指导教师10名、企业中高层管理者20名进行个别访谈，在校创业大学生10名进行小组访谈，通过提炼访谈内容关键词获取34项创业能力要素。最后根据文献和访谈项目归类分析，抽取37项创业能力结构要素，编制一份结构式的封闭问卷，要素等级采用五等级量表，按照重要程度采用李克特（Likert）五点计分法。分数越高，表示评价越重要，是关键指标。

（二）创业能力结构探索性因素分析

1. 抽样调查

本次抽样调查对象为企业中高层管理人员，面向200家企业发放问卷200份，收回195家企业共195份问卷，回收率为97.5%，剔除填答不完整或选题分值相似率较高问卷，有效问卷154份，有效率为77 %，符合统计学要求。其中企业高层23人，占比14.9%，中层119人，占比77.3%，缺失值12，占比7.8%；高级职称41人，占比26.7%，中级55人，占比35.7%，初级37人，占比24%，缺失值21，占比13.9%；男性44人，占比28.6%，女性102人，占比66.2%，缺失值8，占比5.2%。从样本选取的单位性质和行业属性看，样本涵盖面较广，具有一定的代表性（见表4–3）。

表 4–3 大学生创业能力结构探索性因素分析调查对象基本信息

<table>
<tr><th></th><th>调研单位</th><th>人数</th><th>%</th><th>总计</th><th>%</th><th>缺失值</th></tr>
<tr><td rowspan="6">按单位性质划分</td><td>三资企业、国有企业、私营企业</td><td>75</td><td>38.7</td><td rowspan="6">147</td><td rowspan="6">95.5</td><td rowspan="6">7（4.5%）</td></tr>
<tr><td>医疗卫生</td><td>12</td><td>7.8</td></tr>
<tr><td>教育卫生</td><td>11</td><td>7.1</td></tr>
<tr><td>科研设计机构</td><td>4</td><td>2.6</td></tr>
<tr><td>社会组织及服务机构</td><td>20</td><td>13.0</td></tr>
<tr><td>其他</td><td>25</td><td>16.2</td></tr>
<tr><td rowspan="9">按行业属性划分</td><td>农林牧渔</td><td>3</td><td>1.9</td><td rowspan="9">146</td><td rowspan="9">94.8</td><td rowspan="9">8（5.2%）</td></tr>
<tr><td>房地产建筑</td><td>13</td><td>8.4</td></tr>
<tr><td>社会服务、卫生体育和社会福利</td><td>31</td><td>20.1</td></tr>
<tr><td>教育、文化艺术类</td><td>15</td><td>9.7</td></tr>
<tr><td>国家机关、社会团体</td><td>12</td><td>7.8</td></tr>
<tr><td>采掘业、制造</td><td>22</td><td>14.9</td></tr>
<tr><td>交通、仓储及邮电通信</td><td>4</td><td>2.6</td></tr>
<tr><td>金融保险</td><td>14</td><td>9.1</td></tr>
<tr><td>其他</td><td>32</td><td>20.8</td></tr>
</table>

2. 研究步骤及结果

本研究通过四个步骤进行大学生创业能力因子分析。

第一步：进行基于特征值的因子分析。利用 Excel 文件转成的 SPSS 原始数据进行因子分析，得到 10 个因子，描述统计中发现奇异值，处理掉奇异值之后因子分析得到 9 个因子，将 37 项要素归属 9 个因子中。第二步：进行限定因子数量的因子分析。在没有删除任何题目的前提下，采用修正后数据运行，主要是考察在限定因子个数的情况下，系统如何归类，得到 7 个因子，但结果发现，因子 1 中的题目数量急剧膨胀，因此，不适合因素分析。第三步：在第一步的基础上删除仅含 2 个题目的因子，共删除 6 题，保留 31 项要素，进行基于特征值的因子分析，得到 7 个因子。第四步：在第三步分析的基础上，经专家评估，删掉自我管理、踏实勤奋、反思能力、时间管理能力、社会交往能力等 5 道题，这是考虑到自我管理含义太笼统，踏实勤奋、反思能力、时间管理等可能不宜作为创业者必备能力素质，社会交往能力与团队合作能力、沟通能力含义有交叉，故保留 32 个要素，限定 6 个因子个数。

通过多次探索性因素分析，提取 6 个公因子，结果显示累计方差 59.018%（见表 4–4），KMO=0.888，是一个相对较高的解释量。

表 4–4　解释的总方差

成分	初始特征值			提取平方和			旋转平方和		
	Total	%Of variance	Cumulative%	Total	%Of variance	Cumulative%	Total	%Of variance	Cumulative%
1	109.22	34.132	34.132	10.922	43.132	34.132	7.202	22.507	22.507
2	2.362	7.382	41.514	2.362	7.382	41.514	3.455	10.797	33.304
3	1.713	5.353	46.876	1.713	5.353	46.876	2.374	7.418	40.723
4	1.430	4.470	51.336	1.430	4.470	51.336	2.283	7.133	47.856
5	1.278	3.995	55.331	1.278	3.995	55.331	2.002	6.256	54.112
6	1.180	3.687	59.018	1.180	3.687	59.018	1.570	1.907	59.018

通过 SPSS19.0 软件数据处理得出的旋转矩阵对要素进行筛选，判断是否保留。保留标准为变量在 6 个公因子上最大的载荷值大于 0.4，予以保留。要素筛选后绝大多数要素的共同度在 0.5 以上，仅有 6 个项的共同度在 0.4–0.5 之间，均予以保留（见表 4–5）。说明探索性因素分析提取的 6 个因子可以较好地概括大学生创业能力结构。

表 4–5　要素分析统计的旋转因子载荷矩阵

	Component					
	1	2	3	4	5	6
A21 决策能力	0.828	0.093	0.066	0.064	0.076	–0.031
A22 领导能力	0.793	0.135	0.031	0.106	0.035	0.144
A37 经营管理的能力	0.760	0.083	0.090	0.189	0.055	–0.060
A35 识别与用人能力	0.752	0.213	0.150	0.144	–0.018	0.137

续表

	Component					
	1	2	3	4	5	6
A32 风险管理能力	0.704	0.249	0.241	0.077	–0.013	0.089
A29 战略规划与目标管理能力	0.691	0.296	0.147	0.092	0.065	0.310
A12 组织管理能力	0.689	–0.016	–0.021	0.114	0.308	0.027
A33 资源整合能力	0.683	0.321	0.334	0.040	–0.013	0.089
A16 授权的能力	0.675	0.294	0.137	0.129	0.092	0.032
A15 商机识别能力	0.659	0.298	0.178	0.108	0.151	0.103
A34 生涯规划和目标定位能力	0.559	0.161	0.325	0.066	0.039	0.024
A28 社会和人力资本	0.552	0.452	0.071	0.209	–0.033	0.252
A26 采用新技术能力	0.228	0.828	0.167	0.117	0.017	–0.094
A27 迁移能力	0.287	0.744	0.032	0.124	0.102	0.113
A25 综合的、跨学科整合能力	0.381	0.740	–0.003	0.125	–0.039	–0.134
A17 实践动手能力	0.251	0.484	0.071	–0.163	0.452	0.149
A24 逻辑思维能力	0.331	0.406	0.361	0.379	–0.130	–0.076
A10 抗挫折能力（心理调适）	0.121	–0.041	0.643	0.198	0.143	–0.020
All 自信心	0.282	–0.030	0.613	–0.057	0.290	–0.325
A19 胆识和魄力	0.320	0.303	0.542	0.117	0.046	0.197
A18 主动进取精神	0.054	0.395	0.507	0.190	0.332	0.284
A36 强烈的竞争意识	0.377	0.154	0.485	0.023	–0.071	0.198
A2 分析解决问题能力	0.296	0.041	–0.099	0.608	0.047	0.199
A4 信息管理能力	0.290	0.193	0.176	0.607	0.225	–0.076
A6 持续学习能力	–0.018	0.029	0.338	0.584	0.061	–0.055
A3 沟通能力	0.078	0.090	0.046	0.561	0.154	0.364
A7 开拓创新能力	0.264	0.371	0.098	0.445	0.393	–0.062
A8 责任感	0.096	–0.015	0.048	0.113	0.711	–0.009
A14 诚实守信	–0.050	–0.004	0.167	0.102	0.601	0.195
A5 适应能力（适应性）	0.087	0.123	0.042	0.416	0.524	–0.185
A1 团队合作能力	0.198	–0.113	–0.019	0.045	0.123	0.716
A30 商务谈判的能力	0.475	0.211	0.217	0.083	–0.110	0.485

3. 维度归类与命名

通过咨询专家，根据题目含义对获得的6个公因子进行调整，归类到合适的维度中，进行大学生创业能力维度的命名，最终形成由6个维度32项要素构成的大学生创业能力结构模型。将第一个维度命名为“创业领导者能力”，包括决策能力、领导能力、经验管理能力、组织管理能力、识别用人能力、战略规划与目标管理能力、授权能力、风险管理能力、资源整合能力、商机识别能力、社会和人力资本、生涯规划与目标定位能力，共12项要素；第二个维度命名为“创新创业技能”，包括采用新技术能力、迁移能力、跨专业整合能力、实践动手能力、逻辑思维能力，共5项要素；第三个维度命名为“创业者人格特质”，包括抗挫折能力、自信心、胆识与魄力、主动进取精神、竞争意识，共5项要素；第四个维度命名为“职业基本素养”，包括适应性、责任感、诚实守信，共3项要素；第五个维度命名为“职业通用能力”，包括持续学习能力、分析解决问题能力、信息管理能力、开拓创新能力，共4项要素；第六个维度命名为“创业团队必备能力”，包括团队合作能力、商务谈判能力、沟通能力，共3项要素。

（三）模型的特色优势分析

大学生创业能力结构模型由“创业领导者能力、创新创业技能、创业者人格特质、职业通用技能、职业基本素养和创业团队成员必备能力”等6个维度32项要素构成。

该模型的特色优势之一是结合社会发展对创业人才的需求，以创业能力是多元智能结构、建构性的复合性概念为分析框架，以企业人力资源管理者或中高层企业管理者为调查对象，开展大学生创业能力结构要素实证遴选，通过对有效问卷的探索性因素分析，构建大学生创业能力结构模型。模型建构的核心思想认为创业是一个高度动态的过程，创业过程的资源整合、特殊技能、职业能力素质、领导者和团队是关键的影响因素。因此，得出的理论模型更符合现实社会对成功创业的关键能力素质的实际要求，有一定推广使用价值。本研究建构的大学生创业能力理论模型可为后续大学生创业能力评估量表的开发提供理论依据。

该模型的特色优势之二是在前期大学生就业能力结构理论模型研究基础上，发现就业能力与创新创业能力存在不可分割的联系[①]。通过大学生创业能力结构模型的分析，进一步验证前期研究中大学生就业能力结构模型的结论，其中，大学生创业能力结构中的职业通用技能维度包含的分析解决问题能力和信息管理能力要素与大学生就业能力结构职业通用技能维度包含的要素一致，创业领导者能力维度上的决策能力、领导能力、组织管理能力与大学生就业能力结构中领导素质维度的要素一致。此外，在创业能力结构中还有 14 项要素与大学生就业能力结构要素一致。

由于创业活动的复杂性和动态不确定性，不可能完整地构建出一个普遍适用的创业能力模型，该模型并未能把所有的创业要素涵盖其中，原因在于创业能力探索性因素分析选取的样本数量相对较少，还需要在具体应用中进一步优化。

六、大学生创业能力要素层次模型建构及其改进优化

关于创业能力的研究国内外学者由于视角不同，得出的结论存在较大的差异。国外学者 Al-vareza & Eiuselnitil 认为，创业能力本身是一种资源的重新整合[②]。国内学者普遍认为创业能力是一个复杂的综合性概念。张朋飞认为，创业能力是指从事创业活动所要求的一系列主观条件，如创业意向、创业警觉性、风险感知能力、领导能力、创新能力及人际关系建构能力等[③]。陈烈强认为，创业能力是创业过程中创业者需要具备的各种内在能力的总称，如创业原动力、机会把握力、资源整合力、创新创业力和关系胜任力等[④]。影响大学生创业成功的主要因素是大学生的创业素质、能力要素、能力结构以及创业的支撑环境和条件。因此，大学生在创业之前应注重培养“思想、心理、知识、能力”创业素质，使创业之路走得更加平稳顺畅。具备了创业素质并形成了一定的能力结构不等于就能够成

---

① 程玮，支素华．职业发展视角的大学生就业能力建模 [J]. 重庆高教研究，2016(4)：102-109.

② Alvarez. S. A& Eiuselntil W The entrepreneur ship of resource-based theory [J].Journal of Vlanagemen，2001(6)：755-775.

③ 张朋飞．大学生创业能力培养对策研究 [D]. 大连：大连理工大学，2013：3.

④ 陈烈强．高职创业教育与实践 [M]. 广州：华南理工大学出版社，2014：117-118.

功创业、优化创业，还要使各能力要素达到最佳适配。下面在建构大学生创业素质模型和创业能力结构模型的基础上，进一步整体化建构大学生创业能力要素层次模型[①]，以期为培养或测量评价大学生的创业能力提供更多的工具选择。

（一）创业能力要素及层次分类

为了与一般社会成员所从事的基础性传统形态创业活动进行区分，以便于更好地对大学生创业能力要素进行界定，本研究所指的“大学生创业”是个广义概念，泛指在校及毕业两年内的专科生、本科生、研究生依托学科专业，从事技术服务型、产品开发型以及特色商业服务型等知识资本型的创新创业活动，包括创立企业和企业内创业。大学生创业能力是指通过学校、社会、家庭等教育，发现和捕获商机，形成创业设想，并将各种资源组合起来去创造出更大价值的技术、素养与实力，包括创业的通用能力、专业能力、机会能力等。大学生创业能力要素是一个复杂的概念，不同的学者运用不同的理论，包括经济理论、个性心理与行为理论、资源理论、网络理论等，对创业能力要素相关的领域进行了研究。在文献分析[②③]和专家访谈的基础上，归纳梳理出大学生创业能力通常由“机会、创新、应变、策划、理财、经营、领导、学习、沟通、自控、耐挫”等11项能力要素构成（见表4–6）。

表4–6 大学生创业能力要素层次及表征

能力层次	能力要素	内核表征	行为表现
通用能力（趋隐性）	自控能力	自我管理、自我约束	良好的行为习惯、可靠的人格特征、稳定的情绪状态等。
	学习能力	博闻强记、学以致用	表现为学习的速度、效率和学以致用的实际效果。
	沟通能力	广开言路、兼听则明	对的决策、组织、协调、执行等问题善于与人达成谅解。
	耐挫能力	坚忍不拔、越挫越勇	大学生创业挫折在所难免，核心是个人逆境商数。
	应变能力	扬长避短、顺势而为	不仅在逆境中要主动应变，在顺境中也需不断创新和应变。

① 任泽中，姚冠新．大学生创业能力要素模型的构建、演化及应用[J]．教育与职业，2016(7)：77–80.

② 李晓峰，张莉，徐玖平．大学生创业能力评价的多维可拓物元模型的建立及其应用[J]．软科学，2013,27(10)：135–138.

③ 范俊峰，郭婷婷．一带一路背景下大学生创业能力评估模型仿真[J]．计算机仿真，2017，34(8)：228–232.

续表

能力层次	能力要素	内核表征	行为表现
专业能力（趋显性）	策划能力	统筹兼顾、执行顺畅	有效整合和科学分配各类资源，构建自身的竞争优势。
	领导能力	决策果断、唯才是用	善于科学民主决策，能够驾驭优势个体及高效团队。
	经营能力	拓展市场、提高利润	维护并拓展业务市场、有效降低运营成本、提高利润。
	理财能力	开源节流、规避风险	善于资本运用资金杠杆统筹各类资源，有效规避财务风险。
	创新能力	锐意进取、不断创新	矢志不渝地做创新的实践者，为创业活动注入不竭动力。
引领性	机会能力	敏锐洞察、果断出击	善于从复杂的社会现象中识别潜在的机会，并先于他人行动。

（二）大学生创业能力要素层次模型的建构

在大学生创业能力的 11 项构成要素中，一部分是通用能力，覆盖的人群比较宽泛，涵盖 5 个趋于隐性的能力维度，处于能力结构的底层。另一部分是专业能力，覆盖的人群相对较窄，涵盖 5 个趋于显性的能力维度，处于能力结构的上层。另有机会能力位于能力结构的顶端，引领创业活动方向。无论是自主创业，还是企业内创业等不同类型的创业活动，在各项能力基础之上，必须掌握机会能力，把握机会并优先行动，才能最终有效地实现创业。

1. 创业能力要素关系假设

通常意义下，通用能力是每个人都具有的能力，所有大学生由于年龄层次、学历层次等多方面的共性，决定了其通用能力层次具有趋同性。个体的能力要素在实际中通常都存在关联性，即一个人各项创业专业能力的层次会随着所在平台的变化而变化。在此认知的基础上本研究提出如下假设，为构建创业能力要素模型奠定理论基础。

H1：假设所有大学生的创业通用能力都在同一个基础平台上，只存在能力大小的差异，而忽略平台高度的差异。

H2：假设各专业能力在模型中都处于同一个平面，能力大小是独立变化的，但应有的层次定位却是统一的。

2. 创业能力要素层次模型构建

基于以上研究假设，以及各能力要素的功能定位和层次结构（见图 4–2），以 5 项通用能力作为端点，连接之后形成一个锥状体的五边形底面，5 项专业能力连接之后形成一个锥状体截面。将这两个截面的几何中心进行连接，形成锥状的轴心，可初步构建出大学生创业能力要素模型的雏形（见图 4–2），模型雏形呈锥状体（故将其称之为“锥状模型”）。除了机会能力之外，各项能力到轴心之间的距离，称之为张力半径，代表该项能力要素在对应能力层次中的相对影响力。模型显示，大学生创业能力要素具有层次性，分别为趋于隐性的通用能力、趋于显性的专业能力，以及引领各项能力的机会能力等。各种能力虽然在创业过程中地位、作用有所不同，但都是不可或缺的。

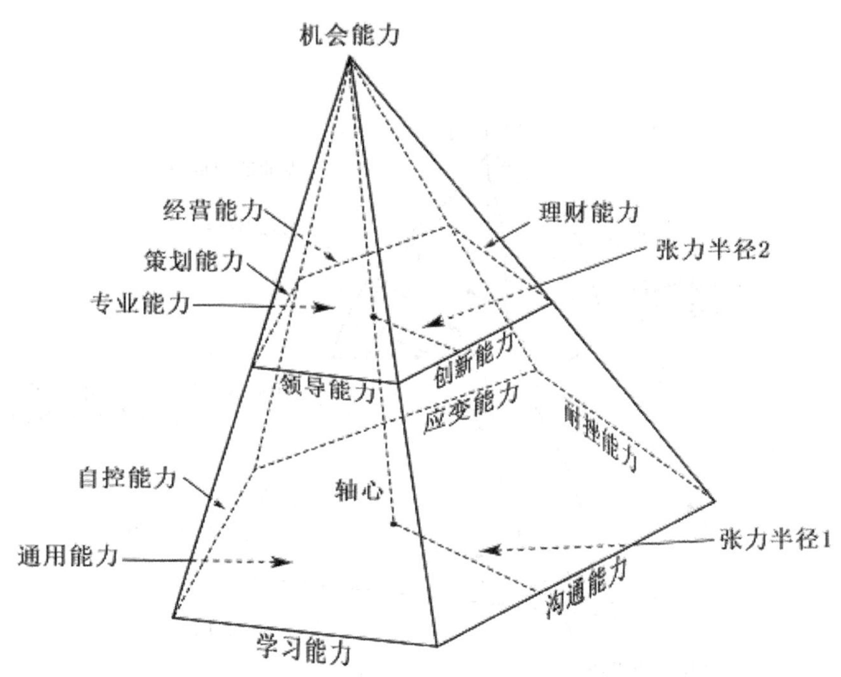

图 4–2 大学生创业能力要素层次锥状（理想化）模型

（三）创业能力要素层次模型的改进优化

上面的模型只能算作是一个理想化的模型。事实上，大学生创业能力要素层次不可能是图 4–2 所呈现的规则锥状体，而应该是一个各边长（能力）不等、五条棱为（能力演变提升）不同曲率曲线的不规则锥状体，即两个能力层次构成的五边形不规则且同一平面上的五个能力位置可变。主要表现在：通用能力和专业能力并不存在一一对应的关系，各能力要素之间也并无特定的位置关系；各个能力的张力半径不等，且动态渐变，导致通用及专业能力构成的两个五边形都不规则，没有等边规律；不同能力层次上的能力要素对机会的洞察及感知都需要不同的把控力，故两个不规则五边形与机会能力的连线为不同曲率可变的曲线，轴心线也不是通过两类能力层面重心和机会能力要素顶点的直线，而是连接上述三点的曲率可变的不规则曲线，据此可得大学生创业能力要素层次锥状模型（如图 4–3）。

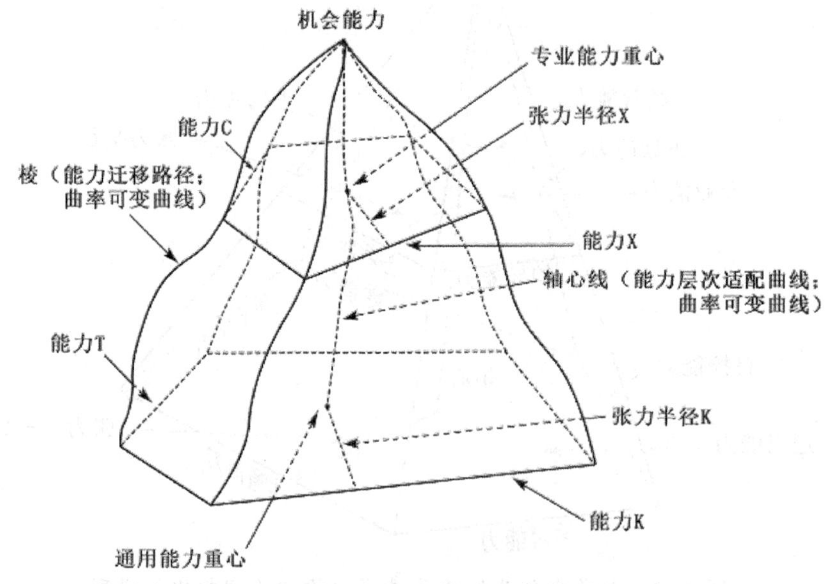

图 4–3　大学生创业能力要素层次锥状模型

（四）创业能力要素层次模型的讨论

1. 张力半径与锥状体体积的关系

锥状体的体积代表着某人创业能力的整体水平，体积越大意味着能力越强。在各能力要素演变的过程中，锥状体呈不规则渐变态势。但无论如何变化，锥状体的体积都是由锥状体的高度及每个能力要素的张力半径决定的。通常情况下，可以认为机会是客观存在的，是不以创业者能力变化而变化的。也就是说，从模型上看，无论锥状体的形态如何演变，锥状体的高度是固定的，其体积都是由各能力要素的张力半径决定的。即张力半径与锥状体的体积正相关。也就是说，无论是专业能力还是通用能力，任何一项能力要素的大小变化都直接正向影响整体创业能力。

2. 轴心线长度与锥状体高度的关系

锥状体高度是两个层次能力平面到机会能力的垂直距离，表示通用能力和专业能力与机会能力的完全匹配，现实社会中即便是能力素质再高、能力结构再完美的人也不可能达到三者之间的完全匹配。轴心线作为曲率可变的曲线，其长度通常都是大于锥状体高度的。而决定锥状体体积的除了张力半径以外只有锥状体高度了，并不取决于轴心线的长度。在锥状体体积和高度一定的前提下，轴心线越长说明对机会的把控能力越弱，即轴心线长度和锥状体高度的比值与锥状体的体积负相关。我们可以把锥状体的高度与轴心线的长度之比称作“创业整体能力的适配度”，轴心线越短比值越大，锥状体高度与轴心线长度的比值等于1时，说明各层次能力完全适配，这在现实中几乎是不存在的。同样地，我们可以把通用能力重心与专业能力重心两点间的直线与上述的两点间轴心线的部分长度的比值称作“通用能力与专业能力的适配度”；把专业能力重心与机会能力顶点间的直线与上述的两点间轴心线的部分长度的比值称作“专业能力与机会能力的适配度”。显然，适配度越高相对整体能力越强，反之亦然。

此外，专业能力层次的高低也对轴心线长度存在潜在影响，专业能力层次越高，离机会能力就越近，激发创业的可能就越大，创业成功的概率也越高。这也正是把机会能力定性为“引领性”能力的缘由所在。

3. 理想化模型直线棱长与实际模型曲率可变曲线棱长的关系

“棱长”可以理解为下级层次能力要素向上级能力要素迁移的路径，通常情况下实际模型曲率可变曲线是某类能力或某几类能力相互作用引发的能力迁移，为此，其曲率是多变的。也就是说，实际模型的侧棱是一条极不规则的曲线。我们可以把理想化模型直线棱长与实际模型曲率可变曲线棱长之比称作“能力迁移效度”，显然，实际模型曲率可变曲线棱长越短，能力迁移效度越高。当且仅当整段侧棱的曲率等于零时，两类棱长相等，能力迁移效度等于1，即能力迁移效度最佳，但现实中是不存在的。

（五）基于创业能力要素层次模型的大学生创业能力提升路径

根据大学生创业能力要素模型的要素构成以及演变逻辑，大学生创业能力提升可以通过以下路径来实现。

1. 优化创新创业教育课程体系，奠定坚实的创业通用能力基础

通用能力是大学生创业能力要素层次的基础，每项通用能力的张力半径都在很大程度上影响着大学生创业能力的整体表现。为此，首先要将创新创业教育切实融入专业教育课程体系。对课程结构进行优化整合，让大学生具备宽泛的人文素养和创新意识，对专业课教师本身及其教学提出明确的创新素养要求，将专业领域中的前沿创新成果和产业发展前景作为重要教学内容，并以翻转课堂、案例教学等形式，启发引领大学生的创新创业意识，有效提升大学生创造性运用所学知识分析问题和解决问题的能力。其次是要构建与产业链、创新链对接的创业类课程体系。优化创业课程设置，系统建设创业专项课程，形成以精品课程为引领，第二课堂课程为实践驱动的双学分制，满足不同大学生对创业知识及创业教育形态的诉求。按照国家对深化高等教育改革、把创新创业教育课程作为全体学生相关必修课及选修课的要求，强化创新创业素质普及教育，为那些明确有志于

创新创业的优秀大学生提供有针对性的创业专项教育。第三是要构建内容丰富的课外创新创业教育体系。将创新创业竞赛纳入实践教学体系，定期组织校内创新创业竞赛，积极参与国家和省举办的创新创业大赛，以大赛促进创新创业能力成长。积极组建创新创业类学生社团，培育创新意识、宣扬创业精神，以丰富的创新创业教育内容及教学模态奠定坚实的创业通用能力基础。

2. 打造创新创业能力培训平台，综合培养创业专业能力

任何一项能力张力半径的大小，都将从整体上影响锥状体的体积。也就是说，创业能力不能有“短板”，若出现“短板”，其他能力即便是很强，也可能因“短板”的存在而导致创业失败。创业专业能力并不是所有大学生都容易具备的，但对于创业者来说又是必须具备的。为此，创业专业能力培养也就成为了创新创业教育的重点、难点和关键。一是要打造创新创业综合能力培训平台。协同行业企业建设创业教育中心、创新创业学院等专门平台，遴选有创业意愿的优秀大学生进行实体化的教育培训，系统设计课程模块，规定明确的学制与学时，实体化的教育培训的学分与专业学分互换互认。二是要打造创新创业技能专项培训平台。通过制度化的 SYB 培训、定期化的专题访谈与讲座等形式，使每一位有创业意愿的大学生都能够获得创业知识和创业能力培训的机会。建立常态化、体系化专项培训机制，让大学生获得更科学、更系统的创业训练。三是要打造创业模拟实训平台。创业教育要求更多的实践磨砺，通过建设“创业模拟实训室”“企业沙盘对抗模拟中心”“网络创业实验室”等实训平台，使创业培训更加贴近公司化、市场化运营实操。

3. 打造校本创业孵化载体，着力提升专业能力层次

整体创业能力的提升不仅需要针对某个层面的能力提升，专业能力层次直接影响着创业者创业潜能的发挥，要特别注重专业能力层次的提升。首先要建设创新创业训练载体。依托国家级创新创业训练计划，制定校本项目遴选与管理标准，增设校级项目并制定与之配套的训练方法和管理办法。探索构建开放型工程训练体系，以实施“转型发展”为突破口，鼓励和支持大学生尽早参与科学研究、

项目开发和创业实践，着力提高大学生科研素质和创业精神。其次要建设项目实验载体。建设校内大学生创业项目实验与孵化载体，让大学生在走进社会之前有更多的创业实践机会，从而降低大学生自主创业的机会成本和风险成本。对入驻实验与孵化载体的项目，按照“成熟一个入驻一个”的遴选原则，重点遴选产品开发型和专业服务型项目，引导大学生提升创业层次。第三要建设创业企业孵化载体。对在实验载体中表现出团队架构好、运行态势好、市场前景好的项目，帮助其入驻校外的创业企业孵化器，使之获得更大平台的孵化扶持。同时，结合学科专业和科研项目的特点，积极促进教师和大学生的科研成果转化为创业孵化载体中的运营项目。制定契合校情的休学、转专业等政策措施，为投入创新创业活动的大学生提供有效的“学业＋创业”制度保障。

4. 推进多主体协同，提升机会识别与掌控能力

一般情况下，通用能力或专业能力要素的某一项较弱，创业者仍有创业成功的可能，但机会识别和把控能力是唯一的，也就是说，位于最高层次的机会能力不可或缺。必须从机会搜寻、识别、把握等方面切实提升。首先要拓展高校与企业的合作空间。开展企业界人士与大学生创业项目对接会，深入指导大学生发现和把控项目市场化运作的机会。依托科技联合体、就业工作站、就业创业见习基地等，将大学生的创新创业成果与企业的技术改造、产品研发对接，进行项目化运行。其次要开展高校与政府的协同合作。明晰各主体在大学生“政产学研用”整个培养过程中的主体责任和价值诉求，寻求协同过程中“责、权、利”等关系的高度契合，共同为大学生创业创造机会。要审慎评估大学生创业者相对于有一定社会阅历人员在经验阅历、社会人脉、资金条件、行业背景等方面的不足，有效利用大学生在创新意识与敏锐性、新兴工具的学习与使用、科技素养和专业知识等方面的天然优势，推进多主体协同，更加科学地助推大学生识别和把握创业机会，在政策制定和资源统筹方面向大学生倾斜。第三是拓展高校与其他社会组织的协同合作。发挥行业协会资源优势，为大学生提供创业项目推荐、创业行业知识培训、技术咨询和市场指导等服务。与地方行业协会、商会等组织联合举办大学生科技创新、创业成果推介会，让企业更多地了解大学生的创新成果及创业形态与市场走势的适

应性，让大学生能够选择和把控更合适的创业机会及运营方式。

本章小结

本章系统揭示了转型发展高校创新创业教育中存在的问题，在厘清问题成因的基础上，论述了如何用社会主义核心价值观引领大学生创新创业、如何在创新创业教育中强化培养协同合作意识；提出了大学生创业素质模型建构及其培养路径、大学生创业能力结构模型建构及其特色优势、大学生创业能力要素层次模型建构及其改进优化等模型建构方法，并对不同模型的特色优势进行了简要分析，为全面提升大学生创新创业教育质量提供了有效的方法和路径。

第五章　转型发展高校创新创业教育教学改革与教学建设

教学改革和教学建设是高等学校寻求发展的永恒主题。一方面，高校要转型发展就不能沿袭追求办“研究型”大学的教学模式方法，而应以培养应用创新能力为目标导向，建构更能促进学生知识运用能力成长的教学方法；另一方面，创新创业教育同样需要进行教学改革与教学建设，既不能满足于课堂教学的成功，也不能停滞于理论教学的优化，而是要把教学重点转向学生创新意识的培养和创业能力的提升。两者需求的叠加使得转型发展高校创新创业教育教学改革与教学建设的重要性愈加凸显。

一、转型发展高校信息化资源建设与教学形态演变

信息技术具有跨越学科边界和事物种属的力量，随着信息技术的快速发展，对高等教育的影响日益深入，不但影响到大学的组织结构和文化变革，而且正在影响着人才培养、科学研究、社会服务和文化传承与创新等大学功能的各个方面。其深刻性和复杂性已经使得高等教育与人类社会的国际化、民主化、知识产权以及人力资本市场配置等一系列问题相互交错在一起，并逐渐走向深度融合，对高等教育发展产生革命性影响。转型发展高校建设适应信息化发展需要的教育资源显得十分必要和紧迫。近年来，一些学者对高等教育信息化资源建设开展了广泛而深入的研究，从技术、理论、机制等诸多视角研究了信息化教育对传统学习环境的解构与重建问题[①]，利用云计算

① 张迎丰，孙云梅 . 信息化教育对传统学习环境的解构与重建 [J]. 高教探索，2013(5)：98-101.

与大数据建构了高等教育质量指数[①]。有学者认为在学习方式的变革中提高大学教学质量和办学水平是高等教育信息化的攻坚战[②]。上述成果的学术观点和研究结论对转型发展高校信息化无疑具有积极的实践引领价值。在厘清国家高等教育信息化宏观政策导向的基础上，对信息化教育资源建设技术规范及模式特征、高等教育教学形态的演变、信息化资源建设与运用过程中应注意的问题等作进一步探讨，为转型发展高校信息化资源建设提供依据，并很好地适应和服务于教学形态的演变。

（一）国家宏观政策导向

为了推进信息技术与高等教育深度融合，《国家中长期教育改革和发展规划纲要（2010—2020年）》强调指出："信息技术对教育发展具有革命性影响，必须予以高度重视"。为了贯彻落实《纲要》关于高等教育信息化建设的总体要求，以教育信息化推进教育思想、教育理念、教学方法和教学手段全方位创新，加速推进高等教育现代化，教育部专门颁发了《教育信息化十年发展规划（2011—2020年）》。《规划》明确提出了以下4个方面任务：（1）进一步加强信息化基础设施和资源建设，构建先进、高效且实用的信息化基础设施，重点推进高等教育与信息技术深度融合；（2）利用先进的网络和信息技术开发、整合、优化各类教育教学信息资源，建立图书文献、精品课程、教学实验平台等信息资源共建共享机制；（3）大力推动教师信息化教育技术开发及应用能力提升，拓宽信息化运用层面，全面推进教育内容、教学手段和教学方法现代化；（4）创新教学科研及社会服务组织模式，推动文化传承与创新，促进高等教育质量全面提高。2011年8月18日，教育部科技司专门举办了"数字化教育资源建设与共享"座谈会，杜占元副部长与会并强调"数字化教育资源建设和共享是科学推进教育信

① 赵伶俐．基于云计算与大数据的高等教育质量指数建构[J].复旦教育论坛，2013,11(6)：52-57.

② 桑新民，谢阳斌．在学习方式的变革中提高大学教学质量和办学水平——高等教育信息化的攻坚战[J].高等教育研究，2012(5)：64-69.

息化加速发展的基础工程和关键环节，非常重要也非常紧迫”①，高等教育信息化已经成为国家信息化发展战略的重要组成部分。

（二）技术规范、模式及特征

1. 技术规范

信息化教育资源建设是实现高等教育信息化的重要前提，只有建设优质的信息化教育资源，才能更好地服务于教育教学工作。由于不同高校、不同专业，甚至是不同高校的相同专业之间的课程体系和教学内容存在较大差异，因而，信息化教育资源的类型也呈多样化态势。按照教育部教育信息化技术标准委员会发布的《教育资源建设技术规范》的有关规定，教育资源建设包括教育资源基本素材、网络课程库、教育资源库管理系统和通用远程教学系统支持平台等主要内容。教育资源建设技术规范基本结构见图 5-1。

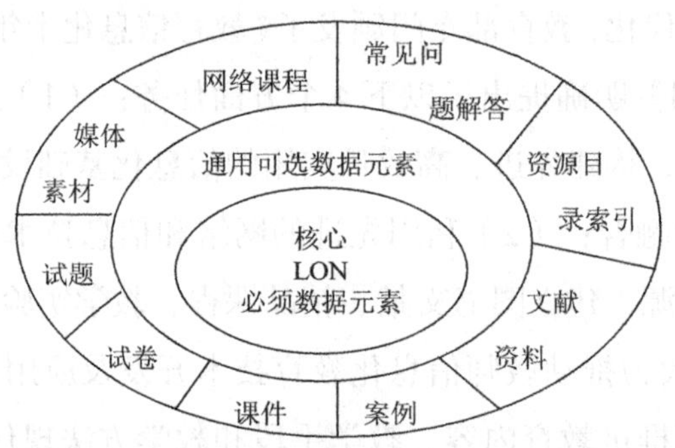

图 5-1　教育资源建设技术规范基本结构

2. 主要模式

由于中国高校学科专业涵盖及发展水平存在较大差异，对信息化资源的需求不同，因此信息化资源建设模式及路径自然不同。概括起来有以下几种主要模式：

---

① 杜占元 . 数字化教育资源建设与共享座谈会上的讲话 [EB/OL].[2014-04-20]http://www.gov.cn/gzdt/2011-08/18/content_1928234.htm.

（1）自主开发

为了更好地满足高校自身信息化教育教学的需求，集中本校各学科优秀教师组成信息资源建设团队，自主开发满足本校教育教学需求的信息资源，并在已有的优质数字教育资源基础上重新优化整合。该模式的优点是自身特色鲜明且成本较低，缺点是信息量不足，仅能达到暂时的“自给自足”。

（2）共建共享

为了体现合作共赢的时代发展理念，由多所高校及其他社会组织协同互助共同完成信息资源平台建设，共同享有信息资源平台的使用权利及维护义务。该模式的优点是可以整合多方真正具有信息资源建设能力的高水平人员共同建设信息资源平台，在很大程度上提升信息资源建设质量，避免重复建设同类资源造成的资金浪费，缺点是在运行维护过程中容易相互推诿或不作为，导致信息更新不及时。

（3）直接获取

为了绕过高校自身信息资源建设专业人才缺乏及建设周期长等问题，节约时间加速信息资源平台建设，通过直接购买或租赁已经成功开发使用的信息资源，抑或是下载网络上的可用信息，直接为教育教学服务。该模式的优点是信息资源容易获取，平台建设速度快，缺点是缺乏自身特色，适用性较低。

（4）公共资源利用

进入21世纪以来，教育部加大了信息化教育资源建设力度，实施了“国家精品开放课程”重大资源建设工程。“十二五”期间，将重点建设1000门“精品视频公开课”和5000门“精品资源共享课”，成为中国的大型开放式优质网络课程公共资源。然而，这些优质网络课程并不能直接满足地方普通高校和一些民办高校学生的个性化学习需要。由于上述模式存在着难以回避的问题和缺欠，不能很好地满足使用者对信息资源质量越来越高的要求，必须根据信息化教育教学特点，着力创新信息资源建设模式，以实现高质量信息资源的无边界利用。

3. 基本特征

信息化教育资源具有如下基本特征：

（1）形式多样，适用不同终端访问

一方面，各种不同文本格式的教育资源可以充分满足学生个性化学习需求；另一方面，相同的信息资源可以通过动漫、音视频等不同文本格式来表现，为方便学生用不同类型的移动终端访问学习和泛在学习创造了极为便利的条件。

（2）高度浓缩，资源时长呈微型化

信息化教育资源没有那些冗长的赘述，信息高度浓缩呈微型化，资源时长一般只有几分钟甚至更短，在“微型学习”渐成趋势时代，微型化教学资源便于学生随时随地进行学习并迅速掌握某一知识点。

（3）内容新颖，紧跟学术研究前沿

内容新颖是信息化教育资源的一个显著特征，不但及时反映各学科领域学术研究前沿成果，而且融入了具有时代文化特征的生活元素。资源内容持续更新，及时剔除陈旧的“垃圾”知识，保证了资源内容的“优质性”。

（4）内容丰富，可全方位资源共享

信息化教育资源将会以丰富而全面的海量信息满足所有人的需求，这种“满足”“所有人”，不是一个专业或一所高校“所有人”的“满足”，而是不同高校各学科、各专业资源的全方位共享。信息技术正在从院校管理转向教师和学生的日常应用。

（三）教育形态的演变

教育资源信息化必然引发教育形态产生深刻变革，这种变革甚至不需要人为的强制推动，而是信息化“势”作用下的应然现象。转型发展高校与其他普通高校一样，教育形态的演变主要表现在以下几个方面。

1. 教育方式——以学生为中心

传统的教育方式是教师对学生进行知识传输和人格外塑的过程，教师处于主体地位主导教学资源的选择。长期以来，教育界众多有识之士一直呼吁转变教育方式，确立学生在教育中的主体地位，这种观念虽然获得了广泛认同，但在教育教学实践中却始终未能真正得以体现。现代信息技术的发展创生了没有时空障碍的数据化学习环境，将师生间的交流与在线资源和云服务联系在一起，教师可以集中主要时间和精力针对每一个学生的学习兴趣和思维特征，对其学习内容和路径进行个性化优化设计，对学习过程进行实时评价和点拨，开展“以学生为中心”的个性化咨询服务。

2. 教学策略——适应性控制

信息化教育彻底改变了传统的以教材为蓝本的机械教学方式，利用超媒体和大数据技术在为学生提供丰富的多样化学习资源的同时，对每个学生的学习路径进行个性化适应控制，为自主学习和泛在学习奠定了坚实的环境基础。首先，利用云计算对学生的信息检索进行分析，将与检索关联度较弱的信息过滤掉，提供给学生的只有与检索信息紧密相关的信息，避免信息量过大导致阅读荷载过重。其次，根据过去的学习和评价记录，分析该学生当前最需要的学习内容及最佳学习路径，为学生提供学习内容及方法咨询。第三，当学生学习某部分知识时，系统在提供该部分知识的同时自动插入尚未学习（掌握）的相关前提知识，帮助学生“铺平垫稳”。第四，同样的学习内容对于不同的学生可能需要通过不同阐述方式，才能取得最佳的学习效果，系统可针对同一内容给出多种不同的阐述和视听方式，以适应学生思维和认知方式存在的多维差异。

3. 学习方式——自主性学习

利用信息化教学资源学生可以基于个性化的发展需求，随时随地通过与丰富的网络资源连接获取信息、自主学习，这种不依赖教师课堂讲授的“非正式学习”方式给学生带来了极大的方便和自主性。自主学习可以有效激发学生的主动性和积极性，是信息化教育必然引发的现代学习方式。信息化教育利用现代信息检索技术将知识进行列表对比，对多种类型数据进行统一处理，通过分析学生此次检索需求与之前的检索需求以及与其他学生相同检索需求之间的相关联系，对学生的检索需求做出综合判断和精准预测，实现对学生所需信息的有效集成，进而提供更能满足学生需求的检索结果，不但使学生的学习资源在生活中随处可见，解决问题也变得异常轻松。

4. 评价方式——以数据为驱动

传统的教育评价只是对课程学习结果进行评价，评价指向单一，对教师教的过程和学生学的过程缺乏指导性帮助。信息化教育评价以提升教学效果为出发点和终极目标，是监控教学过程、指导教学实施、修正学习方法和促进有效学习的重要手段，是与现代教育理念和教学模式相匹配的重要组成部分。在信息化教育环境下，教育评价融合了教育、教学和成长等诸要素，将每时每刻的教学实践活动过程和实现效果数值化，从总结性评价转化为形成性评价，即从“对学习结果的评价”转化为“促进学生成长的评价”，使教学过程的各个环节都在以数据为驱动的评价中得到及时反馈与修正。

5. 师生关系——高级合作伙伴

信息化教育实现了信息的多源性和易得性，超越了教师单向传道授业的传统教育模式，选取哪些教学内容已不再仅凭教师个人的主观臆断，学生可以根据自身个性化学习需要，通过教育资源平台自主选择所需信息，教师也不再是教学资源的掌控者和教学内容的设计者。学生对教师的依赖程度被大幅度削弱和淡化，从知识的被动接收者转变为由自己的意识和需求决定学习内容和时间的自主学习者。学生和教师可以通过不同设备，同时访问相同的教学资源并就感兴趣的问题展开互动，教师正在成为学生学习的引导者、促进者和高级合作伙伴。

（四）应注意的几个问题

为了在信息化资源建设进程中少走弯路，使信息技术在实现高等教育国际化和现代化中发挥更多的积极作用，为培养具有现代科学文化知识和国际视野的社会主义建设者和接班人，信息化教育资源建设过程中必须注意以下几个关键问题。

1. 体现质量优先原则

信息化资源建设是一项十分浩大而复杂的系统工程，几乎涉及所有学科领域，浩如烟海的知识信息梳理筛选起来需要投入大量的时间和精力。在重视资源建设信息规模的同时，切不可忽视资源信息的质量问题，必须将质量放在首位。现代教育技术中心、网络信息中心等部门应与教务处、研究生院等部门密切合作，在充分听取有关方面意见和建议的基础上，对信息资源建设的内容、文本形式、支持系统及访问路径等各个方面进行科学细致的规划设计，切实保证信息资源涵盖面广、严谨性高、适用性强。

2. 突出教学主体地位

目前，中国高校信息化资源建设仍然存在为管理者服务的倾向，真正应用于教学的信息资源相对不足，仅有的学习资源也很少注重体现问题情境，表现形态仍然是知识的罗列叙述，不利于激发学生主动探究问题的积极性，未能体现信息化资源建设的根本宗旨。信息资源建设必须改变以管理者需求为主导的倾向，突出教学的主体地位，充分考虑和尊重人才培养和科学研究的需要，充分考虑和尊重学生个性化学习特点，最大程度地为教育教学提供优质服务。

3. 完善管理服务机制

在信息化浪潮的推动下，中国高校信息资源建设的确有了较大进展。然而，在管理与服务方面却没能做到与时俱进，多数信息资源的题材、内容、形式长时间固定不变，忽视了信息资源的持续更新和共享平台的有效维护。高校不仅要建设好信息资源，而且要有效管理和维护好信息资源，为高等教育功能的有效发挥提供优质高效的服务。通常可以借鉴美国高校的信息化管理体制，建立责、权、利明晰的 CIO（首席信息官）制度（美国已有 50% 以上的高校推行了 CIO 制度），以 CIO 制度整合校内各类信息资源，全面提升信息资源建设质量、管理服务及使用维护水平。

4. 规范信息的准确性

随着信息技术的飞速发展和多元文化的交互融合，网络流行语和外来语的使用日益增多。一些网络流行语和翻译不准确、甚至未经翻译的外来语在媒体、出版物、甚至正式文件和某些严肃的学术期刊中的滥用，既干扰了汉语表意功能的正确发挥，又损害了汉语的纯洁性与和谐美，更消解了中华文化丰富精深的清醇内涵。对此，2014 年 4 月 11 日《人民日报》刊发了专题署名文章，强调“外来语滥用，不行”！[①] 在信息资源建设过程中，高校必须自觉遵守《中华人民共和国国家通用语言文字法》，加强语言文字规范管理，切不可为了猎奇而滥用未经国家语言文字委员会认定的流行语。提高外语翻译质量尤为重要，绝不能为了“洋气”而滥用外来语，外语教师应该自觉做好外来语的“保洁”工作，引领学生形成文化自觉意识和习惯。

5. 强化信息的安全性

随着信息资源使用范围的不断扩大，信息安全问题也受到越来越多、越来越大的挑战，掌握信息安全防范技术、强化信息安全管理非常必要。应设立高校信息安全评测中心和计算机病毒应急处理中心等专门组织，应对和强化信息资源的安全。一是要通过干扰处理、电磁屏蔽、数据校验、冗余和系统备份等方式对网络与信息系统的物理装备实施保护，保证网络硬件和存储媒体能够正常工作。二是要采取防火墙与物理隔离、风险分析与漏洞扫描、应急响应、病毒防治、访问控制、安全审计、入侵检测、源路由过滤、降级使用以及数据备份等措施对网络与信息系统的运行过程和运行状态实时监测，及时发现并消除不安全因素，保证信息系统正常运行。三是要建立加密、认证、非对称密钥、完整性验证、鉴别、数字签名和秘密共享等制度，使得信息在数据收集、处理、存储、检索、传输、交换、显示和扩散等一系列过程中依据授权使用，保证信息资源不被非法篡改或复制，防止因误操作而导致功能失效。四是要通过对恶意攻击或不确定信息进行过滤控制、形态解析、阻断替换、裁剪消除等措施，对信息在网络中的流动采取选择性阻断，保证有效信息的流通安全。

信息技术的快速发展对高等教育的组织结构和教学形态产生着革命性影响，高等教育信息化已经成为国家信息化发展战略的重要组成部分。建设与高等教育

① 董洪亮．外来语滥用，不行！[N]. 人民日报，2014-04-11(12).

国际化、信息化发展需要相适应的教育资源，是实现高等教育现代化的重要前提。实现信息技术与高等教育深度融合是提升高等教育质量的重要举措。转型发展高校要在充分肯定和利用已有的信息化资源建设成果的基础上，更应该深刻反思和清醒地审视信息化建设中存在的诸多问题与不足，明确认识信息化在高等教育国际化和现代化进程中的重要作用，科学建构能够统领全局的信息化资源建设顶层设计和基础架构，建设好、维护好、使用好既有个性化特色又能满足多元化需求的教育信息资源，科学把握信息化教育资源建设的技术规范、主要模式和基本特征，充分体现教学主体地位和质量优先原则，完善管理服务机制，在教学形态向个性化自主学习演变趋势下，保证信息的准确与安全是信息化教育资源建设的关键。

二、转型发展高校校企协同创新机制的构建与实践

转型发展是高等教育分类发展的应然之路，转型高校要办出与其他高校不同的特色，就必须更加紧密地依托校企协同占领应用型人才培养的新高地。校企协同创新是一个复杂的创新体系，不同于科研创新中的协同合作，也有别于技术改造或产品研发中的要素整合，其本质是现代管理学中的体制与机制创新问题。国外关于校企协同创新的机制研究始于 20 世纪 70 年代，已形成了诸多成功协同模式与机制。中国基于校企协同的研究始于 20 世纪 90 年代，特别是进入 21 世纪以来，多层面、多视角的研究成果大量涌现，分别就如何突破“政校企行”合作瓶颈，构建校企产学研用协同创新模式问题①、“斯坦福－硅谷”校企协同发展模式②、加强校企协同培养人才③、通过“项目承载”实现技术创新系统协同发展的应用型人才培养模式问题④⑤等问题进行了深入研究。本文基于转型高校

① 翟志华．如何突破“政校企行”合作瓶颈 [J]. 中国高校科技，2011(11)：48-49.

② 董美玲．“斯坦福—硅谷”高校企业协同发展模式研究 [J]. 科技管理研究，2011(18)：64-68.

③ 刘剑．校企深度融合模式创新的探索 [J]. 现代教育管理，2013(5)：41-44.

④ 余有贵．“校企协同项目承载”的应用型人才培养模式 [J]. 实验室研究与探索，2012，31(8)：111-112，210.

⑤ 胡振亚，郑淳天，张瑞．校企合作技术创新系统协同发展分析 [J]. 东北大学学报（社会科学版），2012,14(6):482-486.

层面从政策激励与风险保障、价值认同与原则规范、高校内部鼓励协同创新的政策机制等几个方面，对校企协同创新的机制构建加以探讨，并就辽宁科技大学的校企协同创新实践作概括性总结。

（一）校企协同创新机制的构建

1. 政策激励与风险保障

尽管20世纪末以来，关于校企协同的模式与机制研究逐渐热络，然而，受以自我为中心传统思维定式和行为方式影响，就现阶段而言，校企协同的内生原动力仍然没有充分迸发出来。如果说高校的协同意愿尚属主动积极的话，企业的冷漠和不作为仍然相当普遍，形成了校“热”企“冷”的不对称现象。究其原因并非中国企业没有协同创新的客观需求和内生动力，而是受领导班子任期制及逐利意识的影响，使企业的决策层和管理层产生了短期行为意识，导致企业参与协同创新的积极性不高。要有效消除校企协同创新中存在的风险顾虑，激发企业从自身长远发展对科技创新的需求意识和持久动力，单靠市场配置是不可能实现的。市场本身的作用仅在于通过提升竞争优势，争取利益实现来诱导不同主体开展协作，并不能创造有利于协同创新的外部环境，更不能激发不同主体间产生持续的内生协同动力。要高度重视校企协同创新内生动力不足问题，构建起由政府主导的、能够有效助推校企协同创新的政策激励机制和风险保障机制。

（1）完善政策法规

制定并完善税收、财政和金融政策，引导并推动校企以市场需求为导向，以实现科技创新为目标，以满足国家创新驱动发展需求和服务社会为根本目的，开展主体多元、形式多样、内容广泛的协同创新。通过落实财税优惠政策、无息金融信贷、加大配套投入、设立专项基金及奖励创新成果等，从政策源头上构建起以高校及科研院所为源头，以行业企业为主体和依托的协同创新机制。

（2）构建倒逼机制

导致企“冷”的主要原因之一是维持当前产品结构生产经营态势下，现有技术、智力资源和人力资本的“够用”，短视行为意识使得企业管理者“无暇”

顾及未来及长远。国家和地方应制定推动创新的产业政策，主导企业优化产业结构，改造提升传统产业，加快向高新技术产业和现代服务业转型升级，促进行业产业向集群创新发展。当企业生产经营与现有技术资本和人力资本平衡被打破，显现出危机与需求时，就会通过倒逼机制激发出与高校主动协同创新的内生动力。

（3）搭建协同平台

要充分发挥校企两个积极性，只有宏观政策推动是不够的，还要重点培育、整合各类智力、技术及资源要素市场，发挥多元主体的合力作用。通过一系列配套措施，引发体制机制创新，促进校企构建协同创新战略联盟，实现深度合作、资源共享。积极引导科技服务中介、投资评估咨询、职业培训认证、科技信息中心等机构，为校企协同搭建项目对接、成果转化、技术推广、资本运营、法律咨询等方面的综合咨询服务平台，形成以政府为主导、社会化服务机构为主体的协同创新机制。

（4）设立风险基金

事实上，并非所有校企协同行为都具有显效性，无论是人才培养效应的滞后性、科技创新或成果转化前景的不确定性，还是项目投资的风险性，都可能导致企业畏缩不前。必须加快建设以国家财政支持为主导的风险投资体系，为校企协同创新设立风险基金，以消除校企协同创新过程中的后顾之忧，缓解由于风险评估导致的银行贷款不足。校企协同创新风险基金要实行严格的监管，建立有效的监管机制和使用规则，通过对协同风险源及耗损度的综合评估，明确校企间的成本分担、风险分担以及利益分配机制，实现自愿、双赢。

2. 寻求校企间的价值认同

高校与企业是两类异质资源系统，高校的优势要素在于学术环境和智力资源、科研条件和基础研究、学科知识与技术信息、科研团队及研究方法；企业的优势要素在于行业资源与生产试验设备、技术应用与产品的快速商业化、市场准入及融资渠道、市场信息及营销经验。校企协同是学术界与产业界的协同，校企作为不同的利益主体，有着各自不同的价值追求和行为准则，在协同过程中的目标定位、实施策略及评价标准等必然存在差异，企业通常具有明显的逐利趋向，高校则受科研及人才培养驱动。价值取向及目标定位的不同制约着协同的模式、范围、深度及实效。要实现两类异质资源系统的有效协同，既属于组织管理学中的体制机制问题，更要在国家创新体系建设中寻找最佳契合点。

高校的研究型文化与企业的应用型文化非但不是相互排斥，而且是连联结共通的，这种共通的文化价值决定了两者核心诉求的一致性——实现中华民族伟大复兴的中国梦！校企协同创新是在全面建成小康社会的宏观目标下，校企为了实现各自的核心诉求和发展预期，基于价值认同而协同共生的应然现象。要在社会主义市场经济宏观背景下，以发展需求为基点，从优势资源互补的向度加强引导强化认同，激发校企协同内生动力的产生。

现代大学的社会服务职能决定了高校必须与社会（企业）有更多的联系，只有与社会（企业）建立了广泛联系，才能把握产业需求的发展方向，才能找准学科交叉融合的内生基点，提高科研创造能力和创新水平，提升科研成果的经济效益和社会效益。通过提振创新精神，拓展教学科研实践空间，提升人才培养质量和创新创业质量，为实现内涵发展和特色发展赢得更大空间，在国家创新体系和创新实践中发挥更大作用。企业要在激烈的市场竞争中赢得主动，顺利实现转型升级，成为国家创新体系的主体，仅仅依靠自身的创新能力是远远不够的，还必须借助外部智力资源的助推才能实现。校企协同能够助推企业实现产业结构调整、技术改造创新、产品换代升级、产生要素优化和经济效益提升等重大发展目标。

3. 自觉遵守协同原则

在校企协同创新机制尚待完善的情况下，必须承认并正视协同的脆弱性，协同各方要充分考虑他方的利益诉求和发展诉求，一切从协同大局出发，求同存异，勇于放弃眼前利益和牺牲局部利益，自觉遵守如下协同原则，建立起校企协同长效机制，实现校企协同持续深入发展。

（1）互补共享

高校和企业是两个异质同构资源系统，高校的优质资源是智力资源和科研创新平台，缺乏的是研发资金和成果中试条件以及人才培养实习实训场所；企业的优势在于成熟的技术应用（成果转化）生产线和快速的商品化信息及能力，而高端智力资源和系统的研发平台却略显不足。不同的资源优势和发展需求，使得两类异质资源系统具有很强的互补需求。在政府主导和市场配置协调作用下，促使校企间的资源要素统筹配置、合理流动，实现优质资源互补共享，达到社会资源利用的最优化水平。

（2）互惠共赢

校企协同创新的根本目的是整合校企间的智力资源和科研要素，以学科交叉融合及项目牵动为依托，实现知识、技术创新，加快科研成果的集成与转化，共建人才培养实践创新基地，促进“政产学研用”紧密结合，推动校企共同发展。在校企协同创新过程中，任何一方都不能将他方作为自己利用的对象，付出与回报不对等不符合社会主义初级阶段的利益分配原则。校企协同创新必须坚持遵守“互利互惠、合作共赢”原则，以互惠共生的制度机制、和谐共生的运行机制，充分调动校企双方的积极性，实现各协同主体的互惠共赢。

（3）整体优化

整体优化是互补共享和互惠共赢的深化和升华，通过整体优化可以使得各协同主体的资源要素形成最佳契合，使各协同主体的资源优势形成更优质的运行系统。系统整体的运行效果会远远超越协同各方的独自运行效果，显现出“1+1>2”的协同特征。高校可以依托企业的优势促进学科专业的交叉融合，提升学科建设和专业教学水平，提高人才培养质量和社会服务水平；企业可以借助高校的智力资源，提升项目设计和新产品研发水平，加速新技术应用和产品结构升级，赢得行业竞争及国际竞争的主动。整体优化需要协同的某一方甚至是各方具有暂时牺牲局部利益的担当精神。

（4）主动服务

协同的出发点和归宿点不能只希望从协同过程中获取什么那么狭隘，而应该通过协同平台主动地为他方、为社会多做些什么。主动服务是一种超越协同规则是甚至超出协同主体范围的奉献行为，是一种只考虑他方或公众需求而甘愿付出的更高境界。特别是高校要充分发挥自身的智力资源优势，竭诚为企业和社会解决生产实际中存在的技术问题，提高社会生产力总体水平，积极引领社会的变革与发展，在知识创新、技术创新、文化创新和服务社会中做出贡献。只有赢得社会的广泛认同才能有更多的企业参与协同。

（5）风险共担

任何一种组织方式或行为方式都不可避免地存在着这样或那样的风险隐患。校企协同中可能出现项目研发失败经济损失问题、因操作失当造成设备损坏问题、学生实习实训人身安全问题、对外交流合作被欺诈问题，以及不可抗力问题，等等。把损失完全让某一方承担显然有失公平，即便是主要责任方只要不是故意所为或不作为，就不应过度追责，而是应该风险共担。要建立健全一系列规章制度，明确协同中各自的责任和义务，增强各主体的责任意识、风险意识和主人翁意识，避免职责不清导致相互推诿、相互扯皮现象的发生。

（6）恪守承诺

无论如何细化都不可能把所有规定纳入校企协同条款，特别是政策因素、行业产业因素的变化更是难以预期，协同过程中必然存在很大的变数。因此，仅仅依靠有关协同规定约束各方行为是远远不够的。校企之间要发展深度战略协同，就必须在增强彼此文化认同和价值认同的前提下，以实现协同预期愿景为根本行为准则，无论情势如何变化都必须恪守承诺，坚持履行协同条款承诺的责任义务不动摇，只有恪守承诺才能建立起校企协同长效机制，建立起彼此高度信任的持久战略联盟。

4. 高校内部鼓励协同创新的政策机制

现代大学职能早已从单一的学术发展转向更注重学生能力素质培养和与行业企业的协同创新。大学本身和教师都已走出传统的学术发展模式，通过修订大学章程，从制度文化和精神文化上营造有利于协同创新的环境氛围，突破制约协同创新的管理机制障碍，倡导协同创新精神，通过高校内部的体制机制创新，充分释放智力资源、技术资源、信息资源及人力资源等方面活力，将直接为企业发展和地方经济发展服务融入人才培养的全过程。

（1）明确目标，强化考核

根据高校自身的学科专业优势，明确协同创新的行业企业及目标方向，把协同创新目标纳入学校的顶层设计及整体发展规划，使之成为刚性（而不是随机作为）发展目标，成为全体教职工的工作业绩考核要求。构建激励与约束并行的校企协同创新考核评价体系，把协同创新目标完成情况作为工作绩效考核的刚性指标加以明确，形成以协同创新目标实现和产生的实际经济社会效益为导向的工作绩效考核评价机制。

（2）优化配置，重点扶持

优化校内资源及可共享资源配置方式，集中优质资源和紧缺资源，形成有利于协同创新的基础条件，重点扶持优势学科和特色项目，发挥优势学科和特色项目的引领及汇聚作用，通过优势学科和特色项目协同创新成果展示产生示范效应。在加大经费投入力度和外援引入力度的同时，从重点扶持的协同创新项目收益中提取（事实上也是一种回馈）一定比例资金，作为学校整体协同创新资助基金，使资源配置形成良性循环。

（3）配套政策，鼓励创新

制定校企协同创新专项管理与激励措施，给予开展校企协同创新的教学及科研人员以更多的政策和资金扶持。在工作绩效考核、职务晋升、职称晋级及荣誉授予等方面，把人才培养、科研创新、技术成果转化等协同水平作为重要评价指标和必要完成指标。大力推动学校内部人事分配制度改革，完善绩效津贴分配机制，鼓励并支持教科研人员以各种方式积极参与协同创新和社会服务，不但要将参与协同创新和社会服务计入工作量给予绩效津贴，以此激励群体参与协同创新，还要设立校企协同创新标杆专项奖，鼓励协同创新拔尖人才发挥示范引领作用。

（4）协调整合，形成特色

加速科研、教学组织结构及运行方式的改革，创新科研和教学组织建设模式，通过协调整合，推动学科交叉重组、院系专业交错设置、团队梯次建设、项目协同攻关、资源交互利用和成果收益共享。不断创新协同创新机制和路径，不断发现并解决协同创新中出现的新情况、新问题，不断培育并延伸人才培养及社会服务特色，形成与行业和区域经济社会发展深度融合、可持续创新的教学科研动态组织结构。

（二）校企协同创新的实践探索

校企协同创新的形式和路径可以不拘一格，但不管什么样的形式和路径都不再是简单的安排实习或实训，而是要以项目研发为依托，构建起紧密型、常态化的校企联盟，强化校企的合力运作，全面提升人才培养质量和项目研发水平[①]。辽宁科技大学通过多年坚持不懈的实践探索，与包括多家大中型企业在内的企业（集团）建立了多元主体参与、多种形态并存的校企协同联盟，为实现现代大学职能，推动区域（企业）经济社会发展奠定了坚实的机制基础和实践基础。

1. 做好顶层设计明确服务面向

辽宁科技大学作为一所经历60余年历史积淀的省属多科性高校，始终坚持既为区域经济发展服务，又为冶金行业服务，面向国家和地方经济发展需要，为振兴东北老工业基地提供人才保障和智力支持；坚持并弘扬立足冶金、校企合作、注重实践和强调应用的办学特色，积极致力于推进应用创新型工程人才培养的改革创新，通过校企协同不断强化学生创新精神和实践能力培养，培养出了大批具有创新精神的应用型、复合型高素质专门人才，其中的拔尖创新人才已经成为业界的领军人物和中坚力量。2011年，学校被教育部列入“卓越工程师教育培养计划”试点学校，在进一步探索工程教育改革创新，深化校企协同创新和人才培养方面做了大量的积极尝试，在校企联合办学推进应用型人才培养机制、校企合作产学研结合创新型人才培养模式、深化工程教育改革探索校企合作办学模式的研究与实践等项目的研究与实施中，取得了丰硕的理论创新成果和良好的实践应用效果，在学科建设和人才培养质量显著提升的同时，助推了协同企业的创新发展。2016年学校被确定为辽宁省“转型发展”试点高校，同时被推荐为国家“转型发展”试点高校，应用型人才培养的顶层设计和实践路径将更加明晰。

---

① 李建忠．对校企协同提高校外实习质量的路径研究[J]. 教育教学论坛，2013(25)：228-229.

2. 构建校企协同人才培养新模式

从人才培养计划的制订入手，通过协同制订培养计划、共建实习实训基地、共建项目研发中心、专业人员交流互动和学生顶岗实习（准就业）等途径，构建了以项目为依托的“全过程”校企协同培养创新创业人才新模式（见图 5–2）。

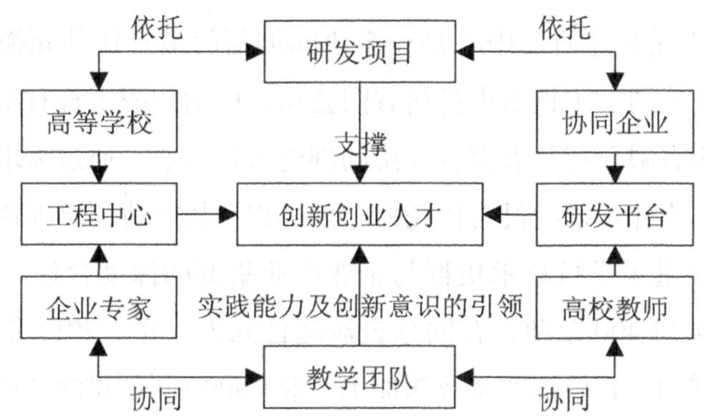

图 5–2　以项目为依托的校企协同培养创新创业人才模式

（1）协同制订培养计划

学校与大连华畅电子有限公司、鞍山市吉兆电子有限公司、沈阳华信教育科技有限公司等多家企业建立了定单式协同培养模式，根据企业的具体岗位需求和未来发展需要，确定相应的人才能力素质要求，协同制订培养计划，在“大课程”概念引领下，重构课程体系，优化教学内容。将上述企业的先进技术和生产需要的最新知识与学校的相应专业课程建设相结合，缩减统编教材中的“垃圾知识”，使课堂教学与企业生产的前沿技术紧密结合，实现了培养与应用的有效对接，缩短了学生从学校教育到企业生产的适应期。

（2）协同建立实训基地

学校与鞍钢集团、唐钢集团、大连奥镁有限公司、辽宁省镁质材料工程研究中心、首钢黑崎耐火材料有限公司、山东耐火材料有限公司等多家企业及其所属单位协同建立了旨在既可以接纳学生实习实训，又可以成为企业员工岗位技能（转岗）培训的虚拟生产仿真实训中心，建立了近 200 个稳定的实践教学基地，不仅满足了学校多个专业实习实训的需要，而且成为上述行业企业员工培训的主要基地。由于学校派驻了专业知识底蕴深厚的教师长期在基地指导服务，在完成学生实习实训指导工作的同时，也使企业员工的培训质量极大提升，有效调动了企业协同建基地的积极性。协同实训彻底改变了过去的“走马观花式”，学生在顶岗实训（准就业）中不仅明确了方向，而且找到了契合点。

（3）协同创建研发中心

以项目为依托共建研发中心是校企协同创新的最直接共赢模式。近年来，学校与鞍钢集团公司、本钢耐火材料有限公司、中冶焦耐工程有限公司、辽宁海诺建设机械集团有限公司等多家企业协同创建研发中心，通过需求联动和“产学研用”一体化，构建了以项目为依托的“全过程”校企协同培养创新创业人才新模式，有力地促进了学校技术集群与企业产业集群的深度合作。2009 年以来，校企协同合作项目 400 余项，合同总金额超亿元人民币。2011 年，与海城菱镁新材料产业集群和大石桥镁产品及深加工产业集群协同创建的“镁资源与镁质材料工程技术研究中心”，被认定为辽宁省首批对接产业集群协同创新基地工程技术研究中心；与辽宁聚龙金融设备股份有限公司共建的金融机具工程技术研究中心，作为辽宁省校企协同创新工程人才培养体制机制研究与实践试点项目，被批准为国家级工程技术研究中心。研究中心的创立实现了校企间专业人员的“无间隔”交流互动，取得了一批极具推广应用价值的科研成果，在共享专利成果向现实生产力转化的同时，将更多的生产技术向学生开放，有效提升了学生的工程实践能力和创新能力。

（4）协同组建教学实体

为深化校企协同人才培养机制，创新人才培养模式，在充分协商和论证的基础上与辽宁聚龙金融设备股份有限公司联合组建了国际金融与银行学院。成立了校企合作决策委员会和教学管理委员会对学院进行协同管理，共同选聘管理人员和教学团队。学院以面向金融行业具体岗位需求的人才培养为导向，采取“学校 + 企业”“理论 + 实践”的“特区式”管理模式，着力培养动手能力强、综合素质高、具有明确就业创业取向的应用型高级专门人才。针对课程设置、考试考核、成绩管理、实践教学等过程制定了“精核心、重应用、强实践”的培养计划，以“过程+结果”“知识＋能力”为考核指标，建立了办学、管理与评价互动、互融的“管、办、评”分离体系架构。依托辽宁聚龙金融设备股份有限公司的国家金融安全及系统装备工程技术研究中心的技术优势，学生可以直接参与金融行业项目开发，有效提高了学生的项目参与意识和创新创业能力。

经过多年的校企协同实践，学校在充分发挥人才优势帮助企业实现了管理能力和技术创新水平提升的同时，改变了教师实验室里搞科研的“空对空”现象，满足了教师到企业生产科研一线锻炼感受工程环境的需求，教师的教学能力、工程实践指导能力及科研创新能力明显提高；学生的应用性工程实践能力和创新能力显著增强，进一步强化并延伸了学校的应用型人才培养特色，使学校的学科建设水平和人才培养质量显著提升。随着转型发展的不断深化，辽宁科技大学应用型人才培养的优势与特色将更加凸显。

转型发展是高等教育分类发展的应然之路，转型高校要通过校企协同创新全面提高人才培养质量，加速科技、产业创新，推动创新型国家建设战略实施，需要从政策激励与风险保障等方面构建更加完善的校企协同创新机制，努力寻求校企间的价值认同，自觉遵守协同原则，不断创新高校内部鼓励协同创新的政策机制，重点扶持优势学科与企业协同创新。通过创新校企协同人才培养模式与机制，拓展科研创新平台，提高学科专业建设水平，使教师的专业素养和学生的创新创业能力全面提升。

三、校企协同培养创新创业人才的实践路径

校企协同是高校培养创新创业人才的一种新型人才培养模式，是促进高等教育改革创新，全面提高人才培养质量的重要举措，是以校企双方各为独立主体，基于各自或共同的目标需求指向所进行的信息、知识、资源及行为合作活动，以期实现功能优势互补和资源共享。校企协同为大学生的实习、实训等直接面向工程实践，了解产业（群）发展的最新态势提供了更多机会和途径，有利于创新意识的激发和创业精神的培养，同时，也为高校服务社会职能的有效发挥，促进科技成果转化提供了广阔的空间和平台。

校企协同培养创新创业人才的兴起受到了专家学者们的广泛关注。学者们就

校企合作人才培养模式①、强化校企合作提高人才培养质量②、校企协作人才培养模式实施效果评价等问题进行了深入的研究③。辽宁省教育厅组织开展了“校企协同创新工程人才培养体制机制研究与实践试点”工作，辽宁科技大学实施的“深化工程教育改革，探索校企合作办学模式的研究与实践”，作为辽宁省教育厅2012年度校企协同创新工程人才培养体制机制研究与实践试点项目，在校企协同基本理念，协同培养创新创业人才基本模式和实施途径探索上取得了广泛的共识。通过与鞍山钢铁集团公司、辽宁聚龙金融设备股份有限公司等多家企业开展校企合作，建立起了办学主体多元、办学形式多样，充满生机与活力的创新创业人才培养模式和运行机制，取得了良好的实践效果，促进了创新创业人才培养质量的全面提升。从分析创新人才的特质培养入手，对校企协同的内涵、方式和运行机制，产学研联合人才培养模式的构建等创新创业人才培养实践路径加以探讨。

（一）创新人才的特质培养

一般来说，高校培养出来的大学生基本都具备相应的知识能力和智力品质，那么，能否成长为创新创业人才关键在于是否具有创新创业人才的特质。尽管不同的创新创业人才应具有不同的品质特征，但无论哪一类创新创业人才都必须具有高度的社会责任感、敏锐独到的洞察力、科学严谨的思考力、负责果敢的判断力、自由超越的创造力、广泛浓厚的实践探索兴趣和坚忍不拔的抗挫力等意识品质。

创新创业人才的特质培养应该在其成长过程中的每一个阶段、每一个方面潜移默化地进行，一般应该从以下几个方面切入。

1. 关注个性发展

创新是对传统理念和旧有模式的创造性颠覆，必须有别（高）于群体思维和既有思维的独特思维品质，能否实现独特的个性发展，直接关系到创新创业人

① 蔡新良．校企合作人才培养模式的探索与思考 [J]. 教育与职业，2012(1)：72-74.

② 曹国永．着力强化校企合作 提高人才培养质量 [J]. 中国高等教育，2012(7)：7-9.

③ 吕广仁．校企协作人才培养模式实施效果评价研究 [J]. 经济研究导刊，2012(12)：116-117.

才培养质量的高低。要突破中国大学过于强调学生的共性培养、共性制约及共性评价的桎梏，调整统一制订的人才培养方案和课程设置计划，改变给予式的知识传授方法和千人一面的人才质量评价方式，以实践创新为主线，以能力培养为目标，用发现式教学法培养学生的发散思维和变异思维。

2. 培养团队意识

当代科学技术的发展出现了学科交叉、专业交叉以及文化多元共融的趋势，个人知识的有限性使得创新的难度越来越大，团队创新合作的优势特征越来越凸显，因此，培养学生的团队协同意识，对于创新创业人才的成长十分重要。要有意识地培养学生的团队意识和合作精神，通过走出校园开展校企协同，在与企业间的各种互动实践中，培养学生的自觉合作意识和包容他人心态。

3. 引领实践探索

科学发展的历史证明，一切创新过程无不与实践探索相联系，实践的过程就是一个创新的过程，创新只能以不同的实践形式来完成和体现，实践是创新的根本途径和动力源泉。由于经验的缺乏，大学生的实践难免陷于盲从与盲动，必须加强对大学生实践的引领，使之具有较强的专业性、学术性和探索性，通过实践探索培养和拓展学生的专业兴趣、磨炼意志品质、激发创新意识，造就创造性的人格特质。

4. 激发创新精神

可以说创新是所有人不懈追求的梦想，特别是那些具有一定专业素养的大学生，创新的“幽灵”无时无刻不在他们的潜意识中徘徊。然而，创新意识不等于创新实践，要把创新意识提升到创新实践层面，还需要坚忍不拔的创新精神，创新没有笔直的大道可走，只有那些敢于在崎岖的山路上攀登的人才有希望到达光辉的顶点。通过典型的成功案例，激发学生的勇于探索大胆创新精神，不贪功，不浮躁，不计名利得失，不受舆论困扰，甘于寂寞百折不挠，相信自己一定能够成功。

5. 启迪创新思维

创新是科学的实践，只有科学的实践才能实现创新。在创新创业人才培养过程中，要不断地启迪学生的创新思维，给予寻求创新着眼点和着力点的思想方法，使之逐步形成卓越的创新思维品质。创新思维可以说是一种“叛逆”思维，隐含于“奇谈怪论”之中，看似荒诞不经，却孕育着鲜活的思想生命，教育者和管理者必须有超越现实科学理论和文化观念的洞悉力，善于发现并悉心呵护那些稚嫩的新理念或新方法，使其免遭“权威”的棒杀。

（二）校企协同的实践路径

1. 校企协同的基本功能

单纯学校教育的弊端在于以学科划分的知识教育将问题的系统性联系割裂开来，而事物的本原是错综复杂的和相互联系的。仅就学科而言，知识是自成体系，但就解决实际问题而言，以学科划分的知识就显得支离破碎。校企协同可以为学生提供更多直接面向生产和科研实践的机会，充分发挥（科技型）企业重大项目开发或新产品研发在创新创业人才培养方面的功能作用，通过教学与科研实践有机结合，可以深入到实际社会生活中去，发现问题，整合知识，直接获取专业生产实际经验，培养科研实践能力和创新能力，从根本上改变过去以课堂传授知识为主的人才培养模式，有效提升创新创业人才培养质量。因此，必须运筹出能够调动双方各自积极性的双赢校企协同实践路径。

2. 校企协同的运行机制

（1）政府规划政策扶持

毋庸讳言，企业永远是以追求利润最大化为经营目标，通常意义下，企业在人才培养方面与高校的协同是得不偿失的。因而，即便是协同企业也常常会表现出被动和勉强的姿态，没有相应的政策扶持，校企协同就只能停留在初级层面，很难产生大的协同格局。而人才培养是全社会的责任，政府、企业及相关社会组织有责任积极介入，通过制定相关法律和政策，解决校企协同中“校热企冷”问题，引导企业与高校开展深层次的协同。如通过减免税收等政策，促进企业愿意接纳大学生的实习、实训活动；建立健全科研立项审批及拨款导向机制，重点优先资助校企合作项目，特别是有学生参与其中的科研项目，通过相应的政策扶持来保障校企协同培养创新创业人才的实施效果。

（2）严格管理信誉担保

在校企协同培养创新创业人才过程中，企业只是接纳学生的实习、实训是远远不够的，核心在于能够让学生直接参与企业的科研活动，以激发学生的创新意识，培养学生创新能力。如果学生直接参与企业的科研活动，企业会担心存在技术泄密或商业信息泄密问题，企业很可能以种种理由将学生排除在实质科研进程之外，导致创新能力培养流于形式。高校必须在实施严格规范的保密管理的同时，为学生承担信誉担保，以承担连带责任为代价，换取企业科研项目向学生的实质性开放。

（3）让利应用风险承担

要特别注重将学生的创新性研究成果在企业进行“中试”，以检验其创新成果能否真正转化为现实生产力和市场接受度。但大多数学生的创新性成果虽具有理论上的可行性，却依然脱离不了“稚嫩”的感觉，所以，一般企业并不愿意承担风险去应用这类成果。校企之间必须建立起彼此都能够接受的风险承担和利益共享机制，一方面，学生的成果无论为企业带来多大效益都不要求回报，作为对企业为其成果“中试”的报答；另一方面，如果学生的成果应用效果不佳，高校应该提供更优的校属专利成果让企业无偿使用作为补偿，以此来换取企业在创新创业人才培养中的积极性。

（4）评价导向激励协同

在调动企业培养创新创业人才积极性的同时，必须对高校教师参与协同的积极性加以调动和激励。改革和完善现有的教学管理制度和科研评价制度，在每个聘期内，规定专业教学人员参与实习实训、调研参访、横向科研等与企业协同互动的刚性指标，作为聘期内考核评价的重要内容。对于没有完成规定指标的提出诫勉并限期补充完成，取消其评优、晋级等资格；对于协同互动指标完成出色的人员，给予单项或综合奖励，激励教师在创新创业人才培养上与企业开展更多、更广泛的协同。同时，以更多、更直接的优惠政策吸引有丰富生产实践经验和超强科研能力的企业以及其他社会人士来校任教，改善并优化教师队伍结构。

3. 校企协同的方式内涵

校企协同的内涵十分广泛，载体形式也可以是灵活多样的，校企之间可以根据各自的需要和互利双赢原则，选取以下协同方式，并不断拓展和提升协同内涵。

（1）协同拟订教学内容

课程是实现人才知识增长和素质提升的媒介，决定着人才成长的走向，直接关系创新创业人才培养目标的实现与否。校企协同拟订课程设置，确定教学内容，有利于实现企业的先进技术与高校的相应课程建设相结合，将企业生产需要的最新知识融入课堂，减少统编教材中的“垃圾知识”，使课堂教学与企业生产对接，提高创新创业人才培养水平，缩短直至消除学校教育与企业生产的适应期。把企业项目（产品）研发的前沿趋势带进课堂，让学生萌生创新意识，激荡创新情感，培养创新精神。

（2）共建实习实训基地

过去高校总是到企业去找实习实训基地，企业得不到实惠不愿意接待也是情理之中的事情。通过校企协同的形式体现互利双赢共建实习实训基地，能够有效调动企业的积极性，让学生直接参与企业的研发活动，作为企业人力资源的一种有效补充。同时，学生可以将自己的创新成果（想法）直接在企业进行“中试”，培养和提高自身的创新能力。

（3）共建项目研发中心

共建项目研发中心是校企协同的最有效形式之一，是实现校企科技人才资源互补共享的最佳途径。如2011年辽宁省科技厅批准组建的辽宁科技大学“镁资源与镁质材料工程技术研究中心”，被辽宁省教育厅认定为全省首批对接产业集群协同创新基地工程技术研究中心，对接海城菱镁新材料产业集群和大石桥镁产品及深加工产业集群。在协同创新中，校企双方从以产品研发为载体的合作逐步向共建研发中心，开展菱镁新材料领域前沿研发发展，有力地促进了辽宁科技大学的技术集群与海城菱镁新材料产业集群和大石桥镁产品及深加工产业集群的深度合作，获得了一批极具应用价值的科研成果，为菱镁产业发展提供先进技术支持，同时，也为培养创新型专业人才提供了实习和实训基地。

（4）联合培养创新创业人才

要不断提高协同的层次和深度，切实提升培养创新创业人才的协同范围和协同质量。与企业联合制订人才培养规划、课程设置、实习实训、能力评价以及毕业设计等人才培养方案，协商择优选任授课教师，在企业设立现场教学课堂，实现真正意义上的校企联合培养创新创业人才。

（5）专业人员交流互访

高校具有人才密集、学科交叉、视界前沿和交流广泛的优势，但对企业生产实际中的技术应用、成果转化、工艺衔接以及产品研发等实际问题却缺乏了解。通过校企协同可以选派专业教师到企业了解行业企业发展态势和存在的问题，师生共同帮助企业研究解决生产实际急需解决的问题；同时，聘请企业中的优秀科研人员进课堂，将企业的最新科研成果及研发态势介绍给学生，引领学生直接进入专业前沿领域，提升学生的创新基点。

（6）共同研发专利共享

校企协同共同开展项目（产品）研发，不但可以整合集中校企优秀科研人才优势，还可以使更多的学生有更多的机会直接参与到项目（产品）研发过程中，有效激发学生的创新潜能；高校的专利与企业共享，可以极大地提高企业与高校协同培养人才的积极性，促使企业将更多、更尖端的研发技术向学生开放。同时，大学生在参与专利应用的后续服务过程中，能够进一步激发自身的创新意识，锻炼提高创新能力。

4. 协同培养的基本模式

（1）产学研结合开放教学

校企协同产学研结合人才培养模式具有显著的开放性特征，把人才培养放到教育、科技、经济和文化相结合的大系统中，从根本上改变了传统人才培养模式很少与企业或其他社会组织联系的封闭性教学模式，有利于吸收高校外部的人才、信息、物资和空间等优质资源，使人才培养系统中各要素的特质得以优化和提升，放大和增强系统的人才培养功能，促进创新创业人才快速成长。

（2）协同遴选注重实效

根据高校学科建设和专业发展的实际，选择那些能够直接与人才培养需求相对接，具有较强科研实力和创新能力，对协同有着强烈内在需求的企业作为协同对象。科学选择产学研研究领域和方向，瞄准那些既属于企业产品升级急需，又属于行业共性技术前沿，能够提升企业核心竞争力的课题作为产学研结合的载体。积极设立校企协同研发项目，增加学生参与产学研实践的时数和深度，同时，遴选出有较深学术理论功底，对行业前沿技术有积极建树的专家来校讲学和指导学生的科研实践。

（3）依托科技园拓展协同空间

大学科技园的创新创业人才培养功能是十分明显的。一方面，科技园本身就为学生提供了一个十分便利的创新实践场所，高校可利用科技园的研发优势为学生的创新实践活动提供指导；另一方面，高校可以通过科技园科研成果及研发优势吸引众多相关企业或科研机构共建产品研发基地，为学生开展创新实践和产业化项目研究搭建平台。同时，可以利用科技园的人脉资源，积极开辟国际化人才培养合作渠道，拓展创新创业人才的国际化视野。实践证明，以科技园为依托，促进教育、科研与生产实践相结合，发挥科技园的科技成果（研发）优势，促进科技成果转化，加强高校与企业界的紧密联系，不仅可以为创新创业人才培养提供理想的实践场所，还可以促进中国高新技术产业快速发展。

（4）建立联盟形成特色

在校企协同产学研结合培养创新创业人才过程中，要积极拓展协同层次和深度，选择那些具有积极的协同意识，协同实效高的企业建立更深层次的产学研联盟。把人才培养从高校一个主体变为校企两个主体，教学目标更加具有针对性、应用性和研发性。联盟可以实现校企间的高端人才在项目（产品）研发和创新创业人才培养中的协同效应，通过校企共建创新研发中心，促进学科集群与产业集群对接，在联合研发中推进创新创业人才培养。

（5）注重能力共同评价

树立以产学研参与实效为核心要素的人才质量评价观，建立高校、企业和社会共同评价的人才质量评价机制，评价重心由高校转向企业和社会。构建具有产学研结合培养创新创业人才特色的人才质量评价体系，评价方式更加多样化、多元化和特色化，从注重知识积累向强调能力形成转变，将创新意识激发、创新思维品质、创新能力素养和创新成果价值作为评价学生的重要标准。

校企协同培养创新创业人才，极大地改变了传统学校教育封闭式的人才培养方式，使学生更多地走出校门，走向社会，走向生产科研实践，在激发创新意识，培养创新思维，提升创新能力的同时，增强了学生对专业的理解力，拓展了学生的社会认知视阈，为创新创业创造了更多的选择机会。校企协同不仅为创新创业人才培养提供了理想的实践场所，为企业的项目（产品）研发，推动企业产业结构调整和产品换代升级，创造了人力和智力集成效应，还可以为促进中国高新技术产业快速发展增添动力。推动校企协同向深层次、多领域拓展，进一步提高创新创业人才培养质量，实现校企协同创新，应该成为当前和今后一个时期校企共同思考并努力作为的方向。

四、强化社会化教育对大学生创新创业能力形成的引领功能

大学生的创新创业能力素质直接关系到国家创新体系建设和以创新驱动发展战略的实施，加速并强化创新创业教育，全面提升人才培养质量，是高校服务国家经济社会发展需求的重大使命。现阶段人才供给质量不高的根本原因并不完全是知识教育不够，而是大学生的创新创业能力素质不高。自 2010 年教育部《关于大力推进高等学校创新创业教育和大学生自主创业工作的意见》印发以来，国家及有关部委采取了一系列政策措施，指导全国高校开展创新创业教育和实践活动，创新创业教育被作为专业教育的重要组成部分纳入人才培养的全过程。然而，长期以来尽管各方面扶持创新创业的力度不断加大，大学生创新创业取得的成效只能算作是差强人意，与国家及高校投入的财力和精力并不匹配，大学生创新创业成功率不高已成为社会普遍关切的问题。创新创业成功率不高的背后有着极其复杂的社会因素，但最主要的成因并不在于社会因素的影响，而是大学生的创新创

业能力不足。研究表明，社会化教育缺失是导致大学生创新创业能力不足的主要根源之一。社会化教育可以有效提升大学生的创新创业能力素质，重视并强化对大学生的社会化教育，是深化创新创业教育改革，有效提升人才供给质量的重要途径。

（一）社会化教育与创新创业能力形成的内在关联性

1. 社会化与社会化教育

社会化是个体在特定的社会文化背景下，受社会群体主流意识和行为方式的熏陶影响融入社会，同时又以自己的价值理念和人格特征去影响社会、改造社会，使个体由“自然人”转变为“社会人”的相互作用过程。社会化对于个体而言是走向现实社会、融入社会公共生活体系的起点，是一个必要的适应过程。在此过程中个体自身的人格特质等因素影响着其社会化的进程和维度，个体不仅可以有选择地将社会文化汲取内化重塑自身的人格品质，而且能够将内化了的社会文化再创造性地外化影响其他个体的社会化。对于社会而言则是建立社会规范、创造社会文化的需要，是一个约束和控制的建构过程。在此过程中社会总是以各种直接或间接的方式和途径作用于个体的身心发展，个体的行为方式总是自觉或不自觉地、甚至是不以自身的主观意志为转移地被社会环境所“强制”塑造。

社会化教育就其形式而言是相对于传统的封闭式学校教育而提出的一种新的开放式教育理念，就其内容而言主要是以特定的社会文化、价值观念、行为方式、道德规范及交际技巧等社会公共生活知识技能的学习和掌握为主。在社会化教育过程中全体社会成员不仅是教育的接受者，而且更是教育的提供者，实现了教育者与受教育者双重角色的统一。社会化教育就是通过不同的载体和方式使个体在特定的社会文化环境中，通过与社会的交互作用发展自己的社会性，成为既能够被社会接受又能够履行社会角色行为的社会人。没有个体的社会化就没有社会，任何一个个体都终将走向社会。社会化教育具有多元主体性，但无论哪类主体的社会化教育都不是一种机械的、固定模态的教育，而是一种开放式、嵌入式的教育，以“润物细无声”的“隐性”引领方式让个体找到自己的人生坐标，确定自己的角色定位，把握自己的发展方向，实现自己的价值目标。

2. 二者之间的内在关联性

社会化教育与创新创业能力形成二者之间存在着极为紧密的内在关联性。社会化教育主要包括社会文化（道德文化、行为文化）教育、社会意识（责任意识、公共意识）教育、社会规范（道德规范、行为规范）教育、法制意识（守法意识、维权意识）教育、风险意识（危机意识、防范意识）教育及生存意识（学会学习、学会处世）教育等维度指向。创新创业能力主要包括社会认知能力、知识应用能力、机会识别能力、科学决策能力、协调沟通能力及风险规避能力等维度指向。二者之间的内在关联性见图 5–3。

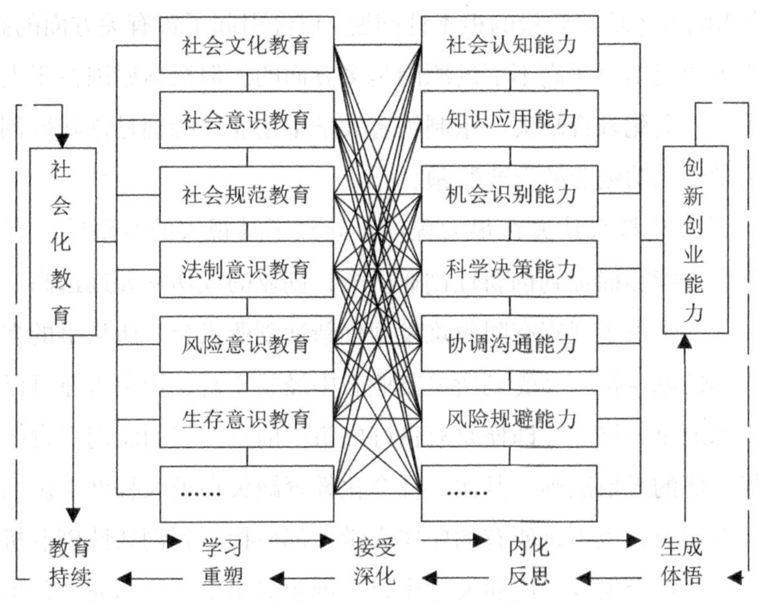

图 5–3　社会化教育与创新创业能力形成内在关联图

从图 5–3 可以看出，社会化教育与创新创业能力各维度之间不但存在着极为紧密的内在关联性，而且社会化教育对创新创业能力形成具有不可或缺的促进作用，而且随着创新创业能力的成长对社会化教育的理解也会更为深刻。正如南宋教育家朱熹对学习与做事所做的精辟论述：“然仕而学则所以资其仕者益深，学而仕则所以验其学者益广。”①

① 朱熹 . 四书章句集注 [M]. 北京 ：中华书局 ，2016：190.

（二）社会化教育缺失对创新创业的影响

社会化教育缺失对大学生能力素质、特别是创新创业能力的形成产生了极其消极的阻滞作用。据麦可思研究院发布的2009年至2016年各年度《中国大学生就业报告》的数据显示，2008年到2012年大学毕业生当年自主创业后在三年内的退出率分别为66.3%、70.4%、57.8%、52.5%、52.2%，始终在50%以上交错振荡，并没有形成明确稳定的下降趋势[①]。大学生自主创业退出率居高不下隐含着不容忽视的隐忧，预示着会有更多的大学毕业生正在或即将遭受创业失败的挫折，成为影响人才培养质量的根本性问题，已经引起了各有关方面的高度关切。大学生自主创业退出率居高不下的原因是多方面的，但根本原因在于大学生社会化教育缺失，社会化教育缺失严重制约着大学生创业，特别是创新性创业，已经成为阻滞大学生成功创业的重要瓶颈。

首先，社会化教育缺失在很大程度上导致了其视阈的有限性。有一定工作经验的大学生更能够捕捉到创新性创业机会，创业的成功率要远远高于应届大学生，而应届大学生由于视阈有限很难发现创新性创业机会，所从事的多半是复制性创业，复制性创业很容易受到所复制业态中经验丰富、资金雄厚且已有较大市场占有率前辈的重力挤压，即便是有良好的市场前景，然而弱肉强食既是自然法则也是市场经济的无情法则。其次，社会化教育缺失在很大程度上影响了其决策的正确性。客观上，也不是所有的应届大学生都捕捉不到创新性创业机会，复制性创业也不是必然会失败，应届大学生自主创业退出率高并非完全是项目本身的问题，还有时机与环境等问题。同样是捕捉到了创新性创业机会，由于对机会认知和把握的差异也可能产生截然不同的成败结果。也就是说，即便是一个非常有前途的创新性创业项目，如果没有及时开拓出一定份额的稳定市场，就会被别人抢占了先机；如果没有将其投放到一个适宜的生态环境中，也很有可能产生“南橘北枳”的问题。第三，社会化教育缺失在很大程度上降低了其资源的利用性。

---

① 麦可思研究院．中国大学生就业报告．[EB/OL].[2016-08-06].http://www.fsonline.com.cn/p/176960.html.

绝大多数创业者都认为资源不足是困扰其拓展创业空间的最大障碍，而事实并非如此，真正的障碍是他们对资源的认知和利用不够。在现实世界中资源的形态是多样的，从某种意义上讲，某些无形资源不但可以有效提升有形资源的使用效能，而且可以起到普通有形资源不能发挥的作用。应届大学生由于社会化教育缺失，目光只盯在自己的既有有形资源上，对自己既有的和可利用的无形资源（知识、文化、国家给予的特殊政策等）往往不能有效利用，甚至是无感①。第四，社会化教育缺失在很大程度上限制了其业态的灵活性。当今社会随时都在变化，人们对社会的认识也在逐步地深化，创业要取得成功就必须适时做出相应的调整，以适应这不断的他变和己变。而应届大学生由于社会化教育缺失，对社会认识的深化常常滞后于社会的变化，不懂得如何对业态及经营策略进行适时调整，即便是可以寻求到成功发展路径的项目，也可能因为其机械僵化的经营策略导致由创业初期的适应社会需求而转向远离社会需求。第五，社会化教育缺失在很大程度上增加了其风险的可能性。对信息的识别和解读决定着创新创业的方式、规模和发展路径的决策，社会认知能力是发现机会和解读信息的关键因素，而承载创新性创业机会信息的特征并不明确，由于应届大学生的社会化教育缺失，仅能以在校学习的知识获取显性信息，很难感悟到隐含在显性信息下的深层次的隐性信息要素，从而影响其对机会的识别和解读，也很难对所获取的信息属性进行系统梳理和深度辨析，加之对特定商业活动缺乏深入的认识和理解，不懂得与社会成员之间进行供需信息交换，难以发现和准确理解顾客的需求。在信息不全面、解读不准确、把控不灵活的“闭门造车”式创业运营过程中，对风险的预测、评估和规避能力都会非常有限②。

（三）社会化教育对创新创业的引领功能

社会化教育缺失是导致大学生创新创业成功率长期走低的重要根源，要提

① 周华丽，鲍威．大学生社会化发展及其影响因素的实证研究 [J]. 现代教育管理，2013(12)：87-91.

② 李红涛．大学生创新创业风险识别与保障体系研究 [J]. 产业与科技论坛，2016，15(7):204-205.

升大学生的创新创业成功率，提升高等教育人才培养质量，就必须有效提升大学生的社会认知能力。通过社会化教育可以有效提升大学生的信息获取能力、机会识别能力和风险规避能力等社会认知能力①。

1. 社会化教育可以有效提升大学生的信息获取能力

大学生的社会化程度在很大程度上影响着其所能获取知识和信息的数量与质量，社会化程度越高的大学生所能够获取到的信息数量越多、质量也越高，反之亦然。大学生创新创业迫切需要社会化教育的引领。在我国经济社会转型的大背景下，机会信息格式化程度相对较低，这种形式不统一、传递不畅达的非格式化信息难以通过课堂途径有效传递给大学生，大学生因为校园文化局限的约束，难以识别到真正有价值的创新创业机会并寻求到最佳的商业化途径。而真正能给大学生带来大量新的、不重复的和有价值的信息资源的并非是通过课堂教学实施的专业教育，而是那些看上去并不是非常重要的社会教育，社会教育往往能够获取不重复的多样性信息，再经由信息的梳理加工，更有可能发现被课堂教学忽视的创新创业机会。社会资本理论认为，社会交往是获取创新创业机会及相关信息的重要来源，社会群体之间的知识和信息存在着很大的异质性，社会系统将个体之间的关系连接成为一个宏大的网络，通过这个网络可以摄取到更多的异质知识和信息，从而萌发更具有创造性的意识或创意。也就是说，社会化教育可以有效提升大学生的信息获取能力，进而发现真正有价值的创新创业机会。

2. 社会化教育可以有效提升大学生的机会识别能力

事实上，在某种境况下并不是因为创业成功者比未能创业或创业失败者知道的信息更多、更有价值，信息的数量和质量并不是创新创业成功与否的决定性因素，即便是获取了完全相同的有效信息，由于机会识别能力和决策把控能力的差异同样会产生截然不同的成败结局。也就是说，如果没有获取有价值的信息，

① 杜洁．基于 TRIZ 理论的大学生创新创业能力影响要素研究 [D]. 西安：西安科技大学管理学院，2014：28-35.

当然不可能找到成功创业的切入点，而在获取了有价值信息的条件下，只有对信息及时做出了正确的解读才能真正发现成功创业的机会。经济社会转型的巨大变化进一步加剧了创新创业要素市场的识别与辨析难度，只有那些具有准确的机会识别能力和科学的决策把控能力的大学生才有可能把握好创新性机会并成功实施创业，而那些对机会缺乏准确识别能力和决策把控能力的大学生即使获取到了有价值的机会信息，仍然可能因为对机会识别的延误或决策的误判而放弃创业或创业失败。创新创业需要的绝不只是创新精神和创业意识，更重要的是对创新创业机会的准确识别和科学把控。社会化教育可以帮助大学生提升对市场需求、技术应用、顾客心理等方面纷繁复杂信息的洞察力和辨析力，深刻领悟并正确解读具有高度时效性机会的存在性和高度专门化知识的有价性，进而有效提升大学生的机会识别能力和决策把控能力[①]。

3. 社会化教育可以有效提升大学生的风险规避能力

创新创业过程中隐含着各种各样的风险和不确定因素，对于行为谨慎的大学生来说，即便是在很有可能成功的机遇面前也会因望而却步错失良机；而具有冒险精神的大学生在被“强化”出来了的创业意识冲动下虽然勇敢地开展了创业活动，仍然可能因为不懂得如何规避风险，遭遇挫折而一蹶不振。社会化教育不单可以让大学生在创新创业前就多方面借鉴他人创新创业的成功经验，更要让大学生深刻汲取他人创新创业失败的教训，有效提升大学生对创新创业过程中对风险的预测、评估和规避能力，进而将冲动置于理性的管控之下，既敢于创新创业，又能够有效规避风险，最大限度地减少因创业失败引发的社会问题，从某种意义上说要比政府部门为改善创业环境实施的资金扶持、税收减免及风险保障等鼓励政策更加有意义。因为，不能等到让“错误和挫折教训了我们”，才能把事情办得好一些[②]。

---

① 卓泽林，杨体荣. 美国顶尖理工大学创新创业人才培养机制探究——以伍斯特理工学院工程教育培养为例 [J]. 现代教育管理，2016(4):109-113.

② 陆克斌. 大学生创业风险管理与保障体系构建探讨 [J]. 物流工程与管理，2015，37(5)：210-211.

（四）社会化教育的主要内容及路径

社会化教育具有多元主体性和持续延伸性，高校在所有社会化教育主体及教育阶段中处于最为重要的位置，对大学生社会主义核心价值观的形成发挥着最为关键的作用。大学生社会化教育作为高校“立德树人”的重要有机组成部分，就是要通过有目的、有计划的教育引领，加速其由“自然人”向“社会人”转化的行为过程，使之从对社会的懵懂无知成长为有社会责任意识的高素质社会公民。大学生社会化教育除了包括其他社会化教育内容外，主要应该通过以下内容和载体来实现。

1. 大学生社会化教育的主要内容

人的社会化教育包含多维度、多层面的内容，在大学教育的四年中也不可能“胡子眉毛一把抓”地全部系统实施，各主体、各阶段应各有分工、各有侧重。大学生的社会化教育重点应该抓好以下主要内容。（1）职业规划教育。当代的大学生都是娇生惯养出来的“小皇帝”“小公主”，在家长的百般呵护下根本不知道职业生涯为何物，而大学的四年正是他们职业能力形成的奠基期，如果没有一个明确的职业发展规划就不可能形成一个良好的职业发展基础，即便是顺势就业也很难实现良好的发展。因此，职业规划教育是从大学生入校开始就必须紧紧抓好的第一要务，要引领每个学生根据自身的特点及从业愿望确定未来的职业方向，让学生在学习期间就有计划地了解和掌握与该职业群相关的信息，做好知识和能力等方面的储备。（2）社会认知教育。现实社会的复杂性不要说是极其单纯的大学生，即便是有一定社会阅历的人士对真善美与假恶丑的交错混杂也很难真正完全辨别清楚。要引领大学生学会用辩证的、批判的和发展的视阈辨析事务的本质，不要轻易被事物的表象所迷惑。（3）适应环境教育。毋庸讳言，当今社会的腐败现象仍然存在，而在某些特殊利益链群体中有时可能会更为严重，大学生往往会用理想化的公平标准去看待和衡量社会事物，由此而感到迷茫、甚至愤懑，进而抵触、甚至仇视社会，绝不能让这种非常危险的思想在大学生的头脑中萌生。要引领大学生懂得适者生存的道理，学会适应环境，重要的是要先找准自己在社会中的存在发展坐标，然后才能从自身做起，改造环境、营造和谐。（4）通识能力教育。现代社会要生存发展仅有扎实的专业基础知识是远远不够的，要引领大学生具有宽泛的知识面，特别是要熟练掌握作为国际社会通用语言的英语和作为新技术开发应用及现代化管理基本工具的计算机知识，形成娴熟的信息处理能力，确保准确把握专业和行业的前沿发展态势以及政治、经济、文化演变态势，为未来的职业发展奠定坚实的能力基础。（5）生存意识教育。心理学研究表明，在人成长成才的过程中智力因素所起的作用仅有 20%，而非智力因素所起的作用则高达 80%。要通过生存意识、责任意识、风险意识、抗挫意识、竞争意识、协同意识等教育，培养大学生形成良好的心理素质和人格特征，使之既能在成功和诱惑面前保持头脑清醒，也能经得起挫折和失败的风雨考验。（6）社会公德教育。当代大学生应该具有高尚的社会公德水准，社会公德水准是一个人品格修养的重要表征。要引领大学生以奉公守法、诚实守信、守正出新、立己达人等传统与现代文明交融的道德标准融入社会，并以此助推社会主义核心价值观的形成。（7）终生体育教育。终生体育教育并非只是体育教育的内容，也是社会化教育的重要内容，身体是载知识之车、寓道德之所，健康是“1”，其他任何东西都是“1”后面的“0”，只有前面的“1”存在，后面的“0”才不为“0”，才不至于“创业未半而中道崩殂”。

2. 大学生社会化教育的主要路径

社会化教育作为一种对现实社会的认知性教育，对于大学生的成长具有积极的引领意义。要真正发挥好社会化教育的应有作用，一方面要加强对社会化教育核心意涵和本质特征的研究，另一方面要充分发挥高校大学生思想政治教育的优势，积极探索适应时代发展要求的社会化教育模式、方法、载体和途径，探索出一套多样化的、符合当代大学生身心成长规律的社会化教育模式和途径。（1）以思想政治教育为载体，培养大学生优秀的社会公德意识。使大学生树立正确的世界观、价值观和人生观，用社会主义核心价值观认识社会、辨析社会，形成正确的社会观，为走向社会奠定良好的思想基础。（2）借助心理健康咨询平台，培养大学生良好的心理素质。研究显示，有不少大学生心理素质较差，约有 30%

的大学生存在心理障碍问题，而要能够较好地适应社会成为一个合格的“社会人”，首先必须具有良好的心理素质。要按照未来社会对人才素质的要求，着力培养大学生良好的自信意识、沟通意识和协同意识，形成不怕困难、不怕挫折、敢于创新的坚强意志品格，为融入社会奠定良好的心理基础。（3）充分利用各类课程实践教学活动，让大学生真实感知和体悟社会。事实上，每个学科都肩负着“立德”和“树人”的双重使命，这是我国高等教育本质属性所决定的。要充分利用各类课程见习、实习和毕业设计等实践环节，让大学生以一个“社会人”的身份真正进入角色，深切品味社会的五味陈杂，为奉献社会奠定良好的实践基础。（4）锲入校园文化活动，增加大学生“感知”社会的机会。把社会化教育有机锲入校园文化活动，既充实了校园文化活动的内容，使之更加丰富多彩，同时又能通过虚拟的社会情境给更多的大学生提供“感知”社会的机会，为服务社会奠定良好的认知基础。（5）依托创新创业教育，培养大学生的创新意识和创业能力。创新创业教育是最直接有效的社会化教育载体形式，要通过创新创业教育的实践历练积累经验，提升大学生的信息处理能力、机会识别能力、果断决策能力、环境适应能力和风险规避能力，为改造社会奠定良好的能力基础。

大学生社会化教育与创新创业能力形成具有高度的内在关联性，以社会化教育引领创新创业是实施以创新驱动发展战略的重要途径之一。大学生只有通过社会化教育才能真正懂得如何“做人”“做事”，才能真正找到既与自己的择业取向高度相关又与国家经济社会转型和产业结构调整相适应的创新创业切入点，并以成功的运营奠定自己人生的事业基点。

五、基于创新创业人才综合能力培养的知识整体化教育路径探索

自2007年全球性金融危机爆发以来，人们开始重新思考经济发展的正确模式和有效路径，尽管世界各国的国情不同、发展阶段和发展模式不同，但通过科技革命和产业变革驱动经济发展已成为广泛共识。当前，世界范围内的新一轮科技竞争日趋激烈，产业变革加速进行，以新技术、新产业、新业态为特点的新经济蓬勃发展，要求未来社会的从业人员必须具备更高的创新创业能力和跨界整

合能力[①]。与此同时，随着我国产业结构转型升级的加速和以创新驱动发展战略的实施，社会对于创新创业人才的需求不断增加，质量要求也越来越高，培养具有知识综合运用能力和职业拓展能力的创新创业人才已成为落实“立德树人”社会主义教育根本任务的核心要务。中国拥有世界上最大规模的工程教育，截至2016年底，工科专业布点17037个，本科在校生521万人，毕业生119万人，为加快国家创新体系建设,助力国家实施创新驱动发展战略提供了重要智力支撑。然而，传统的专业教育往往过于职业化且课程松散，不利于学生建构系统完整的知识体系，更不利于创新精神和实践能力的培养。借鉴20世纪90年代美国课程改革中提出的知识整体化教育思想[②]，以知识整体化培养创新创业人才改革研究为线索，探索基于创新创业人才综合能力培养的知识整体化教育实践路径，以期回归大学专业教育“着眼于学生长远发展，使其能够适应变化的世界和未来生活”的本真。

（一）传统专业教育存在的弊端

专业学习是一个知识不断加深和拓展的过程，在这个过程中，学生的知识累积是一个逐渐由紊乱转为条理、由肤浅转为深刻、由零散转为系统的融会贯通过程。现代高等教育就是要培养专业基础扎实、实践创新能力强的创新创业人才，为国家以创新驱动发展战略服务。然而，由于传统专业教育体系中普遍存在着学科专业划分过细、专业课程条块分割、结构松散、衔接不足，导致传统专业教育存在以下弊端。

1. 不利于学生受到良好的通识教育

专业教育旨在将学生引入某一特定学科专业学习，尽管这样的专业划分是必要的，但课程体系和知识体系缺乏整合，并没有为学生在未来职业生涯中所需

---

① 万鹏，谢磊．新一轮产业革命正在孕育之中[EB/OL].2017-02-15[2017-11-06].http://theory.people.com.cn/n1/2017/0215/c410789-29081875.html.

② Beane，J. A. Curriculum integration and the disciplines of knowledge[J]. Phi Delta Kappan，1995，76(8)：616-622.

的某些重要知识领域的学习提供一种综合的平台。就目前的课程体系而言，主修专业课比例过大，专业课程总量偏多且结构松散，缺乏协调性和系统性，知识结构不够合理，课程之间缺乏必要的内在关联和衔接。不同专业课程的学习既不能很好地巩固已学知识，也不能为新课程知识学习奠定良好基础，根本不能保证学生受到良好的通识教育。在诸多的专业课程教学中，内容更新滞后，无法跟踪学科专业发展前沿，且课堂讲授内容偏多，实践环节较弱，也不能为学生掌握专业基础知识和实践创新方法提供足够的训练。同时，学生的自主学习时间相对较少，个性化学习内容匮乏，不能满足信息化时代大学生对于专业知识贯通和综合能力素质提升学习的需求，学生难以形成系统完备的知识体系和宽泛扎实的专业基础。

2. 不利于学生综合能力素质形成

在学科知识交叉渗透的信息化社会，仅仅掌握本专业的知识是不可能成为真正“专业人才”的，只有同时具备从事本专业的其他配套知识和素养才能成为真正合格的“专业人才”。传统专业教育培养模式专业划分过细、专业口径过窄，各个专业之间的联系几乎被割断，往往只偏重于对学生本专业知识的传授。由于通识教育内容缺乏，忽略了本专业以外其他配套知识的衔接拓展。而专业过窄并没有让学生真正具备本专业的知识才能，其实学生所学的“本专业知识”充其量也只能算是对专业知识整体的“管窥”而已。在传统的专业教育课程体系中，由于偏重专业理论知识教学，实验教学和实践教学居于从属地位，导致整个专业知识学习严重脱离生产工艺，创新能力和实际动手能力难以形成，再加上专业理论课程内容更新太慢，学生主动获取前沿知识的能力有限，使学生从过度专业化教育异化到知识“窄化”的困境，不仅不能形成良好的综合能力素质，也很难形成对本专业的整体把握能力。

3. 不利于学生职业发展空间拓展

信息化社会科技迅速发展、知识更新速度加快，新技术、新材料、新业态的产生使得产业分离或重组不时发生，执业者的角色转换日益频繁，需要具备的知识和能力已不再是“一专”即可胜任。在当今社会，“一专”在短时间内或许可以成就一番事业，但多则十几载、少则三五年就必然会被边缘化，甚至被淘汰，这是信息化社会知识系统日趋丰富、日渐分离，同时又不断交叉融合的必然结果。而传统专业教育由于过于专业化，高校内部院系、专业泾渭分明，无论是学生选修学分还是教师的教学资源，院系或专业之间都不能实现“共享＋互认”的深度融合，人才培养目标虽然也提“一专多能”，但这种将学生置于较少的学科领域的培养方式必然导致人才的知识结构单一，培养出来的学生综合知识和专业视野并没有达到“多能”的程度，充其量只能算作是“一专”尚可。由于知识面窄且整合迁移能力差，导致许多大学毕业生面对社会行业的选择茫然无措、缺乏应有的竞争力，加之自主学习能力在应试教育痼疾影响下没有得到很好培养，适应未来行业发展尚显不足，职业生涯中主动拓展发展空间的能力既没有形成也很难预期。

（二）知识整体化教育观的缘起及思想内涵

1. 知识整体化教育观的缘起

知识整体化教育趋势的出现是科学自身不断交叉融合演进和外部应用联系日趋广泛等因素共同作用的结果①。首先，知识整体化是信息化时代对知识整合的内在要求。一方面，随着学科交叉、分化进程的加快，在新学科不断衍生的同时既有学科正以更快的速度走向融合，科学自身正在通过各学科思想方法和理论方法的相互联系、相互渗透和相互作用，以数学化、宇宙学化、生态学化、控制论化、经济学化和社会学化为手段快速走向一体化。另一方面，随着知识应用联系日益广泛，要求未来人才应具备的是建立在多学科整体化广博知识基础上的专业知识和技能结构，也要求各学科知识及高新技术不得不相互融合。其次，知识整体化是实现高等教育内涵式发展的客观要求。党的十八大、十九大报告都特别强调提出要“推动高等教育内涵式发展”，高等教育内涵式发展作为一种发展战略必须以立德树人、提升人才培养质量为根本。“立德树人”就是要更新传统教

① [苏联]B. 戈特，3. 谢梅纽克，A. 乌尔苏尔. 科学知识整体化的基本方向、因素和手段[J]. 国外社会科学，1984(6)：23-26.

育观念，回归高等教育促进人的全面自由发展、造就未来社会合格公民的本真。人的全面自由发展以过窄的专业知识教育是根本不可能实现的，必须排除传统专业教育中过多的工具理性思维，修正过度偏重的就业和职业主义教育倾向，树立立德树人社会主义新时代高等教育观，以知识整体化教育为手段，坚持高水准的知识综合应用标准，催生知识应用能力素质和创新能力的形成。第三，知识整体化是普通高校打造特色的必然要求。改变普通高校“千校一面”缺乏特色局面既是我国高等教育改革的重大课题，更是普通高校打造特色、“同”则思变的必然要求。普通高校要改变人才素质结构与经济社会发展需求严重脱离的现状，培养高层次创新创业人才，服务国家创新驱动发展需要，就必须自觉以知识整体化教育理念为指导，打破内部学科阻隔，打破传统课程体系条块分割、泾渭分明的界限，积极引导、鼓励并顺应学科交叉融合，根据经济社会发展需要和新科技、新材料、新产业、新业态的要求，着力整合各学科知识以培养“宽专业、厚基础、善综合”的创新创业人才。第四，知识整体化是培养适应未来社会发展人才的时代要求。未来社会的发展正以人们难以预料的速度发生着多元变革，产生和生活要素变得日益复杂，这就要求从大学起始的整个第三级教育为学生提供更为宽泛的整体化知识教育，使学生具备“结构性知识系统”，学会用整体的方式去思考，以多元化视角去研究更为复杂的经济问题和社会问题，以扎实全面的技能去处理日益繁杂的专业技术问题，以更为广阔的视阈和更为全面的贯通能力适应未来社会变革的要求。

2. 知识整体化教育的思想内涵

知识整体化教育观最早起源于美国20世纪90年代中期本科课程改革。为了克服美国工程教育过度专业化和职业化产生的弊端，博耶、克拉克·克尔等人提出了知识整体化教育思想[①②]。主张在大学本科教育中建立起一种综合教育，

① Vars, G. F.. Can curriculum integration survive in an era of high-stakes testing? [J]. Middle School Journal, 2001, 33(2): 7-17.

② Bernstein, B.. Class, codes and control. Vol. 3: Towarda theory of educational transmission[M]. London: Routledge& Kegan Paul.1975: 45-61.

从而帮助学生形成更加连贯的知识观和更加综合的生活观。专业教育应该是一种完整的本科教育，应保持本科课程体系中各个知识系统之间内在的本质联系，使专业教育知识内容能够系统、连贯并形成一个整体，因为各学科的全部知识都是相互关联的，并且完全可以整合为一个统一的知识体系。

与上述知识整体化教育思想相对照，本文所指的“知识整体化”是在“现代高等教育 + 新工科教育”背景下创新创业人才培养的具体实践，在内涵实质上是相同的，但本文所阐述的是处于中观或微观层面课程知识体系的整体化，更注重实践性和应用性[①]。

知识整体化教学可分为课程教学和实践应用两个方面。在课程教学过程中，教师通过对课程的梳理设计，将基础课、专业课和选修课有机整合，学生在上述三个模块内容的学习中协同渐进，在形成宽泛扎实的专业理论素养的同时为实践应用奠定坚实的基础。实践应用过程可分为实验、实习及实践三个环节。设计实验课程帮助学生完成理论在实际中的应用，再通过现场实习了解实际生产过程并发现问题，最后通过毕业设计课题及其他实践活动，学生运用所学知识分析问题、解决问题，并衍生形成创新性成果。整个教学过程就是一个让学生通过知识整体化学习实现应用创新能力多元化、综合化的过程[②]。

（三）创新创业人才综合能力培养教育路径

创新创业人才综合能力形成是一个长期而复杂的渐进过程，大学阶段的培养方式将对其一生的能力成长和运用产生根本性的影响。知识整体化教育不但可以避免所学知识的支离破碎，而且有助于整体性思维品质的形成。尽管创新创业人才知识整体化教育的方式和路径是多方面的，但是“建构以‘内容叠加’为特色的知识整体化专业课程体系、运用以‘任务驱动’为依托的知识整体化课程教学方法、打造以‘虚拟仿真’为主体的知识整体化实验教学平台、落实以‘项目对接’为目标的知识整体化毕业设计选题”四大环节，环环相扣、相辅相成，可

---

① 刘坤，李继怀. 基于知识整体化的高等工程教育课程改革 [J]. 现代教育管理，2016(7): 104–109.

② 李静，殷埝生，郁汉琪. 基于大工程链的创新创业人才培养模式探索 [J]. 实验技术与管理，2017(11): 202–205.

以说是运用知识整体化教育培养创新创业人才综合能力的最佳有效路径[①]。

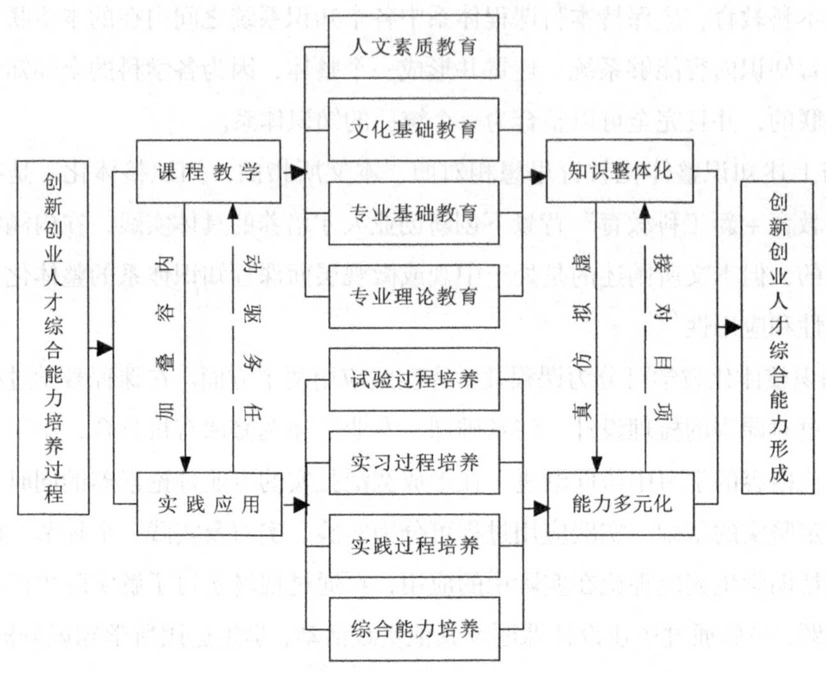

图 5-4 创新创业人才综合能力培养教育路径

1. 建构以"内容叠加"为特色的知识整体化专业课程体系

知识整体化教学的最大困难也是最关键问题是课程间知识内容的整合，包括本专业课程各门教材间的内容交叉整合、本门课程基础理论与前沿进展的整合、本专业知识与相关专业知识的整合、专业知识与人文知识的整合等多个维度。一般来讲，专业课程的整合难度还不算太大，核心问题在于专业知识与人文知识的整合一直缺乏深入的研究和有效的实践。知识内容的叠加整合不是要单独增加更多的知识内容，而是在既不增加学时又不增加学生课业负担的前提下，建构以"内容叠加"为特色的知识整体化专业课程体系[②]。一方面要突破教材内容滞后于前

① 张鹤．高校创新创业教育研究：机制、路径、模式 [J]. 国家教育行政学院学报，2014(10)：28-32.

② 刘歌红．用叠加式教学实现高职英语与专业课程的融合 [J]. 职业技术教育，2010，31(14)：53-55.

沿领域发展的常态，使前沿知识融入教学内容体系，让学生感知到最前沿的发展信息；另一方面要把被传统专业教育隔离出去的“边缘”知识重新融入教学体系，通过知识内容的叠加整合重构学生的人文素质。换言之，就是要通过浓缩知识容量、拓宽人生视野、培养综合能力、促进个性发展，从根本上改变传统专业教育只能为学生从事某一具体职业提供狭窄专项技能训练的弊端，以整体化教育拓展知识的广度与深度，使学生形成宽泛的知识结构、扎实的专业素养和科学的批判性思维素养，以厚积薄发的创新创业潜质适应变化的世界，在能够综合运用所学知识创新创业的同时兼具未来职业洞悉和职业拓展的能力，实现以“立德树人”为根本任务的社会主义教育目的。

2. 运用以“任务驱动”为依托的知识整体化课程教学方法

现代教学方法林林总总各有优势，各自适合于某种特定的教学内容和教学情境。然而，知识整体化课程教学单纯使用某种教学方法是很难奏效的，必须根据专业课程的教学内容及培养目标，依照“提出问题—资料检索—具体分析—方案比较—实验实践—归纳结论”的知识认知和能力形成步骤设计学习任务，通过“任务驱动”式教学方法实施教学，使学生形成“知识+能力”的整体化。教师需要打乱多部教材的知识体系顺序，通过内容叠加设计拟定若干任务单元，把学生按认知能力均衡搭配分成若干小组，以组为单位随机选择任务，引导学生带着任务检索资料、分析问题、解决问题。教师的“教”则以对学生个性化学习需求点拨为主，引导学生带着问题积极思考并参与讨论，寻求完成任务的方法及改进完善的措施，注重学生自主学习能力的培养。要精心设计完成任务必须经过的每一个环节，把工程项目前沿技术实例及生产一线实际问题乃至教师承担的科研课题中的具体内容引入任务单元，把课堂教学的触角延伸到生产一线的各个应用领域，不仅对提高专业理论课教学质量有显著的促进作用，而且可以让学生通过理论联系实际创造性地学习引发创新思维，形成综合贯通知识的能力。同时，通过分组学习还可以培养学生的团队协同意识和创新创业精神。

3. 打造以“虚拟仿真”为主体的知识整体化实验教学平台

实验教学是知识向能力转化的重要过程，更是引发创新思维的有效情境。首先要改革实验教学体系，在增加独立设课的实验课比例、增加实验学时的同时，改革实验课教学内容及形式。整合专业选修课的实验教学环节为独立实验课，将理论教学与实验课分离以改变实验环节附加于理论教学的从属地位。改革实验教学环节，依据专业自身特点和系统知识结构、专业培养目标和培养方案，结合专业理论教学内容设置若干综合性实验组，每个实验组独立且互补以构成完整的实践知识体系，精心设计每个实验组的实验数据和实验环节，以培养学生科学的思维方式和研究方法为主旨，围绕提高学生创新创业能力展开实验教学，由浅入深、循序渐进，以提高学生的综合能力素质。其次要打造以“虚拟仿真”为主体的实验教学平台。通过“虚拟仿真”开展实验教学可以增加实验教学的真实感，让学生通过真切的体悟再现知识的发现过程，有效激发学生的学习兴趣和创新意识，提高创新创业人才综合能力培养的有效性①。以工科教育的冶金工程专业为例，可以依据冶金工艺将专业课内容分解为若干教学单元，使每一单元的知识内容都与钢铁冶炼实践环节衔接，通过“模拟冶炼”引导学生熟悉钢铁冶炼的常用设备及工艺参数、操作过程及相关生产指标，尝试运用学到的冶金理论设计工艺冶炼路线，然后进行模拟仿真冶炼，在模拟冶炼过程中发现问题、引发思考和讨论并寻求解决问题方案。

4. 落实以“项目对接”为目标的知识整体化毕业设计选题

俗话说“编筐编篓全在收口”。毕业设计就是学生接受学校教育的“收口”阶段，也是学生从业的“前奏”。要实现与从业岗位的“无缝对接”，毕业设计与实际工程项目对接是首要且必要的前提。通过知识整体化教育促进“产学研用”结合，落实以“项目对接”为目标的知识整体化毕业设计选题，开展综合性毕业

---

① 马楠，曾玲晖，刘叶. 基于协同创新的应用型本科高校创业教育模式研究 [J]. 高等工程教育研究，2017(4):146-150.

设计，是引领学生知识体系重构、促进交叉学科知识融会贯通，实现应用与创新交汇，提高分析问题和解决问题综合能力的最佳方式和有效手段。要增加与企业、公司及社会的联系面，寻找工程设计、产品研发、技术改造及科研创新各领域的真实课题，增强毕业设计选题与实际工程项目对接的契合度，还可以把教师的科研项目分解成若干子项目，让学生在大一或大二期间就主持或参与某个子项目研究，到大四成果雏形初现时再作为毕业设计选题，学生会更有获得感和成就感。以“项目对接”为目标的知识整体化毕业设计必须从形式到内容打破学科界限、体现知识的交叉运用，突破传统毕业设计的程式规范，对选题的可行性、可能性进行跨学科严格论证，按照“精心设计选题—对接真实项目—知识综合运用—产学研用结合”的毕业设计理念和流程，以不同学科背景的专业教师组成导师组协同指导毕业设计，通过毕业设计的项目化、科研化，让学生以真正具有价值的“成果”走向职业生涯的起点。

随着人类社会信息化进程的加快，学科分化与融合交错演进，专业细分的结果已使人才素质结构单一化、条块化的倾向日趋严重，社会生活的适应性和职业拓展能力越来越低，形成了教育过度与能力欠缺并存的现象。随着我国产业结构转型升级的加速和以创新驱动发展战略的实施，社会对于创新创业人才的需求不断增加，质量要求也越来越高。然而，传统专业教育由于对学科专业划分过细，割裂了知识的普遍联系和交叉运用，严重束缚了专业融合和人才培养质量的提高。应建构知识整体化教育理念，从“建构以‘内容叠加’为特色的专业课程体系、运用以‘任务驱动’为依托的课程教学方法、打造以‘虚拟仿真’为主体的实验教学平台、落实以‘项目对接’为目标的毕业设计选题”等方面入手，着力探索创新创业人才综合能力培养教育路径。探索并推进知识整体化教育不应该被视作一种教学方法的改革，也不能局限于某一学科课程领域的局部改革，而应该成为整个第三级教育模式及教学形态发展必然选择，更是创新创业人才综合能力培养的客观要求。要结合高校自身的专业优势和办学特色，紧紧围绕学生创新创业综合能力培养，坚持树立知识整体化教育理念，有针对性地积极探索创新创业人才综合能力培养模式和路径。

六、创新算符在“四位一体”创新创业人才培养体系中的应用

创新创业人才培养的主战场是高等学校，创新创业型人才培养的质量和效果由高等学校对培养创新型人才的认知及实施的培养体系所决定的。本团队在长期的理论教学、实践教学及科学研究工作中，提出了“学习思考创新、感受体会创新、参与尝试创新和完成实践创新”四位一体科学化创新创业人才培养教育教学体系和“创新算符”概念，并将“创新算符”应用“四位一体”创新创业人才培养体系。

（一）“四位一体”创新创业人才培养体系

创新创业教育是经济社会发展和人自身发展的共同需求，创新创业教育是转型发展高校培养学生具有创新素质和创业能力的重要途径，建构创新创业人才培养体系是转型发展高校实现特色发展的根本策略。辽宁科技大学黄大年教师团队及物理化学省级教师教学团队经过十余年的课堂教学、实习、实训及大学生创新创业项目等工作，提出了“学习思考创新、感受体会创新、参与尝试创新和完成实践创新”四位一体创新创业人才培养教育教学体系，在创新创业人才培养方面起到了积极的助推作用。

1. 学习思考创新

（1）通过课堂教育教学设计问题化保障学习思考创新

基于课堂教育教学的核心内容、基本要求及大学生需要理解掌握的知识要点，科学合理地设计注重学生创新性思维培养的问题，围绕创造设计性课程基础问题，提炼并重视创新点和思考点，科学合理进行课堂教育教学，强化教育教学工作的诸多环节充满挑战性、创新性，实现大学生通过科学设计的课堂教育教学，学习到科学家的思维创新过程。

（2）通过理论教学案例化实现学习思考创新

课堂教学过程中，要充分利用从企业、研究院所、实际生活及大学生创新创业项目等实例中与课程知识密切相关点，提炼出思考点、创新点，即，富有生

命力和感染力的教学思考创新案例，如高温高压合成氨反应、人工降雨、撒盐化冰、高压锅原理、洗涤去污原理、海水淡化、鹅能浮于水面而鸡不能、一杯糖水什么地方最甜等等。通过案例化课堂教学，学生学会了思考、创新，使课堂教育教学案例中涉及的概念、原理、公式、定律、方程、方法及要点知识中蕴含的思考创新要素看得清晰、明了。这样课堂教育教学就成为了学生学习思考创新及创新意识、思维、品质培养形成的主战场。正是基于学生在课堂教育教学中的思考—创新—再思考—再创新的升华过程，提高了课堂教育教学质量和效率，使得大学生的创新意识和创业精神得以激发。

2. 感受体会创新

（1）通过实验项目教育教学科研化感受体会创新

对于涉及理论与实验并重的化学、化工类基础实验课程、专业类实验课程，本科生创新意识、思维品质的形成和培养起着很重要的作用。在实验教育教学时，教师必须针对课程实验项目中涉及到的潜在创新思考点逐个精准讲解，提供本科生在实验项目中用心学习、感受、体会创新思考的过程。实验项目报告写作时，要求按科学研究学术论文格式：每个学生都必须应用计算机软件程序完成实验表格、绘图、误差处理。实验项目报告主要包括：实验项目目的、原理方法、仪器药品、操作步骤、数据采集方法和标准、结果处理、误差分析、判断及讨论、文献引用、实验项目体会等核心内容，确保本科生通过科学设计、严格要求感受体会到创新。实现学生科学研究创新意识、思维、品质得到培养，实践工作创新能力得到锻炼。教师就是要培养学生听得清楚、说得明白、读得懂、写得透彻、富有创造性的优秀品质。

（2）通过课外作业规范化感受体会创新

教师要求学生每做完一道题，一定要写注解：即此题所涉及的知识内容，所用的公式和原理，所要解决的问题，暗藏多少创新点及要素，如果进一步探讨、研究还能解决什么科学基础问题？你是否从课外作业题中感受体会到其中的创新要素。教师需要学生明白：每一道例题、作业题都暗含着科学研究工作者、教授、工程师、研究员的辛勤劳动，是他们科学研究的结晶，必须尊重和珍视。未来创新工程技术人才的出现，正是今天我们无数教师对他们科学、准确的精致的要求及细心培养、付出的结果，在课外作业项目规范化的设计要求下，让同学们充分感受体会到创新。

3. 参与尝试创新

（1）通过附加项目兴趣化，让学生参与尝试创新

充分利用科学、合理的过程多维考核这一有效杠杆，通过附加项目，有意引导学生参与尝试创新，学生对待不同附加项目具有不同的兴趣点及自身智能优势，教师应依据学生个体的兴趣点及智能差距，提供暗含创新思考属性的附加项目，引导感兴趣的同学自觉挑战附加项目，学生完成附加项目的过程就是主动参与尝试创新的过程，为打造个性鲜明的创新型工程技术人才奠定基础。

（2）通过创新创业竞赛的参与尝试创新

通过正确引导学生积极参与各级各类科技竞赛，如国家、辽宁省、辽宁科技大学的大学生创新创业竞赛项目、全国大学生节能减排社会实践与科技竞赛、全国大学生化工设计竞赛、挑战杯大学生课外学术科技作品竞赛等大赛。参赛学生在教师精心指导下，完成竞赛项目和参赛作品的过程中，亲自参与尝试了创新全过程，尝试到参与创新的不凡经历。使每一个离开母校的学生都怀抱理想，以阳光快乐积极向上的心态和良好的人际关系，走向社会，面对工作和生活的挑战，尽情享受拥有创造性品质给他带来的愉悦。

4. 完成创新实践

（1）通过创新创业能力培养完成实践创新

大学生的创新创业品质离不开科学研究，科学研究能力的培养和打造是大学生创新成因能力提升的核心组成部分，科学研究能力的训练和培养对于全面提高学生创新、创造性思维，创新大学生培养平台和模式具有重要的意义。为培养创新创业拔尖人才，正确引导学生参加教师的科学研究集体，从事创新创业实践活动，通过教师的精心培养，结合学生自身努力实践，完成专利、创新项目、科研论文等成果，实现四位一体创新教育教学培养体系的最高境界——完成实践创新。

实现学生为本、立德树人，全力培养具有使命感、荣誉感、责任心、爱国心、创新精神、创新品质、实践能力的创新创业人才，是四位一体创新教育教学培养体系最高目标。

（2）通过创新创业尝试完成实践创新

加强创新创业教育，提升学生国际视野、科学精神和创造能力。大学是教育组织，无论是普通高校还是转型发展高校，创造性人才培养是大学最根本的使命。大学建设的目标就是创新、创造性人才的培养，强化培养创新、创造性人才能力的专业建设，这是高等学校的建设之本。大学就是要构建注重创新、重视创新、关爱创新、敬重创新、鼓励创新、乐于创新的四位一体科学化创新创业人才培养教育教学体系，用心营造引导师生培养创新创业精神的氛围，充分开发师生的创新潜力，培养学生创新、创造、创业的潜质和意识，实现学生通过创新、创造、创业实践化，完成创新创业实践目标。

（二）"创新算符"概念和"四位一体"创新创业人才培养体系

创新是国家进步的灵魂，是国家富强的不竭动力，处于知识经济时代，其核心在于技术创新能否转化为生产力，而这一点又取决于人，取决于人的创新精神、创新意识和创新能力。因此，在创新型人才的培养方面，是新时代中国高等教育面临的新课题。只有不断培养出具有创新精神和创新能力的新型人才，才能保证国家在世界竞争中处于不败之地，这就要求高等教育必须加强对大学生创新能力的培养、开发和提升。创新型人才培养就是在学生大脑中植入创新的种子，潜移默化使学生拥有创新性的人格特质。创新崇尚创造精神，通过将创造的基因植入教学，尊重、认可和重视师生的创造性思想和行为教学文化，就是完成高等教育打造创新创业人才的使命，创新品质是高等学校学生必须具有的基本素养。本科教育担负着培养学生创新性素质，打造创新创业教育的使命，是打造创造性人才的唯一选择，需要改革教学实现创造性这一大学教学的主要特征。强化创造性导向，使其成为大学教学最应追求的核心教育价值[①]。

① 别敦荣 . 创造性人才培养的新视野 [J]. 中国高教研究，2016(12)：11-18.

所有高等学校都追求培养创新型人才的目标，所有大学生受教育的权利是平等的，应该享受平等的优质教育。转型发展高校等要创造开放的高等教育环境，有助于大学生们相互学习、取长补短，在良性竞争的氛围内发展创新能力和素质。正是基于这个理念，本团队提出了“创新算符”的概念，并将“创新算符”通过尊重学生成长规律、尊重教育教学规律、尊重课程科学内涵、尊重社会发展规律植入学习创新、感受创新、参与创新和完成创新的“SFPC四位一体”系统化创新创业人才培养教育体系，在创新创业人才培养方面起到重要作用。创新算符就是通过教师作用教材、案例、文献资料、科研项目、竞赛项目等理论和实践环节，提炼创新思想，提取创新养分。通过“SFPC四位一体”系统化创新人才培养教育体系让学生能原汁原味学习、体会、感受、尝试、完成创新，强化学生创新意识、思维及能力的培养，以崭新的视角开辟一条易于应用实践的创新教育新途径。通过“创新算符”植入“SFPC四位一体”系统化创新人才培养教育体系，强化学生创新能力培养，对学生创新思维、科学态度、科学精神、创新品质的形成及综合能力、素质的提升产生正效应①。

（三）“创新算符”在“四位一体”创新创业教育体系中的应用

1.“创新算符”在学习创新实践中的应用

（1）“创新算符”应用于课堂教学实现学生学习创新

根据课堂教学要求和内容，针对学生的智能特点，把“创新算符”作用于教学素材，合理设计，注重学生创新思维、科学态度、科学精神和创新品质的形成，围绕创新性问题，强化创新点，组织和开展课堂教学，使教学过程的每一细节都含有创新性元素，实现学生通过教室，学习科学研究工作者的创新过程。

（2）“创新算符”应用于案例教学实现学习创新

课堂教学实践中，教师要充分利用“创新算符”的功能，从生产、科研及生活实例中提取创新点，即含有创新点的教学案例，如人工增雨（创新点：喷洒

① 方志刚．设问式教学法在培养学生创新思维方面的正效应 [J]. 中国校外教育，2013(12)：121-122..

溴化银溶液或干冰）、撒盐化冰（创新点：有冰的路面撒盐）、高压锅原理（创新点：高压产生高温）、洗涤去污原理（创新点：相似相溶）、海水淡化（创新点：逆向思维反渗透）、一杯糖水什么地方最甜（创新点：系统的稳定性）等等，通过“创新算符”作用于教学案例，学生领悟到创新点，使教师所传授的方法、原理中所隐含的创新知识点都能清晰可见。创新思维、科学态度、科学精神、创新品质形成的“主阵地”就是教室，正是学生在教室里学习创新过程的积极思考，利用课堂教学培育创新人才，培养学生具有创新思维、科学态度、科学精神、创新品质的目标才得以实现。

2.“创新算符”感受创新实践中的应用

（1）“创新算符”应用于实验教学使学生感受创新

对于物理化学这门理论与实验并重的课程，“创新算符”对学生创新思维、科学态度、科学精神、创新品质的形成和培养起着非常重要的作用。在实验教学时，教师要针对实验内容，引入“创新算符”概念，提取其中的创新点，细致讲解并让学生在实验过程中逐个体会，提供学生在实验中感受创新的过程。完成实验报告，按规范科学研究论文模式严格要求：每名学生必须利用科学软件完成实验表格、绘图及相应数据处理。实验报告除包括：实验目的、原理、使用仪器、步骤、数据采集、处理、结果分析外，还包括误差判断、结果讨论、文献出处、实验改进方案及实验体会等内容，保证学生通过实验教学浓厚的创新氛围体验感受到创新。使学生科研创新意识、创新思维、科学态度、科学精神、创新品质得到培养，实践创新能力得到锻炼。

（2）“创新算符”应用于课外作业感受创新

要求学生完成一道题，认真思考写出注解，通过“创新算符”运用提取创新点：即此题所涉及知识内容的创新点、所用的公式和原理中的创新点、所解决的问题中涉及到的创新点，如果进一步拓展，需要哪些条件，能够解决什么问题？教师必须明确告诉学生：每一道题都产生于无数科学工作者的创新实践，都是前辈科研工作者创新的结晶，一定要珍惜。未来具有创新思维、科学态度、科学精神、创新品质的创新人才的出现，正是今天高等学校无数具有创新品质教师针对学生的智能特点，打造出的个性鲜明的创新人才。“创新算符”应用课外作业是对拥有不同的智能优势学生具体、细致的严格要求。在课外作业规范化的要求下，让学生充分感受到创新实践。

3.“创新算符”在参与创新实践中的应用

（1）“创新算符”应用于附加任务提供学生参与创新的平台

教师要充分利用多元评价考核这一杠杆，利用附加任务引导学生合理应用“创新算符”参与创新，学生对待不同附加任务有不同的兴趣，教师应针对不同学生的兴趣及特点，提供暗含创新点的附加任务，鼓励同学主动学习应用“创新算符”接受附加任务，学生在完成任务过程中就是学生运用“创新算符”参与创新的过程，为打造具有创新意识、创新思维、科学态度、科学精神、创新品质个性鲜明的创新型人才奠定基础。

（2）“创新算符”应用于各类竞赛提供学生参与创新的机会

通过引导学生参加各种竞赛，如国家级、省级、校级的大学生创新创业学术交流竞赛、挑战杯等竞赛，把“创新算符”的理念应用到完成作品过程中，运用“创新算符”亲自参与创新的全过程，培养许多具有创新意识、创新思维、科学态度、科学精神、创新品质的创新性人才。

4.“创新算符”完成创新实践中的应用

“创新算符”应用于应用型创新人才培养的实践。科学研究实践是大学生完成创新，培养创新品质的有效途径，“创新算符”应用大学生从事科学研究实践，对学生创新意识、创新思维、科学态度、科学精神、创新品质的培养和提升及创新人才培养模式的完善都具有极为重要的意义。为培养创新性人才，引导和鼓励学生参加指导教师的科研团队完成科研创新活动，指导教师要充分应用“创新算符”精心培养学生依靠自身努力独自完成创新，学生作为第一作者，发表科学研究论文、专利或创新项目，实现“创新算符”应用四位一体（学习创新、感受创新、参与创新、实践创新）创新型人才培养体系的最高层次，即，完成创新。最终实现立德树人，着力培养具有创新意识、创新思维、科学态度、科学精神、创新品质、实践能力优秀人才是四位一体创新型人才培养体系顶级目标。

创新创业人才培养的主阵地是大学，培养大学生的创新意识和创业精神是大学最根本的使命，创新创业人才培养的质量和效果取决于大学对创新创业教育的认知、规划和实施。高等教育的功能无论怎么变化，高校无论是否转型，本科教育的人才培养使命是永恒不变的，创新应是学生必须拥有的基本素质，创业应是大学生的基本能力。高校向应用型转变就是强化培养创新创业人才，这是转型发展高校的建设之本。通过将创新创业基因植入教学，营造创新创业教育教学文化，建构尊重创新、乐于创新、鼓励创新的“SFPC 四位一体”系统化创新创业人才培养教育体系，充分挖掘师生的创新潜力，培养学生创业潜质和意识，真正实现转型发展高校创新创业教育人才培养目标。

七、运用生态化教学模式培养大学生的创新创业实践能力

生态化教学是以西方生态哲学和后现代主义哲学的“主客一体”理论为基础，融入东方“天人合一”思想精髓，在生态文明社会的架构中，以借鉴和师法自然生态发展规律为预设模式，依据教学过程和学生身心发展的基本规律而建构的一种具有开放性、兼容性和可持续性的现代教学模式。1932 年，美国教育社会学家沃勒（W.Waner）首次提出了“课堂生态学”概念[①]，其后，中国学者相继出版了一系列关于教育生态学方面的专著[②③]，从全新的视角研究探讨了信息技术条件下生态化教学的内涵及特征、生态课堂的实现途径、生态学视域下数字化教学资源的建设与使用等有关生态化教学问题[④⑤]，为生态化教学模式的研究与运用奠定了基础。课堂教学从传统的以赫尔巴特（Johann Friedrich Herbart）的“三中心”（以课堂为中心，以教材为中心，以教师为中心）模式进入了生态化教学

① 李森，王牧华，张家军．课堂生态论：和谐与创造 [M]. 北京：人民教育出版社，2011：1–308.

② 范国睿，瞿葆奎．教育生态学 [M]. 北京：人民教育出版社，2000：1–317.

③ 于永昌．生态化教学 [M]. 沈阳：辽宁科学技术出版社，2012：1–393.

④ 杨正强．教学方式生态化的内涵及特征 [J]. 教学与管理，2014(9)：17–19.

⑤ 郭冠平．生态视域下数字化教学资源的建设与使用 [J]. 浙江师范大学学报，2014，39(4)：102–106.

时代[①]。以《食品生物技术》课程教学为例，探讨采用灵活多样的生态化教学方法，通过师生和谐互动搭建培育创新创业实践能力平台，让学生在“生态课堂”中实现创新创业实践能力的全面提升。

（一）构建生态化成长目标

生态系统需要水分、养分以及光合作用才能保证作物生长。大学生的创新创业综合能力成长同样需要在生态化教学内容体系（见表 5–1）“滋养”中，以明确的生态化能力成长目标（见表 5–2）为驱动，遵循生态发展规律，沿着生态化能力成长路径，经园丁的辛勤培育才能得以实现。

《食品生物技术》课程一般设定为 32 学时，在有限的学时内既要完成教学大纲规定的系统教学内容又要实现大学生的创新创业综合能力成长目标。辽宁省地方食品行业优势分别以酶工程、发酵工程及基因工程 3 个领域为主，也就是说，该课程教学的能力成长目标就是能够熟练地进行上述 3 个领域新产品研发和新技术应用。我们在课程知识模块选择上强化整合了上述知识内容，在注重酶制剂、功能性食品配料、转基因食品、发酵酒和调味品等行业的新技术、新产品知识技术讲授的同时，让学生分组开展行业内市场调研，以团队的形式收集资料，合作撰写调研报告，分析行业新产品开发和新技术应用前景，并对现有产品提出改进建议和市场推广规划，再通过答辩的方式和老师及同学一起厘清相关问题。通过课程能力成长目标的驱动，大学生的创新创业综合能力素质普遍得到了显著提高。

（二）开展生态化课堂教学

生态化教学的显著特征是根据教学内容、教学目标、教学对象，以及教学时空和教学媒介的不同选择在教学中采取生态多样的教学方法。多种教学方法的综合运用可以实现教学的完整性，从单一的讲授式教学转向多元的案例式、分组讨论式、角色扮演式、项目式、现场观摩式等教学方式，由教师、学生、教学内

① 高晓慧，于娜．基于教育生态学的研究生英语教师多元角色定位 [J]. 高等农业教育，2013(6): 51–54.

容、教学媒介等各种生态元素的不断演进，渐次生成一个完整的动态教学系统。在这个系统中，可以实现师生间的多层次和谐互动，进而不断激发学生的创新意识和创造潜能，使学生的综合素质全面提升。

1. 问题探究强化学生自主学习

通过自主学习探究问题是信息技术条件下最为灵活有效的学习方式之一。生态化教学可以运用问题探究式教学法（PBL），让学生自主选题，自主设置目标，自主实验研究，完全以学生为中心，使学生投入于问题的探究和解决中，教师则扮演“旁观者 + 引领者”的角色，通过学生自主探究或合作探究解决问题，使教学目标得以实现。比如在讲授基因工程与食品产业模块知识时，采用 PBL 教学法以“能不能使本身没有某个性状的生物具有某个特定性状”为问题，让学生从“改造食品微生物、改善食品原料品质、改进食品生产工艺、生产食品添加剂及功能性食品”等方面进行探究，有效提升了学生获取新知识（创新）能力和分析问题、解决问题（创造）能力。

表 5–1　课程知识体系

核心知识模块	模块知识点
绪 论	1.1 生物技术的定义和研究内容
	1.2 生物技术的形成和发展简史
	1.3 食品生物技术基本特征和研究内容
酶工程与食品产业	2.1 酶工程原理和方法
	2.2 酶工程与食品加工
	2.3 酶工程与功能性食品配料
	2.4 酶工程与食品原料的改良
	2.5 新型酶制剂及其应用
发酵工程与食品产业	3.1 发酵工程概述
	3.2 发酵工程原理
	3.3 啤酒的生产工艺
	3.4 葡萄酒的生产工艺
	3.5 发酵乳的生产工艺

续表

核心知识模块	模块知识点
发酵工程与食品产业	3.6 调味品的生产工艺
基因工程与食品产业	4.1 基因工程的定义、意义及研究内容
	4.2 基因工程的工具酶及载体
	4.3 基因工程的一般过程
	4.4 基因工程在食品工业中的应用

表 5–2　能力成长目标及其实现路径

第一级能力	第二级能力	核心知识点序号（表 1 标注）	能力实现路径
技术知识能力	综合运用知识能力	1.1、1.2、1.3、2.1、3.1、4.1	教师启发引导教授、学生讨论
	专业基础知识能力	2.1、2.2、3.1、3.2、4.1、4.2	问题提出，资料收集，完成规定作业
	专业学科知识能力	1.2、2.2、3.2、4.2、4.3	行业调研，查阅文献，制作文案
	专业工程知识能力	2.5、3.3、3.4、3.5、3.6、4.4	教师教授、工厂实习、课外文献资料查阅
	专业产品开发能力	3.3、3.4、3.5、3.6	课堂教学、实验室实验操作、产品开发资料收集、实验方案的设计及数据处理、经验总结分析
个人能力	基本能力（发现、分析及解决问题能力）	2.2、2.3、2.5、3.3、3.4、3.5、3.6、4.4	在实验中发现问题，解决工艺问题，并用于新实验的设计、实施和分析总结
	应用知识的能力	2.5、3.3、3.4、3.5、3.6、4.4	应用专业原理基础知识进行专项实验方案设计
	逻辑与系统思维能力	2.5、3.3、3.4、3.5、3.6、4.4	根据布置项目进行资料收集整理、组织、写综述性论文
	创造性思维与终身学习能力	2.2、2.3、2.4、2.5、4.4	教师布置自学题目和行业方向，进行市场调研，写行业新技术课程作业，分析其前景，并对现有产品提出改进建议
	职业态度、职业素质与社会责任感	1.1、1.2、1.3、2.1、3.1、4.1	通过食品安全教育加强职业道德素质和社会责任感

续表

第一级能力	第二级能力	核心知识点序号（表 1 标注）	能力实现路径
团队能力	口头表达能力	2.2、2.3、2.4、2.5、4.2、4.3	专业知识及实验原理口试；课程论文讲解及答辩
	会话理解能力	1.3、2.1、2.2、3.1、3.2、4.1、4.2、4.3	为其他同学答辩评分，课堂讨论，回答教师问题
	演绎推理能力	2.2、2.3、2.4、2.5、4.4	对酶工程与功能性食品配料及转基因食品进行资料收集整理、组织、写综述性论文、进行讲解并回答问题
	团队合作能力	4.1、4.2、4.3、4.4	以项目小组进行转基因食品的资料收集，合作撰写讲稿和幻灯片，组内分工明确，共同答辩
	交流沟通能力	3.3、3.4、3.5、3.6	对发酵酒行业和调味品行业进行市场调研，深入市场和社会与相关人士进行面对面或电话沟通等交流
综合素质能力	实际动手能力、产品设计开发能力	2.5、3.3、3.5	进行专项实验方案设计、实验室实验操作、数据分析总结
	应变及适应能力	3.3、3.4、3.5、3.6	对发酵酒、调味品行业进行市场调研，接触社会适应环境
	意志品质和创新精神	1.1、2.1、3.1、4.1	行业操作规范和实习现场体会培养吃苦耐劳的敬业品质，对企业的调研培养意志品质和创新精神
	对企业文化和社会的了解能力	3.3、3.4、3.5、3.6	深入实习基地了解企业文化和用人要求
	跟踪技术发展前沿及收集、分析、归纳、总结技术信息能力	2.2、2.3、2.4、2.5、4.1、4.2、4.3、4.4	跟踪行业技术发展前沿，收集、分析、总结技术发展态势，写研究报告，教师和同学共同质询、评价研究报告质量

2. 案例教学激发学生学习兴趣

一味地照本宣科，再好的专业知识也会让学生感到乏味。生态化教学可以根据教学内容和教学目标的要求，有针对性地选择典型案例，引导学生思考讨论，通过具体案例激发学生的学习兴趣，让学生积极思考、主动探索，以提高学生的专业学习兴趣，增强分析问题和解决问题的综合能力。在讲授发酵过程分析时，我们选取了广东某大型呈味核苷酸企业由创业初期的全面停产到行业龙头企业的案例。创业初期由于产品发酵产量过低而全面停产，经过华东理工大学专家组采用多种中间分析的方法协助该公司找出原因后，通过加入糖酵解途径抑制剂，使产品的产量和质量大幅度提高，该公司稳步发展为行业龙头企业。通过这个案例极大唤起了学生的学习热情，不但使发酵过程分析取得了良好的教学效果，还让学生对发酵过程的工艺及问题解决产生了多种具有创新意识的想法。

3. 翻转课堂到实践中求解真知

“翻转课堂（The Flipped Classroom）”是近年来在美国日渐流行的新型教学模式。顾名思义，就是把传统的学习过程翻转过来，让学生在课外时间完成针对知识点和概念的自主学习，课堂则主要用于汇报讨论和解惑答疑，从而达到更好的教学效果。在基因工程与食品产业知识模块教学中，采用翻转课堂形式教学取得了很好的教学效果。课前一周把下次课程所需讲授的基因工程知识点的视频资料发到班级共享网盘，每段视频时间 10–20 分钟，学生利用一周的“碎片”时间进行学习，并对视频学习中遇到的问题进行收集；课堂上以研究小组模式进行研讨，小组之间也可多向交流。在讨论时既可以主动提出自己的见解也可以对其他同学的观点提出质疑。针对“转基因食品的安全性”“市场上转基因食品标识的规范性”等问题，引导学生到社会上、到生活中从不同角度观察思考、总结反思，洞明问题的根源、探寻解决的方法。课后将学生制作的有独到见解的“转基因食品的安全性及标识的规范性”PPT 课件在校园网进行展示，既加深了学生对知识的理解、巩固和拓展，又扩大了对转基因食品的认知面。

4. 合理使用精品开放课程

20 世纪初美国麻省理工学院启动了精品开放课程（OCW—Open course ware）计划项目，很快席卷全球。为了使优秀教师的先进教学理念和方法通过网络开放课程服务于学习型社会，让更多的自主学习者共享优质课程资源，2011 年 10 月 12 日我国教育部专门颁布了《关于国家精品开放课程建设的实施意见》，计划建成精品视频公开课 1000 门、精品资源共享课 5000 门。合理使用精品开放课程可以通过名师的“亲自”引领有效促进学生对基础知识的理解，提升知识转化和应用能力。在《食品生物技术》课程教学中，将华东理工大学的《发酵工程》精品资源共享课应用于本课程教学中，学生可在课前或学习中反复倾听，既可以节省课堂讲授基础知识的时间，又能够促进学生食品生物技术知识的吸收掌握。

5. 开展生态化实验教学

《食品生物技术》课程的能力成长路径是采取理论联系实际的方法，并通过课程产品方案设计及产品开发实践训练，培养学生创新产品设计和实验分析的能力；培养学生综合运用各相关学科知识进行初步产品开发，使学生具备在生物技术与工程领域从事设计、生产、管理和新技术研究、新产品开发的基本能力。本课程是一门综合性和实践性很强的应用学科，在教学中要特别重视实验教学对学生知识消化理解和能力形成的重要作用，为此我们安排了 8 个学时的实验。实验分为两个模块，分别是酶工程模块和发酵工程模块，实验题目开放，教师只设定实验方向，学生分组选择实验模块和具体实验题目，在教师指导下独立查阅资料，集团队之议设计实验方案及实施步骤，经师生商讨形成“最佳实验方案”后进入实验准备。实验操作开始前，教师集中对仪器安装、操作等注意事项等进行全面细致讲解，在教师指导下学生自己准备实验材料、组装实验仪器；在实验进行中教师既要“置身事外”不做“过多”干预，又要全程掌控及时引导学生发现、分析和解决学生认知能力以外的问题；实验结束后学生先进行组内讨论，分析实验效果、得出实验结论，制作 PPT 实验报告课件进行交流答辩，最后由师生共同以“技术需求者”的身份总结点评，让学生清楚地知道当下的实验效果怎么样，努力的方向是什么。

6. 项目驱动体验研究性学习的乐趣

采用项目研究的方式组织酶在食品产业中的应用知识模块教学，既可以节省课时又能够让学生体验研究性学习的乐趣。让学生分组选择一种酶的生产及应用项目，用 1—2 个月的课余时间进行资料搜集、市场调研、理论研讨、报告撰写等工作，最后以项目小组为单位提交行业调研报告，制作成 PPT 课件，在全班进行公开答辩，全体学生和老师都可以质询提问，由老师和同学共同组成评鉴小组，根据报告中搜集信息的先进性、所阐述内容的应用性，以及答辩的严谨程度等对项目报告做出评价。通过项目调研竞赛可以引导学生关注最新学科发展前沿动态，激发学生的社会服务意识和竞争意识，提高了学生学习的积极性和主动性。

（三）实行生态化成长评价

多维度、全程性、个性化的生态化成长评价不仅能够调动教师的工作积极性，促进教师的专业发展，而且能够促使学生更加积极主动地学习，对教学具有改善、激励、鉴定等作用，是提高教学质量的重要手段。生态化成长评价就是将生态学理论运用到学生成长评价中，强调以生态的理念来思考和诠释复杂的学生成长问题，并以生态的方式开展学生成长评价。多维生态化成长评价注重学生自主学习能力、信息获取能力、知识运用能力以及创新思维的培养与提高，提供了一个可多方面展现学生综合能力素质的平台，对学生的能力成长评价更全面深入且客观科学，更能够激发学生的学习动机和创新创造激情。

1. 生态化成长评价的维度

生态化成长评价彻底颠覆了传统评价一张试卷定结论，形成了多维度、多视角、多层面和多主体的评价机制。课程结业采用“复合结构成绩”进行评价。“复合结构成绩”就是课程结业成绩由“平时考核成绩（30%）和期末考核成绩（70%）”构成。平时考核成绩由“课堂及活动出勤（20%）、回答问题及参与讨论（20%）、调研报告（30%）、实验考核（30%）”构成。期末考核成绩由“专业知识考查（50%）和课程结业论文（50%）”构成。专业知识考查由“教材内容的理解与掌握（40%）、教师指定阅读文献的熟悉与理解（20%）、自主学习获得的相关知识信息（20%）、知识及技术创新的意识及（潜在）能力（10%）、对行业产品及技术发展趋势的预见能力（10%）”构成；课程结业论文由“选题的新颖性（15%）、参考文献的数量及权威性（15%）、专业前沿信息量（20%）、运用专业知识解决行业内技术改造和新产品研发的有效性（30%）、知识及技术创新的先进性（10%）、结构的严谨性及表达的准确性（10%）”构成。课程结业论文在全班公开答辩，由任课教师（25%）、专业教研室主任（25%）、企业技术专家（30%）和班委会学生（20%）共同做出评价。

2. 生态化成长评价的效果

采用多维度、全程性、个性化生态化教学评价，推动了教风、学风和考风建设，使教师的“教”和学生的“学”和谐统一起来，在评价教师知识传授效果的同时，促进了学生自主学习积极性的提升；在评价学生基本理论和基本技能掌握程度的同时，促进了学生综合运用知识能力和创新创造性能力的提升；在评价学生个体能力素质和个性化品质的同时，促进了学生团队协作意识和协同共赢意识的提升；在评价学生创新创业意识品质的同时，促进了学生风险防范意识和社会责任意识等综合能力素质的提升。多维生态化评价的效果远优于传统的考核评价效果。

生态化教学把“以教为主”和“以学为主”两种不同教学观主导下的教学设计有机结合起来，建构了“教”“学”并重的教学模式，充分发挥各自的优势，把传统的学习模式和现代的数字化、网络化学习模式和谐地融合在一起，可以满足不同学生的多种个性化学习需求，使学生创新创业实践能力迅速提升，实现了教学目标和学生成长目标的最大化。我校生物工程专业学生在全国各类专业技能大赛及创新创业计划项目实验设计大赛中屡获佳绩，毕业生在行业内多家大型企业的高就业率和突出表现，有力地证明了运用生态化教学模式培养学生创新创业实践能力的良好效果。

本章小结

本章从转型发展高校信息化资源建设与教学形态演变、转型发展高校校企协同创新机制的构建与实践、校企协同培养创新创业人才的实践路径、强化社会化教育对大学生创新创业能力形成的引领功能、基于创新创业人才综合能力培养的知识整体化教育路径探索、创新算符在“四位一体”创新创业人才培养体系中的应用、运用生态化教学模式培养大学生的创新创业实践能力等7个方面就转型发展高校创新创业教育教学改革与教学建设问题进行了系统论述，提出了教学改革与教学建设的根本问题是提升大学生的知识运用能力和实践创新能力的思想理念。

第六章　转型发展高校创新创业教育保障机制

创新创业教育作为驱动国家经济社会发展引擎的重要作用越来越凸显，鼓励大学生创新创业是创新创业教育的出发点，也是切入点，更是归宿点。但既然是“创”就会有很多不确定的风险因素存在，风险规避、风险承担是创新创业教育绕不开的话题。建构转型发展高校创新创业教育的保障机制，强化大学生创新创业法律风险防范及法律意识培养，必须成为高校创新创业教育的重要内容。

一、大学生创新创业的宏观政策背景

创新是国家发展的重要动力之一，我国对创新驱动的重视已经上升到国家战略的高度。2015 年 3 月，中共中央和国务院联合发布《关于深化体制机制改革，加快实施创新驱动发展战略的若干意见》（以下简称《意见》），指出“面对全球新一轮科技革命与产业变革的重大机遇和挑战，面对经济发展新常态下的趋势变化和特点，面对实现‘两个一百年’奋斗目标的历史任务和要求，必须深化体制机制改革，加快实施创新驱动发展战略”。《意见》提出了加快实施创新驱动发展战略的总体思路和主要目标之一就是“坚持人才为先”，即“要把人才作为创新的第一资源，更加注重培养、用好、吸引各类人才，促进人才合理流动、优化配置，创新人才培养模式”，由此，关于以创新人才培养为目标的各级各类政策相继出台，初步构成了创新人才培养的政策指导框架系统。

（一）创新人才培养的核心指引：《意见》中的创新人才培养要求

《意见》系统阐述了加快实施创新驱动发展战略的总体思路和主要目标，并提出了深化体制机制改革的实施方案，主要包括营造激励创新的公平竞争环境；建立技术创新市场导向机制；强化金融创新的功能；完善成果转化激励政策；构建更加高效的科研体系；创新培养、用好和吸引人才机制；推动形成深度融合的开放创新局面；加强创新政策统筹协调等八个方面内容。

《意见》在第七部分“创新培养、用好和吸引人才机制”中，专门以第二十一条阐释人才培养内容，从教学方法和教学模式改革、本科生培养、研究生培养、高校国际化等四个方面构建了创新型人才培养模式的内涵体系，成为后续相关政策制定和实施的核心指引，具体结构关系见图 6–1。

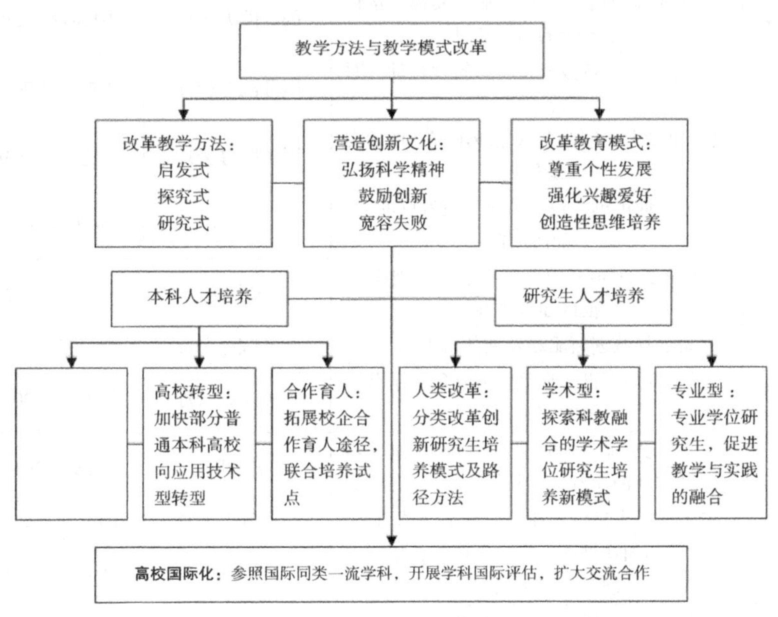

图 6–1　《意见》中的创新人才培养具体内容

（二）创新人才培养的宏观政策体系：针对大学生创新创业的系列文件

1. 国务院创新驱动宏观政策体系

《意见》出台后，截至 2019 年 12 月，国务院陆续颁发系列文件，构建了一套从中央到地方的创新驱动政策引导体系，主要文件如下表：

表 6-1　2015-2019 年国务院系列创新驱动政策文件

颁布时间	政策文件	颁布单位	文号
2015-3-2	关于发展众创空间，推进大众创新创业的指导意见	国务院办公厅	国办发〔2015〕9 号
2015-4-27	关于进一步做好新形势下就业创业工作的意见	国务院	国发〔2015〕23 号
2015-6-11	关于大力推进大众创业万众创新若干政策措施的意见	国务院	国发〔2015〕32 号
2015-6-17	关于支持农民工等人员返乡创业的意见	国务院办公厅	国办发〔2015〕47 号
2015-6-18	进一步做好新形势下就业创业工作重点任务分工方案	国务院办公厅	国办函〔2015〕47 号
2015-9-23	关于加快构建大众创业万众创新支撑平台的指导意见	国务院	国发〔2015〕53 号
2016-2-14	关于加快众创空间发展，服务实体经济转型升级的指导意见	国务院办公厅	国办发〔2016〕7 号
2016-4-21	关于印发促进科技成果转移转化行动方案的通知	国务院办公厅	国办发〔2016〕28 号
2016-5-8	关于建设大众创业万众创新示范基地的实施意见	国务院办公厅	国办发〔2016〕35 号
2016-9-16	关于促进创业投资持续健康发展的若干意见	国务院	国发〔2016〕53 号
2016-12-3	中国落实 2030 年可持续发展议程创新示范区建设方案	国务院	国发〔2016〕69 号
2017-5-11	关于县域创新驱动发展的若干意见	国务院办公厅	国办发〔2017〕43 号
2017-6-15	关于建设第二批大众创业万众创新示范基地的实施意见	国务院办公厅	国办发〔2017〕54 号
2017-7-21	关于强化实施创新驱动发展战略，进一步推进大众创业万众创新深入发展的意见	国务院	国发〔2017〕37 号
2017-9-7	关于推广支持创新相关改革举措的通知	国务院办公厅	国办发〔2017〕80 号
2018-9-18	关于推动创新创业高质量发展，打造“双创”升级版的意见	国务院	国发〔2018〕32 号
2019-12-31	关于支持国家级新区深化改革创新加快推动高质量发展的指导意见	国务院办公厅	国办发〔2019〕58 号

从文件的发布进程看，从 2015 年 6 月发布《关于大力推进大众创业万众创新若干政策措施的意见》，到 2017 年 7 月发布《关于强化实施创新驱动发展战略，进一步推进大众创业万众创新深入发展的意见》，再到 2018 年 9 月《关于推动

创新创业高质量发展，打造“双创”升级版的意见》，国务院不断加强、完善、细化对“双创”的政策引导。从国务院文件主要涵盖的政策内容看，既有国内创新驱动方案，又有参与全球可持续发展过程中的中国创新区域建设方案；既有大众创业万众创新的宏观指导意见，又有涉及创新平台建设、农民工等群体创业扶持、县域创新、金融支持、成果转化、改革举措推广等的具体实施方案，政策支持的方案内涵越来越丰富，体系越来越健全。

尤其值得一提的是，很多文件中专门提及了高校创新创业人才培养、大学生创业支持等内容。如国务院办公厅《关于发展众创空间推进大众创新创业的指导意见》（国办发〔2015〕9 号）中提出的重点任务之一包括“鼓励科技人员和大学生创业”，并提出了具体任务要求。再如国务院《关于大力推进大众创业万众创新若干政策措施的意见》（国发〔2015〕32 号）中指出，要充分认识推进大众创业、万众创新的重要意义，每年高校毕业生数量较大，要营造公平竞争的创业环境，使有梦想、有意愿、有能力的高校毕业生等各类市场创业主体“如鱼得水”，实现创新支持创业、创业带动就业的良性互动发展，为此，要激发创造活力，发展创新型创业，支持大学生创业。又如国务院办公厅《关于县域创新驱动发展的若干意见》（国办发〔2017〕43 号）中提出，县域创新驱动的重点任务之一是集聚创新创业人才，要引导高校毕业生到县域就业创业，推进农村大众创业、万众创新。2018 年 9 月国务院《关于推动创新创业高质量发展打造“双创”升级版的意见》（国发〔2018〕32 号）中再次强调，要持续推进创业带动就业能力升级，其重要措施之一即为强化大学生创新创业教育培训。

2. 国务院及各部委针对大学生创新创业的政策文件体系

国务院历来重视高等教育中的创新创业政策指引，在国家总体创新驱动宏观文件发布的同时，也制定并发布了专门针对高等学校和大学生创新创业内容的系列政策文件，主要如下表：

表 6-2 2015-2019 年国务院及各部委针对大学生创新创业系列政策文件

颁布时间	政策文件	颁布单位	文号
2015-4-27	关于进一步做好新形势下就业创业工作的意见	国务院	国发〔2015〕23 号
2015-5-4	关于深化高等学校创新创业教育改革的实施意见	国务院办公厅	国办发〔2015〕36 号
2015-6-17	关于支持农民工等人员返乡创业的意见	国务院办公厅	国办发〔2015〕47 号
2019-7-10	国家级大学生创新创业训练计划管理办法	教育部	教高函〔2019〕13 号
2014-4-29	关于继续实施支持和促进重点群体创业就业有关税收政策的通知	财政部、国家税务总局、人力资源社会保障部	财税〔2014〕39 号
2015-1-27	关于支持和促进重点群体创业就业税收政策有关问题的补充通知	财政部、税务总局、人力资源社会保障部、教育部	财税〔2015〕18 号
2015-2-13	关于支持和促进重点群体创业就业有关税收政策具体实施问题的补充公告	国家税务总局、财政部、人力资源社会保障部、教育部、民政部	公告 2015 年第 12 号
2015-9-2	关于进一步扩大小型微利企业所得税优惠政策范围的通知	财政部、国家税务总局	财税〔2015〕99 号
2017-6-12	关于继续实施支持和促进重点群体创业就业有关税收政策的通知	财政部、国家税务总局、人力资源社会保障部	财税〔2017〕49 号

从这些针对大学生创新创业的系列政策文件看，总体上的政策脉络是：首先深化高等学校创新创业教育改革，优化大学生创新创业能力培养；其次构建创新创业训练计划体系，将高校的创新创业教育改革方案系统化、制度化，形成可执行并具有自我完善功能的在校大学生创新创业能力训练系统；再次是引导大学生学以致用，将创新和创业有机结合，包括在校创业和毕业后创业；最后是构建系统性的大学生创业支持政策，包括人才引进、便利企业开办、税收优惠等内容。这些政策较为全面地涵盖了从在校大学生的创新创业教育，到创业就业引导，到创业扶持等各个环节，即人才培养到就业的全链条政策引导和支持，有力地推动了中国高等教育以创新创业为方向的人才培养模式转型，同时更为社会输送了大量具有较高创新创业潜力的建设者，为国家创新驱动战略的实施提供了良好助力。

二、大学生创新创业支持政策的主要内容及实施响应

以《关于深化体制机制改革，加快实施创新驱动发展战略的若干意见》为核心政策依据，国务院、教育部、财政部、国家税务总局等相继出台多部大学生创新创业政策文件。从系列政策文件的目标和内容看，大学创新创业支持政策主要包括三类，其一为大学生创新创业能力培养的指导性政策；其二为大学生创业就业的引导性政策；其三为大学生创新创业的支持性和保障性政策。

（一）大学生创新创业能力培养指导性政策内容及实施响应

大学生创新创业能力培养的指导性政策，主要体现在2015年5月4日国务院办公厅发布的《关于深化高等学校创新创业教育改革的实施意见》（国办发〔2015〕36号）（以下简称《教育改革意见》）文件中。该文件以落实我国创新驱动发展战略，推进高等教育综合改革，促进大学毕业生高质量创业就业为目标，立足我国高等教育的客观情况，尤其是着力突破制约我国高等教育质量和大学生创新创业能力培养的症结，提出了深化高校创新创业教育改革的指导思想、基本原则、总体目标等总体要求，提出了九大任务和措施，并强调了要在改革过程中加强组织领导。

1. 指导性政策的总体要求

在总体要求方面，《教育改革意见》首先在指导思想上强调要全面贯彻党的教育方针，落实立德树人根本任务；并强调高等教育要理清创新人才培养、创新创业以及创业与就业的关系，坚持创新引领创业、创业带动就业；结合我国处于经济发展新常态的总体背景，强调高校应聚焦素质教育主题，围绕提高人才培养质量核心，着重创新人才培养机制改革。

其次，提出完成创新创业教育改革“三步走”的总体目标。第一步，从2015年起各高校全面启动深化创新创业教育改革。第二步，到2017年，在前一阶段改革取得重要进展基础上，逐渐在高校教师和大学生群体中形成先进的创新创业教育理念，逐步完善创新创业教育制度，形成系列教育成果并加以推广，同

时形成新一轮大学生创业引领计划预期目标。第三步，到2020年，进一步建立健全高校创新创业教育体系，实现高校人才培养质量显著提升，达到大学生的创新精神、创业意识和创新创业能力明显增强，在客观表现上投身创业实践的学生显著增加。

第三，提出高校创新创业教育改革的三个基本原则。原则之一为“坚持育人为本，提高培养质量”。结合党的十八大提出要办好人民满意的教育的总体要求，以及要做到“全面实施素质教育，深化教育领域综合改革，着力提高教育质量，培养学生社会责任感、创新精神、实践能力”的具体目标，该文件以育人本位和质量提升为原则，是对十八大总体要求的回应；而这一原则之下树立先进理念、实施分类施教、强化实践、促进全面发展等具体内容，则是对十八大文件的落实。原则之二为“坚持问题导向，补齐培养短板”。是立足在全面清醒地认识和分析当前我国高等教育不足基础上而提出，这些不足中，课程体系不健全，师资队伍能力不足，教法落后，教学观念陈旧，对教学、科研、实践的关系认识偏差并缺乏协同，都严重制约了我国高等教育质量的实质提升。坚持问题导向原则，实事求是，直面高等教育中的不足和差距，有的放矢地改进和补足，有利于高等教育总体的适应性发展。原则之三为“坚持协同推进，汇聚培养合力”。高等教育中的创新创业教育改革是一项系统工程，过程中需要资源、制度、队伍、合作等多种要素的协同配合，要想取得成功必须统一领导，统一运筹组织各种资源要素，在高等学校内全员参与，全要素协同，在高等学校外，全社会关心支持，尤其是政府和企业与高校密切合作，这样才能构建良好的高校积极改革、大学生积极创新创业、全社会积极支持的有利氛围与高效发展机制。

2. 指导性政策的具体任务措施及实施响应

《教育改革意见》中提出了九大改革任务措施，涵盖培养标准、培养机制、课程体系、教学方法和考核方式、创新创业实践、教学和学籍管理制度、师资培养、创业指导、创业保障等高等教育创新创业人才培养的主要环节，全方位地打造了系统改进高校创新创业教育改革，有效提升人才培养质量的实施方案。

（1）完善人才培养质量标准

《教育改革意见》提出了高等教育的不同阶段均要制定人才培养质量标准，尤其是要明确创新创业能力素质要求，人才培养单位和用人单位要共同制定标准。不同层次、类型、区域的高校要结合自身实际，找准办学定位、服务面向，理清创新创业教育目标要求，在此基础上制定专业教学质量标准，修订人才培养方案。

质量标准是人才培养的依循，但长期以来，我国高等教育质量标准并不明确统一。这就导致了一方面高等学校各自为战，标准不一，另一方面高等教育人才培养没有科学依循，各类型、各区域的高校人才培养质量具有不确定性。为解决这一问题，2012 年教育部推出本科人才培养质量标准，作为国家层面本科阶段高等教育质量指导性意见；自 2011 年开始进行的全国高等学校学科评估，其评估标准作为高校研究生培养的引导意见，除此之外，教育部各类型、各专业的教学指导委员会也相继推出研究生培养指导性培养方案，也可作为国家层面研究生培养质量的指导性标准；另外，值得一提的是，近年有诸多高校、专业开展了工程教育专业认证工作，这是协同性的工程教育质量保障制度，也是实现工程教育国际互认和工程师资格国际互认的重要基础，工程教育专业认证标准即为工科专业人才培养达到行业认可的既定质量标准。在这个大背景下，各地区、各类型的高校不断完善自身各层次的人才培养方案，其中包含培养目标、毕业要求等内容，即为各高校各专业自身的培养细化标准，成为各校人才培养的具体质量依循。

在具体标准内容上，教育部本科人才培养质量标准中，各专业标准均对创新意识、创新能力培养有具体表述；学科评估指标体系中，创新能力培养更是重点指标；工程教育专业认证标准中也有创新精神和能力的具体要求。各校各专业将上述标准融入本校本专业的人才培养方案中，通常在培养目标和毕业生规格等环节对创新意识和创新创业能力培养目标做出具体表述。

（2）创新人才培养机制

《教育改革意见》提出探索建立三个人才培养新机制，其一为以需求为导向，探索建立人才培养类型结构调整新机制，其二为探索建立校校、校企、校地、校所以及国际合作的协同育人新机制，其三为探索建立跨院系、跨学科、跨专业交叉培养创新创业人才的新机制。

为落实这一要求，第一，需求导向的人才培养类型结构调整，即为结合社会人才需求，建立学科和专业结构的动态调整机制，对于社会需求旺盛，代表产业发展新方向的学科专业应大力支持，增量调控；而对应社会需求少、淘汰岗位或者就业困难的专业则应适当削减。贯彻这一政策要求，该文件发布早期各省纷纷推出省内高等教育专业动态调整方案，随着行政体制改革的深化，近年各省进行了灵活的地方政策调整，将部分专业结构调整优化权力下放给各高校行使。第二，随着产学研合作的不断深化，校企合作人才培养模式改革在各高校遍地开花，不仅在实践教学环节展开校企合作，还在教材编撰、课堂教学、课程建设与优化、教学资源开发、师资队伍建设等多个环节开展深度合作，取得了具有一定规模的改革成果，尤其是教育部自 2019 年推出产学研合作项目，直接牵线搭桥将企业优质资源引入高等教育各环节，更是为提升校企合作人才培养质量和效率提供了直接助力。第三，随着互联网技术的成熟进化，校际合作人才培养模式发展迅猛，国内现在已经建立起多个全国规模的教学资源共享平台，各省也有本省的资源共享平台，并相继推出了跨校修读学分互认制度，各校在线学习以及线上线下混合教学模式改革已经全面铺开，这些都为以互联网技术为支撑的校际人才培养合作奠定了良好基础。尤其值得一提的是，2020 年春节过后新冠肺炎疫情暴发，国务院、教育部提出高校延期开学，同时提出“停课不停学”，要求各高校开展线上教学活动，同时全国已有的在线教学资源，包括课程教学资源和虚拟仿真实验教学资源全部免费开放，就是一次校际人才培养合作的成功范例。第四，随着中国改革开放的逐步扩大，各高校高等教育国际化水平不断提升，各个阶段、多种形式的人才培养国际交流合作覆盖面逐渐扩大，合作深度逐渐增强，除学分互认、人才交流外，在培养标准、培养方案设计、课程体系、教学方式等方面，各高校也不断向国际标准、国外高校成熟方案和做法借鉴，逐渐形成了既立足中国高等教育实际，坚持中国本土特色，又具有国际视野，辩证借鉴国外先进经验的人才培养方案设计与运行系统。第五，随着人工智能、大数据等新兴产业行业的兴起，新一轮的学科交叉和专业融合方兴未艾，在前期各高校广泛开设通识课程体系，强调通识知识基础，在已开设的传统专业人才培养中也强调跨学科知识体系的构建；近年又立足产业发展前沿，纷纷开设交叉学科专业，切实推进了跨院系、跨学科、跨专业创新创业人才培养新机制的建立。

（3）健全创新创业教育课程体系

《教育改革意见》要求各高校要在传授专业知识过程中加强创新创业教育，完善创新创业课程体系，创新课程资源形式，创新课程教学方式，建立在线开放课程学习认证和学分认定制度，推进各方合作编写优质创新创业教材。

从政策推出的落实效果看，近年各高校不断加强专业教学过程中的创新创业教育，建立了覆盖高等教育全流程的创新创业教育体系，其内涵全面，包括创新创业意识培养、创新创业知识构建、创新创业能力训练、创新创业综合素质提升等各个方面。首先传统课程和培养环节中融入创新创业教育内容，适当增加行业前沿知识、专业创新思维和方法等内容；其次，增设系列创新创业专门课程，包括必修课和选修课等多种课程类型，建立了包括《就业创业指导》《创新技法》等课程在内的创新创业课程群；第三，开发了大量的教学资源，不仅包括MOOC、SPOC等创新创业线上课程和资源共享课程，还包括线下共享课件、习题库、案例库等多种辅助教学资源；第四，各省各高校利用网络共享教学资源，开展跨校修读和学分互认已经较为普遍，建立了创新创业人才的制度保障；第五，针对创新创业知识传授的教材种类与数量明显增多，其中不乏校企合作编写，充分体现理论与实践结合的优质教材。

（4）改革教学方法和考核方式

为培养学生的批判性和创造性思维，激发创新创业灵感，《教学改革意见》要求各高校要大力推动教学方法改革，广泛开展启发式、讨论式、参与式教学，扩大小班化教学覆盖面，推动教师把国际前沿学术发展、最新研究成果和实践经验融入课堂教学。同时要求高校要运用大数据技术，掌握不同学生学习需求和规律，丰富教育资源，以支持学生自主学习需求。另外还要求高校要改革考试考核内容和方式，注重知识应用能力考查，解决“高分低能”的高等教育积弊。

可以看到，近年来，我国高等学校的教学方法改革正在如火如荼地展开，而且随着改革经验的积累和交流，改革越来越向纵深发展，从追求新颖的课堂教学形式、活跃的课堂气氛，转变为追求学生的学习效果和终身学习能力的获得。可以说，启发式、讨论式、参与式教学方法改革的普及阶段，对教学方法改革实质效果的重视与日俱增，对改革本身的完善也越来越得到重视。而在教学内容改革方面，越来越多的一线教师在传授基础知识的同时，更加重视方法的传授，更加重视运用前沿专业成果和实践经验启发学生感悟专业创新思维，以此实现专业教育中更好地嵌入创新创业能力培养。改革中尤为重要的一环是考试方法改革，这一环节是检验教学质量和学习效果的关键，具有倒逼教学全流程改革实施的重要意义，从实际实施看，以一张试卷来检验整个学期某门课程学习效果的做法已经大大减少，取而代之的是结构性课程成绩评价方法和多样化的考试成绩评定方法，逐步实现了学习过程与学习结果同样获得重视，教师传授与学生自主学习同样得到强调，能力训练和知识获得同样取得效果的多赢局面。

（5）强化创新创业实践

《教育改革意见》要求各高校要加强实验室和创新创业训练中心建设，促进实验教学平台开放共享，鼓励建设大学科技园、大学生创业园、创业孵化基地和小微企业创业基地，作为创业教育实践平台，同时强调要扩大大学生校外实践教育基地种类和规模。完善创新创业实训教学体系，深入实施大学生创新创业训练计划，丰富创新创业竞赛，开展丰富多彩的创新创业课外实践活动等。

近年国家、地方和高校三级创新创业支持系统不断完善，政府对高校创新创业的支持力度不断加大，地方大学生创新创业支持制度体系不断完善，支持方式更加灵活，在创业园区建设方面，政府投入逐年提升，与高校的合作日益紧密，支持政策落地落实效果日益提升，大学生创新创业的外部条件不断优化。同时在校内训练体系中，国家、省、校三级创新创业训练计划项目覆盖面日益扩大，大部分高校在高年级的覆盖面已经超过50%。与此同时，创新创业训练计划项目的成果推广体系也日益成熟，创新创业年会等多种形式的推广宣传形式多元，加之有效的成果转化孵化政策与机制，大学生创新创业成果转化率日益提升。各级各类创新创业竞赛日益丰富，极大地扩展了大学生的创新创业视野，较好实现了以赛促学的目标，随着各类竞赛规模、水平和影响力不断提升，创新创业竞赛已经越来越广泛地得到大学生的认可，极大激发参与热情，竞赛系统正走上高校自我完善的良性循环之路。同时，在学校指导下，大学校园里各类创新创业社团、学生自发性组织等越来越多，大学生的课余生活的创新创业色彩越来越浓重。

（6）改革教学和学籍管理制度

《教学改革意见》要求各高校设置合理的创新创业学分，建立创新创业学分积累与转换制度。建立个性化的创新创业能力培养计划，建立配套的创新创业学习评价系统。在转专业、学习年限、学籍管理、奖学金等方面充分考虑并优先支持参与创新创业的学生。

可以看到，在具体落实中，各高校针对创新创业学生纷纷启动支持其休学创业的弹性学制。同时，在国家逐步放开转专业限制性条件的同时，在接收专业教学资源有限，接收人数有限的前提下，形成支持创新创业学生优先转专业的保障性制度，以鼓励大学生向复合型创新创业人才方向发展。另外，大部分高校已经建立了创新创业成果与课程学习成果互换制度，尤其是在毕业论文和毕业设计环节，建立了创新创业成果抵顶论文或设计的支持制度，还推出了将竞赛成果、大创训练成果纳入传统专业课程和实践环节学习成果体系，给予学分计算的制度。在奖学金评定方面，绝大部分高校采用评分排序的方式对大学生进行奖学金评定。评分方案中除专业课学习成绩占有一定比例外，参加创新创业活动和竞赛、获批创新创业训练计划项目、取得创新创业成果等，都作为评分方案的部分内容，占有相当的评分结构比例。这些都极大地激发了大学生的创新创业热情，也用制度措施有效地引导了大学生参与创新创业学习，激励了创新创业成果的取得。

（7）加强教师创新创业教育教学能力建设

《教育改革意见》提出要明确教师创新创业教育责任，加强创新创业教育的考核评价。完善创新创业专职教师队伍，推进校外创新创业成功者走进校园，担任专业课、创新创业课授课或指导教师，切实加强高校教师创新创业能力提升，鼓励教师开展多种形式的实践。鼓励教师科技成果转化，并鼓励教师带领学生创新创业，完善高校科技成果处置和收益分配机制。

近年来，国家和地方层面对高校教师的创新创业和科技成果转化的引导和支持力度逐渐加大，构建了系列科技成果转化的鼓励政策，针对高新技术企业的优惠政策也日渐增多，高校逐渐成为中国科技成果转化的重镇，为科技强国战略的实施贡献了蓬勃力量。另外，对大学生创业支持力度也日渐增强，支持政策内涵逐渐丰富，制度内容逐渐细致，制度效能逐渐提升，大学科技园、创业孵化园、高新技术园区等越来越好地发挥创新集聚效应，成为各地区科技创新和科技成果转化的高地。在大学校园内，对教师的成果评价体制机制越来越灵活，破除“唯论文”“唯项目”开展评价的氛围日益浓厚，对教师的评价指标中，科技成果转化的重要程度日益增强。教师在职培训系统日益成熟，尤其是教师创新创业能力培训渠道、方式和内容日益增多，教师顶岗实践、挂职创业、挂职实践的机会和渠道越来越多，更多教师受益于此，通过实践积累了丰富了创新创业经验，提高了对大学生创新创业教育改革的积极性和改革有效性，实现了师资队伍群体中创新创业教育教学能力的实质提升。

（8）改进学生创业指导服务

《教育改革意见》要求各地区、各高校要建立健全学生创业指导服务专门机构，优化指导与服务，尤其注重完善创新创业信息化服务，并做好创业项目对接、知识产权交易等服务。落实大学生创业培训政策，鼓励研发创业培训课程，建设网络培训平台。编制专项培训计划，校内外联合开发创业培训项目。充分发挥社会力量，各地区和行业协会要适时发布创业项目指南，引导大学生识别创业机会、捕捉创业商机。

从各高校的落实情况看，成立创新创业学院，作为大学生的专业创业指导和服务机构，同时高校科技园也可作为学生创业孵化机构，为其创业提供指导和支持。在机构具体运行上，各类创业服务和指导机构均构建了包括专业教师、企业家、法律、财务、税务、管理等方面专家参与的指导团队，为大学生创业提供科学精准的专业指导。同时在各高校总体创业人才培训方案与实施计划制定、创业课程开发、创业信息网络平台建设、创业教材出版等方面，创新创业学院也发挥了较大作用。而高校科技园则在创业项目开发、创业团队与企业对接、知识产权保护、风险投资引入等方面，发挥了巨大的指导和支持功能。

（9）完善创新创业资金支持和政策保障体系

《教育改革意见》要求各地区、各有关部门要整合发展财政和社会资金，支持高校学生创新创业活动。各高校也要优化经费支出结构，多渠道统筹安排资金，支持创新创业教育教学，资助学生创新创业项目。同时鼓励社会力量设立大学生创业风险基金，以多种形式向自主创业大学生提供资金支持。深入实施新一轮大学生创业引领计划，落实各项扶持政策和服务措施，尤其是新兴产业创业和互联网创业的扶持政策。

在实际运行中，各高校充分发动社会力量，尤其是校友力量的支持，创建了大量的支持大学生创业的风险基金，另外还有多种形式灵活多样的企业支持大学生创业方案，都很好地发挥了鼓励和引导支持作用。高校也开列专项资金，专门用于大学生创新创业训练计划，也有高校开列专项资金持续支持大学生创业转化项目。在高校、政府、企业和社会力量的多方支持和引导下，近年大学生创业呈现迅速量化增长的态势，采用"互联网+"的创业模式日益增多，电子、人工智能、大数据、生物、新型服务等新兴产业创业项目不断涌现，大学生创业呈现数量增长，质量渐强，成功率渐高的良好发展态势。

（二）大学生创业就业引导政策

自 2015 年起，国家通过多个政策文件和多种渠道加大大学生创业就业引导力度，鼓励大学生运用所学，在毕业后以创业的形式实现灵活就业，这些政策不仅有力推动了总体创新创业态势的发展，更为促进大学生就业，缓解大学毕业生就业压力开辟了良好路径。

1. 国务院关于进一步做好新形势下就业创业工作的意见

2015 年 4 月 27 日，国务院发布《国务院关于进一步做好新形势下就业创业工作的意见》（国发〔2015〕23 号）（以下简称《就业创业意见》），对大众创业、万众创新的重要意义进行了阐释，提出"大众创业、万众创新是富民之道、强国之举，有利于产业、企业、分配等多方面结构优化"，同时强调了将就业和创业相结合的政策导向，提出要"实施更加积极的就业政策，把创业和就业结合起来，以创业创新带动就业，催生经济社会发展新动力，为促进民生改善、经济结构调整和社会和谐稳定提供新动能"。

在深入实施优先就业战略方面，《就业创业意见》提出，第一要坚持扩大就业发展战略，将就业作为经济发展评价指标的重要内涵。第二要大力发展现代服务业、战略新兴产业和先进制造业等发展吸纳就业能力强的产业，进一步优化区域发展布局，挖掘第二产业就业潜力，推进作为第一产业的农业现代化，吸纳优秀劳动力到农村创业就业。第三要加大和优化小微企业扶持力度，发挥小微企业就业主渠道作用。第四要调动多方力量，采取多种措施，积极预防和有效调控失业风险。

在积极推动创业带动就业方面，《就业创业意见》在准入、服务和发展平台、投融资、信贷、减税降费、科研人员创业、农村劳动力创业、营造创业氛围等八个方面进行了全面部署，为推动大众创业，以创业带动就业总体目标的实现奠定了良好的基础。第一，要营造宽松便捷的准入环境，深化商事制度改革，包括优化商事登记；充分运用大数据技术加强商事监管和信息服务；完善商事制度建设，规范和优化商事制度执行；进一步简政放权，提高政务服务效率等。第二，要培育创新创业公共服务平台，大力发展科技服务业，加快发展多功能的创新创业综合服务平台和发展空间；落实创新创业企业的税收优惠和补贴；打造创业示范平台，鼓励传统企业转型为新型创业平台，建立良好的创业生态系统。第三，要拓宽创业投融资渠道，运用财税政策支持创业投资，运用市场机制引导资金支持创业活动；加快发展国家专业创业投资引导基金，鼓励地方设立创业引导基金，以带动社会资本加大创业投入；发挥多层次资本市场作用，开拓多种创业融资模式和渠道，发展新型创业融资服务机构，以促进大众创业。第四，要支持创业担保贷款发展，开发创业担保贷款金融服务，针对创业重点对象提高金融服务可获得性，鼓励金融机构制定灵活的创业贷款利率方案，健全风险保障机制。第五，加大减税降费力度，实施更加积极的促进就业创业税收优惠政策，推定更加灵活的税收征收方案，全面清理行政规费，建立创业负担举报反馈机制。第六，调动科研人员创业积极性，探索高校、科研院所等专业技术人员灵活创业政策，加快推进科技成果使用、处置和收益管理改革，采取引导措施引导科技成果优先向高校毕业生创设的小微企业转移，完善科技人员创业激励政策。第七，鼓励农村劳动力创业，支持农民工返乡创业，将农民创业与发展县域经济相结合，大力推进农村创业指导和服务，采取各种措施支持农民网上创业。第八，营造大众创业良好氛围，支持举办创业训练营、竞赛、成果推介等多种活动，搭建交流平台，培育创业文化，营造良好创业氛围，同时落实创业扶持政策，推进创业型城市创建。

统筹推进高校毕业生等重点群体就业方面，尤其强调鼓励高校毕业生多渠道就业。提出要把高校毕业生就业摆在就业工作首位，第一，采取多种措施鼓励高校毕业生到基层、中西部地区、艰苦边远地区、老工业基地和小微企业就业。第二，尤其重视深入实施大学生创业引领，整合发展高校毕业生就业创业基金，完善管理体制和市场化运行机制，实现基金滚动使用，为高校毕业生就业创业提供支持。第三，积极支持和鼓励高校毕业生投身现代农业建设。第四，对高校毕业生申报从事灵活就业，要提供社保、人事、劳动保障等服务。另外，文件还提出了加强对困难人员的就业援助，推进农村劳动力转移就业，促进退役军人就业等重点群体就业创业支持政策。

在加强就业创业服务和职业培训方面，文件强调要强化公共就业创业服务，加快公共就业服务信息化建设，加强人力资源市场建设，在高等学校和社会群体中加强职业培训和创业培训，建立健全失业保险、社会救助与就业的联动机制，完善失业登记办法。最后，还强调了各级政府要强化就业创业工作的组织领导。

2. 国务院办公厅关于支持农民工等人员返乡创业的意见

2015 年 6 月 17 日，国务院办公厅发布《支持农民工等人员返乡创业的意见》（国办发〔2015〕47 号）（以下简称《返乡创业意见》），以“加快建立多层次多样化的返乡创业格局，加快输出地新型工业化、城镇化进程，加快培育经济社会发展新动力”为总体要求，提出了坚持普惠性与扶持性政策相结合；坚持盘活存量与创造增量并举；坚持政府引导与市场主导协同；坚持输入地与输出地发展联动四项原则，对鼓励和引导农民工、大学生等群体返乡创业提出了较为全面的政策要求。同时提出了五大主要任务，包括：第一，促进产业转移带动返乡创业；第二，推动输出地产业升级带动返乡创业；第三，鼓励输出地资源嫁接输入地市场带动返乡创业；第四，引导一二三产业融合发展带动返乡创业；第五，支持新型农业经营主体发展带动返乡创业。

为实现政策目标，该文件提出了健全基础设施和创业服务体系六大措施。第一，加强基层服务平台和互联网创业线上线下基础设施建设，要求切实加大人力财力投入，进一步加强县乡各类创业就业保障服务平台建设，支持电信企业加大投入，改善县乡互联网服务，加强电子商务进农村综合示范县工作，加大交通物流等基础设施投入。第二，依托存量资源整合发展返乡创业园，要求各地在调查分析基础上，结合地方发展的实际需要，对返乡创业园布局做出安排，依托各类园区存量资源，挖掘现有物业设施利用潜力，大力推进返乡创业孵化基地建设，并与发展电子商务和完善物流基础设施等统筹结合。第三，强化创业培训工作，有效统合调动计划、资源、项目、师资等各种要素，采取多种形式开展创业培训，并提高培训的可获得性；建立健全创业辅导制度；支持返乡创业培训实习基地建设，加强输出地与东部地区对口协作；发挥好驻村扶贫机制的作用，协同开展返乡创业培训。第四，完善返乡创业公共服务，要求各地依托基层公共平台集聚各类资源，为返乡创业提供服务；统筹考虑社保、住房、教育、医疗等公共服务制度改革，及时将返乡创业人员纳入公共服务范围，并探索完善返乡创业人员社会兜底保障机制；深化农村社区建设试点，提升农村社区支持返乡创业和吸纳就业的能力。第五，改善返乡创业市场中介服务，运用政府购买服务机制，调动社会各方帮助返乡创业农民工等人员解决企业开办、经营、发展过程中遇到的能力不足、经验不足、资源不足等难题；培育和壮大专业化市场中介服务机构，帮助返乡创业人员改善管理、开拓市场。第六，引导返乡创业与万众创新对接，引导和支持龙头企业带动返乡人员依托产业链创业发展；鼓励大型科研院所建立开放式创新创业服务平台，吸引创业者围绕其创新成果创业；鼓励社会资本加大投入，建设众创空间，鼓励发达地区众创空间加速向输出地扩展、复制；推行科技特派员制度，为返乡创业提供科技服务。

同时，《返乡创业意见》提出了五项政策措施，并要求在政策实施过程中加强组织领导。这些措施包括：第一，深化商事制度改革，降低返乡创业门槛；第二，结合各部委文件落实定向减税和普遍性降费政策；第三，充分发挥财政资金的杠杆引导作用，加大对返乡创业的财政支持力度；第四，强化返乡创业金融服务；第五，完善返乡创业园支持政策。

（三）大学生创业具体支持政策内容

1. 高校毕业生自主创业支持政策

国家非常重视对高校毕业生自主创业的支持，陆续推出了多项支持和优惠政策，包括税收优惠、信贷支持、行政规费减免、创业培训等，为大学毕业生创业提供了切实有力的助益。

（1）税收优惠

2014 年 5 月，国家税务总局、财政部、人力资源社会保障部、教育部、民政部联合发布《关于支持和促进重点群体创业就业有关税收政策具体实施问题的公告》（2014 年第 34 号），提出了大学毕业生创业就业具体税收政策。其后，2017 年 6 月，财政部、税务总局、人力资源社会保障部联合发布《关于继续实施支持和促进重点群体创业就业有关税收政策的通知》（以下简称《继续支持税收优惠政策》）（财税〔2017〕49 号），对以往的税收优惠政策进一步优化。主要内容包括：

——高校毕业生范围

高校毕业生是指实施高等学历教育的普通高等学校、成人高等学校应届毕业的学生；毕业年度是指毕业所在自然年，即 1 月 1 日至 12 月 31 日。

——资格申请

毕业年度内高校毕业生在校期间凭学生证向公共就业服务机构按规定申领《就业创业证》，或委托所在高校就业指导中心向公共就业服务机构按规定代为其申领《就业创业证》；毕业年度内高校毕业生离校后直接向公共就业服务机构按规定申领《就业创业证》。

——资格取得

高校毕业生申领相关凭证后，由就业和创业地人力资源社会保障部门对人员范围、就业失业状态、已享受政策情况进行核实，在《就业创业证》上注明“自主创业税收政策”“毕业年度内自主创业税收政策”或“企业吸纳税收政策”字样，同时符合自主创业和企业吸纳税收政策条件的，可同时加注；主管税务机关在《就业创业证》上加盖戳记，注明减免税所属时间。

——税收优惠

在 3 年内按每户每年 8000 元为限额依次扣减其当年实际应缴纳的增值税、城市维护建设税、教育费附加、地方教育附加和个人所得税。限额标准最高可上浮 20%，各省、自治区、直辖市人民政府可根据本地区实际情况在此幅度内确定具体限额标准，并报财政部和税务总局备案。

纳税人年度应缴纳税款小于上述扣减限额的，以其实际缴纳的税款为限；大于上述扣减限额的，以上述扣减限额为限。

——优惠期限

《继续支持税收优惠政策》确定了执行期限为 2017 年 1 月 1 日至 2019 年 12 月 31 日。税收优惠政策在 2019 年 12 月 31 日未享受满 3 年的，可继续享受至 3 年期满为止。2020 年国家将继续推出税收优惠政策。

——优惠管理

该文件规定的税收优惠政策按照备案减免税管理，纳税人应向主管税务机关备案。需要注意的是，创业大学毕业生不得重复享受税收优惠政策，以前年度已享受扶持就业的专项税收优惠政策的人员不得再享受本通知规定的税收优惠政策。如果企业的就业人员既适用本通知规定的税收优惠政策，又适用其他扶持就业的专项税收优惠政策，企业可选择适用最优惠的政策，但不能重复享受。

（2）信贷扶持

2016 年 7 月，中国人民银行、财政部、人力资源社会保障部联合发布《关于实施创业担保贷款支持创业就业工作的通知》（银发〔2016〕202 号），明确对高校毕业生，包括含大学生村官和留学回国学生，提供贷款支持。2019 年 10 月财政部修订发布《普惠金融发展专项资金管理办法》，完善了针对创业的普惠金融财政贴息政策，同时进一步提高了财政贴息的贷款额度。

——一般贷款额度

依据《关于实施创业担保贷款支持创业就业工作的通知》，各经办金融机构对符合条件的个人发放的创业担保贷款最高额度为 10 万元。对符合条件的借款人合伙创业或组织起来共同创业的，贷款额度可适当提高。值得一提的是，部分省市对大学生创业担保贷款额度给予了不同程度的提高。

——贷款财政贴息

依据《普惠金融发展专项资金管理办法》，高校毕业生，包括大学生村官和留学回国学生，属于重点就业群体，对按照《国务院关于进一步做好新形势下就业创业工作的意见》（国发〔2015〕23 号）、《中国人民银行、财政部、人力资源社会保障部关于实施创业担保贷款支持创业就业工作的通知》（银发〔2016〕202 号）、《国务院关于做好当前和今后一个时期促进就业工作的若干意见》（国发〔2018〕39 号）等文件规定发放的个人和小微企业创业担保贷款，财政部门可予以贴息。

创业担保贷款财政贴息，在国家规定的贷款额度、利率和贴息期限内，按照实际的贷款额度、利率和计息期限计算。其中，对符合条件的个人创业担保贷款，财政部门给予全额贴息；对符合条件的小微企业创业担保贷款，财政部门按照贷款合同签订日贷款基础利率的 50% 给予贴息。对展期、逾期的创业担保贷款，财政部门不予贴息。

——地方灵活贴息政策

经省（自治区、直辖市、计划单列市，下同）级人民政府同意，各地可适当放宽创业担保贷款借款人条件、提高贷款利率上限，相关创业担保贷款由地方财政部门自行决定贴息，具体贴息标准和条件由各省结合实际予以确定，因此而产生的贴息资金支出由地方财政部门全额承担。

——给予财政贴息的贷款额度提高

依据《普惠金融发展专项资金管理办法》，专项资金贴息的个人创业担保贷款，最高贷款额度为 15 万元，贷款期限最长不超过 3 年，贷款利率可在贷款合同签订日贷款基础利率的基础上上浮一定幅度，具体标准为贫困地区（含国家扶贫开发工作重点县、全国 14 个集中连片特殊困难地区，下同）上浮不超过 3 个百分点，中、西部地区上浮不超过 2 个百分点，东部地区上浮不超过 1 个百分点，实际贷款利率由经办银行在上述利率浮动上限内与创业担保贷款担保基金运营管理机构协商确定。

专项资金贴息的小微企业创业担保贷款，贷款额度由经办银行根据小微企业实际招用符合条件的人数合理确定，最高不超过 300 万元，贷款期限最长不超过 2 年，贷款利率由经办银行根据借款人的经营状况、信用情况等与借款人协商确定。对已享受财政部门贴息支持的小微企业创业担保贷款，可通过创业担保贷款担保基金提供担保形式支持。

——优质创业企业信贷鼓励

依据《普惠金融发展专项资金管理办法》，对还款积极、带动就业能力强、创业项目好的借款个人和小微企业，可继续提供创业担保贷款贴息，但累计次数不得超过3次。对获得市(设区市)级以上荣誉称号的创业人员、创业项目、创业企业，经金融机构评估认定的信用小微企业、商户、农户，经营稳定守信的二次创业者等特定群体原则上取消反担保。

（3）其他扶持政策

——免收行政事业收费

毕业2年以内的普通高校学生从事个体经营(除国家限制的行业外)的，自其在工商部门首次注册登记之日起3年内，免收管理类、登记类和证照类等有关行政事业性收费。

——社会保险补贴

大学生自主创业开办小微型企业，其新招用毕业年度高校毕业生并签订1年以上的劳动合同并交纳社会保险费将给予1年的社会保险补贴。

——培训补贴

对大学生在毕业学年(即从毕业前一年7月1日起的12个月)内参加创业培训的，根据其获得创业培训合格证书或就业、创业情况，按规定给予培训补贴。

——取消高校毕业生落户限制

国家对大学生自主创业提供毕业生落户手续，高校毕业生可在创业地办理落户手续(直辖市按有关规定执行)。

——免费创业服务

有创业意愿的大学毕业生，可免费获得公共就业和人才服务机构提供的创业指导服务，包括政策咨询、信息服务、项目开发、风险评估、开业指导、融资服务、跟踪扶持等“一条龙”创业服务。

2. 在校大学生创新创业支持政策

目前，对在校大学生的创新创业支持政策内容更为丰富，除同样享受前述创业相关经济方面的优惠和扶持政策外，还有对在校大学生创业的培养政策。

（1）创新人才培养机制

在人才培养机制方面，在校创业大学生可享受各地各高校实施的系列“创新创业训练计划”“卓越计划”、科教结合协同育人行动计划等的训练培养支持等政策，同时还享受创新创业学院的专项培养、创新创业实验班等更多跨院系、跨学科、跨专业交叉培养创新创业人才的新机制。

（2）优化课程体系

在课程方面，各高校充分挖掘，不断充实各类专业课程和创新创业专门课程，并不断丰富完善创新创业教学资源，包括新型的在线慕课资源等。各高校普遍开设了创业基础、创业指导、创新方法、学科前沿、跨学科等必修和选修课。随着互联网技术的发展，各地区、各高校资源共享课、视频公开课、慕课等在线开放课程不断增多，在线课程的学习认证和学分认定也日渐灵活，这些都是对在校学生丰富创业知识，提高创业能力的有力支持。

（3）提升创业实践

在创业实践方面，大学生可以通过“创新创业训练计划”以及各种大学生创新创业大赛、全国高职院校技能大赛和各类科技创新、创意设计、创业计划等专题竞赛，获得创业实践机会。同时自主创业大学生可共享学校面向全体学生开放的大学科技园、创业园、创业孵化基地、教育部工程研究中心、各类实验室、教学仪器设备等科技创新资源和实验教学平台，还可参加全国以及高校学生成立的创新创业协会、创业俱乐部等社团，提升创新创业实践能力。

（4）完善学籍管理

在学籍管理方面，有自主创业意愿的大学生，可享受高校实施的弹性学制，放宽学生修业年限，允许调整学业进程、保留学籍休学创新创业等管理规定。另外，近年推行更加灵活的转专业制度，其中一项重要内容就是优先支持参与创业的学生转入相关专业学习。

（5）大力推进创新能力培养教学改革

在创新能力培养的教学改革方面，各高校建立的自主创业大学生创新创业学分累计与转换制度，和学生开展创新实验、发表论文、获得专利和自主创业等情况折算为学分，将学生参与课题研究、项目实验等活动认定为课堂学习的新探索，同时为学生创建创新创业档案和成绩单等，以此客观记录并量化评价学生开展创新创业活动情况。

（6）加强创业指导

在创业指导方面，在校大学生不仅可享受各地各高校对自主创业学生实行的持续帮扶、全程指导、一站式服务；还可享受地方、高校两级信息服务平台，为学生实时提供的国家政策、市场动向等信息；还有地方政府和高校提供的创业项目对接、知识产权交易等服务；同时，各地在充分发挥各类创业孵化基地作用的基础上，因地制宜建设大学生创业孵化基地，对大学生进行相关培训、指导、创业孵化服务。

三、大学生创新创业法律风险防范及法律意识培养

大学生创新创业是一项复杂活动，具有成果创新性、过程持续性、主体多元性、风险不确定性等特征。其中由于创新创业过程通常包含多种工作，有多个主体参与，甚至可能涉及企业及其他社会成员的参与，往往基于工作内容和参与主体的不同，形成不同的法律关系，产生不同的法律风险。对大学生创新创业能力的培养，不仅包含基于专业领域的实践能力和创新思维的培养，还应包含法律意识的培养，以及由此衍生的法律风险防范能力的培养，从而以创新创业为契机和平台，全面提升大学生的综合素质。为明确大学生应具备的创新法律意识应包括哪些内涵，进而探求如何培养其法律意识，有必要从梳理大学生创新创业的法律规定入手，总结大学生创新创业可能产生的主要法律关系，进而归纳大学生创新创业可能面临的法律风险，方能有的放矢地构建大学生创新创业法律意识的培养体系。

（一）大学生创新创业相关各位阶法律规定

中国法律体系作为整体性的法律规范系统，对中国企业、科研院所等经济组织和个人，以及在中国境内开展创新创业活动的外国经济组织和个人，均具有普适性的调整功能。其中与创新创业直接相关的法律依据包括宪法、法律、行政法规、地方性法规、部委规章、地方政府规章、司法解释等六个位阶层次，这些法律规定无论是对成熟企业经营主体或科研主体开展创新创业，还是对大学生这

类处于起步阶段的创新创业主体，均一体适用。立法的基本规律是，越是位阶高的法律规范，原则性、抽象性、普适性越强，而针对性、细致性越弱；相反，越是位阶低的法律规范，对创新创业的调整越直接具体。不同位阶的立法各自发挥不同的作用，高位阶立法奠定立法宗旨和法律调整原则，设计法律制度框架，构造法律制度基本范畴；较低位阶立法落实高位阶立法的价值导向与制度目标，细化法律制度的具体操作运行规则，各类立法共同围织成一张经络丰富、节点众多的法律制度网络，覆盖各类主体开展创新创业活动中的各种法律关系，提供广泛的、立体化的、充分的法律保障。

1. 宪法

在中国法律体系中，宪法是最高位阶立法，是国家根本大法，规定国家的根本制度和根本任务，公民的基本权利和义务，国家机构的组织原则和职权。宪法具有最高的法律效力，一切法律、法规都必须依据宪法，都不得同宪法相抵触。

在我国现行宪法中，明确规定了基本经济制度，是我国境内任何主体开展经济活动的最高法律规范。宪法第六条规定“国家在社会主义初级阶段，坚持公有制为主体、多种所有制经济共同发展的基本经济制度，坚持按劳分配为主体、多种分配方式并存的分配制度。”确立了我国公有制为主，多种所有制并存的基本经济制度，为私人投资的非公有制经济形态创造了良好的发展空间。宪法第十一条规定“在法律规定范围内的个体经济、私营经济等非公有制经济，是社会主义市场经济的重要组成部分。”“国家保护个体经济、私营经济等非公有制经济的合法的权利和利益。国家鼓励、支持和引导非公有制经济的发展，并对非公有制经济依法实行监督和管理。”明确了个体经济、私营经济等非公有制经济在我国市场经济体系中的重要地位，同时提出了国家鼓励、支持和引导非公有制经济发展并依法监督管理的政策目标和法治方向。宪法的规定是创新创业类非公有制经济形态发展的基本法律保障，为其他立法铺陈鼓励支持性法律制度奠定了坚实基础。

2. 法律

法律的效力位阶仅低于宪法，由全国人民代表大会或全国人民代表大会常务委员会制定并颁布。中国特色社会主义法律体系由七大法律部门构成：宪法及其相关法部门、民商法部门、行政法部门、经济法部门、社会法部门、刑法部门以及程序法部门。除宪法是最高位阶立法外，其他法律部门均包括法律、行政法规等不同位阶的立法。由于法律由全国人大这个国家最高立法机关制定颁布，各个法律部门的“法律”作为本部门的最高位阶立法，统领本部门的下位法律制度。

我国法律体系中，与企业经营相关的法律规范遍及除宪法外的各个法律部门，其中主要的法律如下表：

表 6–3

法律部门	主要法律	主要调整范围
民商法部门	民法典	调整平等主体的民事法律关系
	知识产权法	调整知识产权的归属、行使、管理和保护等活动中产生的社会关系
	公司法	调整在公司设立、组织、运营或解散过程中所发生的社会关系
	合伙企业法	调整在合伙企业设立、组织、运营或解散过程中所发生的社会关系
	个人独资企业法	调整在个人独自企业设立、组织、运营或解散过程中所发生的社会关系
行政法部门	行政强制法	规范行政强制的设定和实施，保障和监督行政机关依法履行职责，维护公共利益和社会秩序，保护公民、法人合法权益
	行政处罚法	规范行政处罚的设定和实施，保障和监督行政机关有效实施行政管理，维护公共利益和社会秩序，保护公民、法人或者其他组织的合法权益
经济法部门	证券法	调整证券的发行、上市、交易、管理、监督及其他相关活动的社会关系
	反垄断法	通过规范垄断和限制竞争行为来调整经营者相互竞争关系
	反不正当竞争法	调整平等的经营者之间的竞争关系
	消费者权益保障法	调整消费者为生活消费需要购买、使用商品或者接受服务而产生的社会关系
	产品质量法	调整产品质量监督管理关系和产品质量责任关系
	广告法	调整广告主、广告经营者、广告发布者的商业广告关系
	价格法	调整价格实施、管理和使用价格来计算经济利益转移的过程中的价格关系
	税法	调整国家税收活动中所发生的税收关系
	会计法	调整在社会经济活动中发生的会计核算、会计监督、会计管理及其他会计关系
社会法部门	劳动法	劳动者与用人单位之间的权利义务关系
	劳动合同法	劳动者与用人单位之间的劳动合同关系
	环境法	调整人们在开发、利用、保护和改善环境过程中产生的各种社会关系

续表

法律部门	主要法律	主要调整范围
社会法部门	自然资源法	调整人们在自然资源开发利用、保护和管理过程中所发生的各种社会关系
	安全生产法	调整生产经营和监督管理活动中所发生的安全生产关系
刑法部门	刑法	调整与企业经营有关的各类犯罪行为与刑罚处罚
诉讼法部门	民事诉讼法	平等主体之间民事法律争议的诉讼程序
	刑事诉讼法	刑事犯罪定罪量刑过程中的诉讼程序
	行政诉讼法	解决行政主体与行政相对人行政争议的诉讼程序

3. 行政法规

行政法规是国务院为领导和管理国家各项行政工作，根据宪法和法律，按照法定程序制定的有关行使行政权力，履行行政职责的规范性文件的总称。行政法规的制定主体是国务院，一旦制定颁布即具有法的效力，其效力位阶仅次于宪法和法律，高于部门规章和地方性法规。行政法规一般以条例、办法、实施细则、规定等形式组成。

创新创业领域的行政法规主要包括：

表 6–4

	行政法规名称	颁布日期
1	关于推广第三批支持创新相关改革举措的通知	2019.01.23
2	关于支持国家级新区深化改革创新加快推动高质量发展的指导意见	2019.12.31
3	关于推动创新创业高质量发展打造“双创”升级版的意见	2017.07.21
4	关于强化实施创新驱动发展战略进一步推进大众创业万众创新深入发展的意见	2016.06.15
5	关于支持返乡下乡人员创业创新促进农村一二三产业融合发展的意见	2016.11.18
6	关于促进创业投资持续健康发展的若干意见	2016.09.16
7	关于建设大众创业万众创新示范基地的实施意见	2016.05.08
8	关于简化优化公共服务流程方便基层群众办事创业的通知	2015.11.27

需要注意的是，部分国务院颁布的政策文件纳入行政法规范畴，是充分体现依法治国理念，依法推进创新创业的有益举措。

4. 司法解释

司法解释，是指国家最高司法机关在适用法律过程中对具体应用法律问题所作的解释，包括最高人民法院做出的审判解释和最高人民检察院做出的检察解释两种。需要注意的是，司法解释并不属于法的范畴，而是国家最高司法机关对现行法所做的法律解释，是法的运行过程中形成的法的适用性规则，而并不是法本身。由于是最高司法机关做出的解释，所以对下级各司法机关均具有约束力，所以从这个意义上说，司法解释虽不是“法”，但是对相关的社会关系具有一定的调整功能，具有一定的约束力。

在创新创业领域，国家最高司法机关做出的司法解释如下：

表 6–5

	司法解释名称	作出机关	颁布日期
1	关于充分发挥审判职能作用为企业家创新创业营造良好法治环境的通知	最高人民法院	2017.12.29
2	关于充分发挥职能作用营造保护企业家合法权益的法治环境支持企业家创新创业的通知	最高人民检察院	2017.12.04
3	关于充分发挥检察职能依法保障和促进科技创新的意见	最高人民检察院	2016.07.07

另外，最高人民法院定期发布各类指导案例，作为对下级法院审理同类案件的业务指导，其中不乏与企业创新创业有关的投资、融资、生产经营、知识产权、竞争、行政管理等有关的案例，也是对创新创业活动提供的有力司法保障。

5. 其他

在中国法律体系中，另有大量的由国务院各部门制定并颁布的部门规章、省级立法机关制定并颁布的地方行政法规，主要依据与创新创业有关的法律、行政法规，进行具体的制度细化和实施方案的设计，尤其是各地方出台大量的创新创业地方引导和支持政策，最终转化成地方法规，对推动本地科技创新和各类主体创业，创造了良好的法治环境，提供了较为系统的法制保障。

（二）大学生创新创业主要法律关系

1. 科技创新法律关系

大学生科技创新的主要形式包括创作、编程、设计、开发等，创新取得的主要成果包括专利、论文、作品、计算机程序、产品、工艺等。这个过程主要是大学生利用创新思维，通过一系列智力活动和创新工作，最终形成精神成果的过程，具有创新性、连续性、高阶性的特点，以最终形成精神成果作为这个过程的终点。

以最终形成的精神成果为指向对象，其法律关系的构成包括主体、客体和内容三个要素。但由于大学生科技创新活动具有一定的复杂性，所以对其法律关系的判断有诸多要点需要予以着重考虑。厘清法律关系有利于引导大学生秉持法律思维，在法治框架下开展科技创新活动，更有利于大学生把握科技创新法律风险，进而做出风险预防安排，而尽量避免由于法律争议影响科技创新应有的积极功能损。

（1）科技创新法律关系主体

科技创新法律关系主体为最终形成精神成果的大学生，一般来说，完成创新成果的大学生即为创新成果的权利人。在发明、实用新型、外观设计等专利成果前提下，成果经申请被授予专利后即取得专利权，权利人一般即为完成成果的大学生。在科学论文、专著或者艺术作品等创作性成果前提下，成果一经完成著作权即产生，而无需经过申请或登记程序才产生权利，著作权人一般为完成作品的大学生，也即作者。对于计算机软件这类特殊作品，我国法律规定了计算机软件著作权登记制度，但登记并非作品产生著作权的条件，而仅是对著作权归属的明确和公示，以避免权属争议。计算机软件著作权同样是作品完成权利即产生，著作权人为完成软件作品的大学生。

需要注意的是，大学生科技创新往往采用合作创新模式，即多位大学生组成团队共同完成创新成果，这种情况下无论是专利权还是著作权，对成果有实质贡献的均为权利人。这里的实质贡献指的是智力创造性贡献，即对成果的产生做出了设计、研发、创作等方面的智识贡献，而有些团队成员仅从事了资料搜集、数据监测或者后勤保障等辅助性工作并不能称之为有实质贡献。但是，实践中也有大学生创新团队将所有团队成员都纳入权利人范畴，而并不区分团队分工的情况，这种做法在法律上并不排斥，其本质上是有实质贡献的团队成员愿意将成果权益与全体成员分享，经过申请授权或者作品完成，其权属方案也能够得到法律上的效力认可。

（2）科技创新法律关系客体

科技创新法律关系客体为创新成果，在专利法律关系中即为发明、实用新型或者外观设计成果。对于发明和实用新型成果，一般须具有新颖性、创造性和实用性方能获得专利权，受到法律保护。新颖性一般是指在专利申请日以前没有同样的创新成果在国内外出版物公开发表过、没有在国内公开使用过或以其他方式为公众所知，也没有同样的创新成果由他人向专利局提出过申请并且记载在申请日以后公布的专利申请文件中。但在申请日以前6个月内，在中国政府主办或者承认的国际展览会上首次展出的、在规定的学术会议或者技术会议上首次发表的、他人未经申请人同意而泄露其内容的不视为丧失新颖性。创造性是指同专利申请日以前已有的技术相比，该创新成果有突出的实质性特点和显著的进步。实用性是指创新成果能够制造或者使用，并且能够产生积极的效果，如果成果造成环境污染、资源的严重浪费、损害人体健康，则属于无积极效果；另外如果创新成果违背自然规律，或只能利用独一无二自然条件才能完成技术方案，或者成果的做出缺乏技术手段，则通常被认为不具有实用性。对于外观设计，由于具有设计性特征，所以获得授权的条件与发明和实用新型并不相同，其获得专利权的实质条件为具有新颖性和美观性。

在著作权法律关系中，其法律关系客体即为作品。受著作权法保护的作品应当具有三个条件，其一应当是思想或感情的表现；其二应当具有独创性或原创性；其三作品的表现形式应当符合法律的规定。根据我国现行《著作权法》第三条规定，“本法所称的作品，包括以下列形式创作的文学、艺术和自然科学、社会科学、工程技术等作品：①文字作品；②口述作品；③音乐、戏剧、曲艺、舞蹈、杂技艺术作品；④美术、建筑作品；⑤摄影作品；⑥电影作品和以类似摄制电影的方法创作的作品；⑦工程设计图、产品设计图、地图、示意图等图形作品和模型作品；⑧计算机软件；⑨法律、行政法规规定的其他作品”。2020 年 4 月，全国人大发布的《著作权法》修正案（征求意见稿）中，将第六项“电影作品和以类似摄制电影的方法创作的作品”，改为“视听作品”，扩大了视听类作品的保护范围。随着信息科技和互联网技术的发展，产生了诸多互联网视听作品，比如网络游戏以及基于游戏衍生的周边视听作品，这些新型作品在修正前的《著作权法》中并没有明确的界定，实践中权利及权属争议不断，第（六）项修改后，此类存在争议的作品均被纳入了著作权保护的范围。大学生创作群体中此类作品数量庞大，这一保护范围的扩大使以往大学生互联网视听作品走出了权利保护的模糊地带。同时，修正案中在同一条增加一款“前款规定的作品可以向国家著作权主管部门认定的登记机构办理登记”，明确了著作权可以通过登记的方式明确权利归属，但并未改变登记并不是著作权产生的标志，而仅是确权程序，著作权仍然是作品一经完成权利即为产生。

（3）科技创新法律关系内容

科技创新法律关系的内容，即为以相关知识产权为核心的权利以及权利相对人的义务。其中创新成果完成人的权利通常为专利权或著作权，相关内容由法律规定，专利权或著作权为绝对权或对世权，也即除权利人之外的任何人不得损害权利，相应的权利相对人的义务即为除权利人之外的任何人不得侵害权利的义务。

根据我国法律规定，专利权存在保护期，发明专利为自专利权授予之日起 20 年，实用新型和外观设计专利权为自专利权授予之日起 10 年，所以所谓的专利权是在前述保护期内才有效，才能够得到法律的保护，超过保护期则该成果进入公共领域，成为人类共同的成果，任何人不得独占权利，这也是促进科技进步，实现科技推动人类社会发展的重要制度。在保护期内，大学生享有专利权的内容主要包括独占实施权、转让权、许可实施权、放弃权、标记权、请求保护权、质押权。另外，需要明确一种特殊情况的权利义务内容。由于获得专利授权后，专利相关技术文件应当公开，而部分创新成果完成人出于独占成果技术的考虑，并未申请专利，此种情况下，虽然成果完成人并未获得专利权，但仍然享有基于创新型技术而产生的权利，即对精神成果的所有权。一旦该专有技术实现了生产转化，则技术就成为了企业的技术秘密，具有较高的商业价值，除所有权外，也产生了商业利益。此时如果其他人侵犯了这一技术秘密，则构成侵权，对技术所有人的损失应当予以赔偿。

著作权同样有保护期，我国《著作权法》规定，“作者的署名权、修改权、保护作品完整权的保护期不受限制”；“公民的作品，其发表权、本法第十条第一款第（五）项至第（十七）项规定的权利的保护期为作者终生及其死亡后五十年，截止于作者死亡后第五十年的12月31日；如果是合作作品，截止于最后死亡的作者死亡后第五十年的12月31日”。大学生创作的作品即属于公民的作品，在上述保护期内能够得到法律的保护，超出保护期，作品同样进入公共领域，由全人类共享。我国《著作权法》修正案（征求意见稿）第十条规定，“著作权包括下列人身权和财产权：①发表权，即决定作品是否公之于众的权利；②署名权，即表明作者身份，在作品上署名的权利；③修改权，即修改或者授权他人修改作品的权利；④保护作品完整权，即保护作品不受歪曲、篡改的权利；⑤复制权，即以印刷、复印、拓印、录音、录像、翻录、翻拍等方式将作品制作一份或者多份的权利；⑥发行权，即以出售或者赠与方式向公众提供作品的原件或者复制件的权利；⑦出租权，即有偿许可他人临时使用视听作品、计算机软件的原件或复制件的权利，计算机软件不是出租的主要标的的除外；⑧展览权，即公开陈列美术作品、摄影作品的原件或者复制件的权利；⑨表演权，即公开表演作品，以及用各种手段公开播送作品的表演的权利；⑩放映权，即通过放映机、幻灯机等技术设备公开再现美术、摄影、电影和视听作品等的权利；⑪广播权，即以有线或者无线方式公开播放或者传播作品，以及通过扩音器或者其他传送符号、声音、图像的类似工具向公众传播广播的作品的权利；⑫信息网络传播权，即以有线或者无线方式向公众提供，使公众可以在选定的时间和地点获得作品的权利；⑬摄制权，即以摄制视听作品的方法将作品固定在载体上的权利；⑭改编权，即改变作品，创作出具有独创性的新作品的权利；⑮翻译权，即将作品从一种语言文字转换成另一种语言文字的权利；⑯汇编权，即将作品或者作品的片段通过选择或者编排，汇集成新作品的权利；⑰应当由著作权人享有的其他权利。”同时规定，著作权人可以许可他人行使前款第五项至第十七项规定的权利，并依照约定或者本法有关规定获得报酬；也可以全部或者部分转让本条第一款第五项至第十七项规定的权利，并依照约定或者本法有关规定获得报酬。

2. 科技成果转化法律关系

大学生做出专利类科技成果后，具有较高实用价值的成果往往受到企业的青睐，此类成果通过多种方式被吸收进企业生产中，转化为企业的技术能力，部分优质成果成为了企业的核心竞争力。基于企业经营风格、发展战略和业务目标的不同，大学生科技成果在生产中的转化有多种模式，常见的包括技术转让型转化和投资入股型转化。

（1）技术转让型转化

根据转让的专利权利内容的不同，技术转让型转化包括专利权转让型转化和专利许可使用权型转化。专利权转让是指专利权人也即做出创新成果的大学生，将专利权整体转让给企业，在完成专利权主体变更登记后，专利权人即变更为受让企业，大学生不再是专利权人，不再享有专利权。在专利权转让模式下，大学生和企业签订《专利权转让合同》，双方构成合同法律关系。合同主体中，大学生是出让人，企业是受让人；双方交易的客体是大学生已经取得的专利权；双方权利义务内容除受《专利法》调整外，还要受《合同法》调整，相关的合同订立、合同效力、合同履行、合同违约责任的追究、合同解除及合同权利义务消灭等，要遵循（合同法）的规则；而专利权转让的程序、法律后果等则要遵循（专利法）的规定。企业购买大学生专利权后，向大学生支付专利转让费，成为新的专利权人，对专利可以全权处分，尤其是对专利可以进行生产使用，这样就实现了专利技术的生产转化。

专利许可使用型转化，是不改变专利权的权利归属，由专利权人授权企业使用专利进行生产。在这一模式下，专利权人仍然是大学生，与企业签订《专利许可使用合同》，大学生作为许可人成为合同一方，合同另一方则是作为被许可人的企业。许可使用合同的标的是大学生取得的专利，合同的主要内容是大学生许可企业使用专利，企业则支付许可使用费，以及为保障专利许可使用关系的稳定和专利权属的安全，而进行的系列权利义务设计。许可使用法律关系一方面受《专利法》调整，同时也受《民法典》调整。基于许可使用权限的不同，专利权许可使用分为独占型许可使用和排他型许可使用。独占型许可使用是大学生许可企业使用专利后，仅企业可以将该专利用于生产，大学生也即专利权人不得自行使用也不得再许可任何第三方使用。排他型许可使用是不仅企业可以将该专利用于生产，同时大学生自己也可以自行转化生产，但不得再许可任何第三方使用。具体是哪一种许可使用，大学生和企业应当在合同中予以明确，并设计不同的许可使用费、使用权限、权益保障等权利义务条款。

（2）投资入股型转化

投资入股型转化，即大学生以专利权作为向企业的投资从而成为企业股东，这样不仅使专利权被所投资的企业使用，同时大学生也基于股东身份参与企业经营。投资入股型转化模式下，由于大学生作为企业成员，可以直接参与创新成果的生产转化过程并给予技术指导，对于充分发挥创新成果完成人的作用，在技术转化和后续改进升级方面，比技术转让型转化更有优势。但也应看到，大学生以技术入股企业，虽然在技术方面具有一定优势，但由于年龄、经验和知识结构等原因，在企业经营管理方面尚有欠缺，故采用这种模式进行成果转化，大学生应当着重克服自身短板，丰富知识结构，尤其是企业经营管理方面知识结构，尽早融入企业经营中，这样才能更好发挥投资入股型转化的优势。

投资入股型转化本质上是投资法律关系，投资主体是大学生，被投资主体是企业，大学生投资的标的是专利权，投资后取得股东身份，这个过程不仅要受《专利法》的调整，也要受《公司法》的调整。尤其是大学生入股后作为股东，享有公司法规定的股东权利，能够参与重大决策和选择管理者，也能够从企业经营中分享收益，同时也应当遵守公司法规定的股东义务。在义务方面，首先是大学生不得抽逃出资，即未经股东会同意，不得收回专利权撤回投资，也不得将该专利权转让或许可使用给他人；其次是大学生应当保护公司商业秘密，对在成果转化过程中新生的技术秘密和关键技术成果，以及任何对公司具有经济价值的商业秘密，都负有保密义务；再次是不得以任何方式损害公司利益。

另外，大学生成为股东后，也有权利被选举为公司董事、监事和高级管理人，那么大学生就更为直接地参与了公司经营。但由于大学生在校或刚毕业期间经验能力有限，这种情况往往出现在其加入公司较长时间以后。直接参与公司经营更加有利于创新成果完成人把握成果转化的技术改进完善，从而可能更有利于推动企业技术进步和商业发展。

3. 大学生创业法律关系

在知识经济时代，精神成果经过适当的商业转化，与商业经营相结合，则可能发挥巨大的经济效用。大学生完成创新成果，产生了专利权或著作权后，以知识产权作为企业创立原始资本，创立企业，展开企业生产经营，此即为大学生创业。创立和经营企业是高风险的商业活动，大学生虽然商业经验不足，但若能够克服自身不足，以勇气和毅力开展创业活动，加之不断淬炼商业经营智慧和方法，则大学生创业成功的前景可期。

大学生创业法律关系本质上是企业投资法律关系，但与投资入股型转化不同的是，投资入股型转化是大学生以知识产权向既有企业投资，成为他人创立企业的新股东；而大学生创业则是以知识产权作为企业原始资本，从无到有地创立新的企业。投资入股型企业由于已有股东和经营历史，故大学生对此类企业的掌控力薄弱，但对自己创业的企业则能够掌握优势的控制力，有的甚至能够形成全权掌握的控制权力，创业更便于实现大学生的技术理想和商业理想。但也应看到，从企业经营稳健性和商业成功概率的角度，既有企业大多已经拥有了较为成熟的商业运作机制，大学生投资入股虽然对企业的掌控力不足，但借助企业自身的实力能够获得技术转化的保障，而自己创业的企业则没有商业积累，企业成长的难度更大，就有可能影响技术转化的效率或成功概率。不同的大学生创业者有着不同的禀赋，也有着不同的技术条件，选择哪一种投资模式并没有一定之规，应当结合大学生自身实际和创新成果实际，秉持客观实事求是的原则选择转化方案。

大学生创业的企业形态包括个人独资企业、合伙企业和公司三种。

（1）个人独资企业

个人独资企业是一个自然人投资，投资人对企业财产拥有所有权，对企业经营全权负责，对企业债务承担无限责任的企业类型。个人独资企业是非法人企业，其财产不独立于投资人的个人财产，其经营法律后果也由投资人承担。

大学生投资个人独资企业，其企业设立最为简便，企业组织简单，人员较少，便于经营管理，大学生对企业掌握完全的经营决策权，更有利于大学生专注于技术转化。同时个人独资企业不缴纳企业所得税，仅由投资人基于企业经营收益缴纳个人所得税，对于初创型企业来说，税负较低。但个人独资企业的风险在于大学生要对企业经营后果承担无限责任，企业一旦经营失败，不仅要以企业财产清偿债务，还可能要以大学生的个人及家庭财产偿还债务。由于我国目前没有个人破产制度，也就意味着大学生对企业债务的清偿是不受破产法限制的，原则上全部债务都应予以清偿，即使暂时大学生个人财产或家庭财产不足以清偿全部债务的，则也应以后续的收入陆续偿还，直至清偿完毕为止。这对于大学生来说具有较高的风险，一旦企业经营失败，则可能背负巨额债务，甚至影响以后的生活和再次创业，所以采用个人独资企业创业的，应谨慎分析其利弊，合理选择。

（2）合伙企业

合伙企业是两个或两个以上合伙人向合伙企业投资，共同投资、共享收益、共担风险的投资形式。根据我国《合伙企业法》规定，合伙企业包括普通合伙企业和有限合伙企业。

普通合伙企业的全部合伙人均为普通合伙人，都有权利参与企业经营，也都要对企业经营后果承担无限连带责任。同时在合伙企业经营中遵循一人一票的表决机制，通常遵循简单多数决定的规则进行商业决策。普通合伙企业的优势在于合伙人权利义务一致，在收益分享和债务分担上，有协议依协议，无协议另行协商，若协商不成的则平均分配或平均分担。合伙人之间地位平等，具有较为密切的人身信任关系，有利于大学生合作创业，或与经验丰富的商人联合创业，借助创业集体的力量取得企业经营的成功。但不足之处在于合伙人要对企业经营后果承担无限连带责任，则一旦企业经营失败对大学生合伙人的影响也是较为沉重的。

有限合伙企业合伙人分为普通合伙人和有限合伙人，普通合伙人的法律地位和权利义务内容与普通合伙企业合伙人一致，有限合伙人则向企业投资后对企业经营后果仅以投资额为限承担有限责任。在企业经营权利方面，普通合伙人有参与合伙企业事务执行的权利，而有限合伙人则不得参与企业事务执行。通常大学生作为创新成果的权利人，由于创新成果的技术转化具有高度的不确定性，则在有限合伙企业中，大学生往往成为普通合伙人，以促使大学生高效率和高质量的技术投入；而与之合作的是财务投资者，投资合伙企业的目的较为直接，即以投资获取财务回报，出于财务安全控制的角度考虑，财务投资者往往是有限合伙人。有限合伙企业模式，有利于大学生吸引外来投资，以解决企业初创阶段资金不足的问题，也能够借助财务投资人的商业经验和商业地位，为合伙企业的经营提供必要指导和帮助，所以有限合伙企业往往是大学生作为技术方和财务投资人作为资本方合作创立企业最为常见的一种企业形式。

（3）公司

公司是股东对公司以投资额为限承担有限责任，公司以其资产对公司债务承担有限责任的企业形式。公司是现代企业的典型组织形式，在组织架构安排、公司治理权力分配、公司损益分担方面有着比个人独资企业和合伙企业更为复杂的制度设计。

依据中国《公司法》的规定，中国公司分为有限责任公司和股份有限公司。其中有限责任公司资本不分成等额股份，公司资本数额少、公司规模小、股东人数少，公司股东具有一定的人身信任基础，所以通常将有限责任公司也称为封闭公司和私公司。股份有限公司的资本分成等额股份，公司资本数额庞大、公司规模大、股东人数众多，公司股东拥有公司股票，可以在股票市场上相对自由的转让，所以股东与公司之间的人身联系相对松散，故股份有限公司通常也被称为开放公司、公众公司。在有限责任公司中，有一类特殊的公司即一人公司，是一个股东投资设立的公司，公司不设股东会，一人股东如果不能区分公司财产与个人财产，则股东对公司债务承担连带责任。在股份有限公司中，如果公开发行股票，则被称为上市公司，这类公司是资本规模最为庞大，股东人数最多，且公开性最好的公司，同时也由证券法规则给予严格规制，受到证券监管机构的严格监管。

大学生创业在众多公司类型中有多种选择，每种公司类型各有利弊。一人公司规模小，大学生对公司的掌控最为强力，同时公司是有限责任，免除了公司经营失败影响个人生活和后续发展的后顾之忧，但正是因为一人公司规模小、人数少，公司成长相比大型公司相对缓慢，其市场地位也相对偏低。有限责任公司由于多人合作，资本和人数规模均较为适当，同时不是开放性公司，股东之间合作关系较为紧密，也没有受到证券市场最为严厉的限制和约束，更有利于大学生创业，从实际情况看，也往往是大学生创业选择最多的公司类型。而股份有限公司资本规模大，人数多，更适合大学生创业公司成长一段时间之后选择，否则不仅可能造成创业初期庞大的资本闲置，更可能由于复杂的组织结构和治理机制牵扯大学生科技成果转化技术方面的精力投入，也不利于大学生掌控公司，故相对有限责任公司来说，股份公司往往并不是大学生创业的公司类型首选。

不论采用哪一种公司形式，公司均为有限责任，大学生股东仅以其投资额为限对公司承担责任，公司也以其资产为限对公司债务承担责任。这有利于大学生解除承担企业经营风险的后顾之忧，一旦公司经营失败，可以启动破产程序，从而有利于大学生再次投入技术创新和转化。另外目前我国公司法并不要求公司创立必须满足一定的资本金额度，尤其是有限责任公司，股东投资采用认缴制，即股东在公司创立最初，向公司投资多少，何时投资，全由股东之间的投资人协议或公司章程自治决定，企业登记管理机关并不对公司投资进行验资审查。这种较为宽松的企业创立条件，有利于大学生在创业最初节省资金，快速创立企业，从而起到促进大学生创业的制度效果。

（三）大学生创新创业主要法律风险及防范

如前所述，大学生创新创业过程中，可能产生多种法律关系。由于不同的法律关系的主体和权利义务内容不同，所以可能由法律关系和法律行为引发的法律风险也并不相同，概括地说，大学生创新创业过程中可能面临的主要法律风险包括：创新合作法律风险、技术转化合同法律风险、创业法律风险三类。

1. 创新合作法律风险及防范

大学生创新活动往往以团队形式进行，故基于创新合作的任务分工、信息传递、成果分享等环节，都可能产生法律风险。

（1）基于创新合作的任务分工，直接决定了团队成员对于创新成果的贡献程度，也可能最终决定创新成果的权益分享。所以在任务分工方面，应当在充分考虑团队成员知识结构和工作能力基础上，进一步统筹考虑创新成果的权益分配方案，基于全体团队成员的协商达成一致意见，形成任务分工方案。实践中，大学生创新团队往往可能有多种任务分工方案，也可能在创新工作进行中变更任务分工方案，对此，应当及时以工作计划书或任务分工书等形式，把任务分工尽早固定下来，这样不仅有利于团队成员各司其职协同并进，更有利于明晰创新工作的权责分担，避免后续争议的出现。

应该予以特别关注的是，任务分工是创新工作中风险分担和责任分担的先决条件。大学生创新活动通常产生两类成果体系，其一是仅有统一的最终成果，包括研究报告、专利、设计方案等，此类成果按成员分工各自完成一部分内容；其二是既有单独成果又有最终成果，单独成果可能基于某个成员单独完成，也可能基于团队全部或部分成员合作完成。在成果完成过程中，学术不端行为是应当予以坚决杜绝的，但一旦出现学术不端现象，如果有事先明确的任务分工方案，则有利于搞清学术不端的肇源，搞清个人行为还是团队行为，从而在团队成员中界分并明晰责任。

（2）大学生创新过程中可能接触技术秘密或商业秘密信息，同时，在创新成果并未完成阶段，所有的技术信息和创作信息都尚未纳入知识产权保护的范围，但这些过程性信息都是具有技术价值的，有的也可能具有商业价值。所以基于团队合作模式的大学生创新活动，在创新信息获取、信息传递、信息保护等方面的风险也应予以重视。

在风险控制方面，大学生创新团队应当建立相对细致的信息收集、使用和保护的工作方案，其中应当包括信息收集途径、信息整理与筛选、信息仅应用于团队创新工作的约束、创新工作过程中团队技术信息保护等相关内容，同时利用信息技术手段建立便捷的敏感信息接触记录制度。在团队成员工作纪律约束等方面，应当在创新活动开始最初即予以明确，以对团队成员个体行为形成明确指引。另外，大学生创新团队可以适当建立成员调整机制，对在创新活动过程中，创新成果尚未完成之前，发现有成员出现学术不端、泄露技术秘密等不良表现，适时启动淘汰机制，也可补充新的合作成员加入，以保证团队整体的创新活动始终在规范诚信的前提下展开。

（3）在成果分享方面，团队成员应当事先明确成果分享方案。结合团队成员任务分工不同，采用不区分任务分工共同分享成果，还是核心贡献人员享有成果，都要在团队合作最初，经过团队全体成员协商一致形成方案，事先固定下来。但创新活动具有复杂性和不确定性，所以团队创新合作最初确定的成果分享方案，可能随着工作的渐次展开而出现新的情况，导致最初方案出现不适当的现象。为此，团队负责人应当结合团队工作实际，坚持目标导向，以最终成功实现成果取得为依归，适时调整成果分享方案，以充分调动全体团队成员的工作积极性，并维护创新团队基于信任基础上的紧密合作关系。

2. 技术转化合同法律风险及防范

如前所述，大学生创新成果的技术转化包括技术转让型技术转化和投资入股型技术转化，不论哪一种转化路径，其本质都是合同法律关系。合同法律风险应当是大学生在订立合同时应当予以着重考虑的要点之一。

（1）在合同订立阶段就应当树立风险防范意识。首先，在合同主体方面，对于成果转化受让方企业或者被投资企业的资信状况，应当进行一定程度的调查了解。目前我国企业登记信息查询途径和方式非常便捷，包括“天眼查”“企查查”等企业诚信信息平台，囊括了中国绝大部分企业的基本登记信息，查询无门槛。另外，企业登记机关的登记信息也可供社会查询。大学生应充分利用这些渠道，尽可能充分的了解技术受让企业的资信状况。尤其对于投资入股企业来说，大学生未来将成为企业成员，企业资信状况如何不仅决定着技术转化的前景，更决定着大学生个人未来的发展前景，进行企业资信状况调查的必要性更为明显。

（2）在合同文本起草和签订方面，应当全面深入理解合同文本内容，明确知悉双方尤其是自身的合同权利义务，应当至少充分知悉下列合同内容：第一，在技术转让报酬方面，应当知悉金额及支付方式、支付期限；第二，在投资入股收益方面，应当知悉股权比例、公司收益分配基本规则、公司历史上的收益分配规模和频次等；第三，在技术转让后技术使用权利方面，应当明晰是独占许可使用还是排他许可使用，进而明晰自身或他人在技术转让或许可使用后是否还有使用技术进行转化的权利；第四，在转让义务方面，大学生应当明确除了及时提交技术资料以完成技术转让之外，是否还有设备安装调试、员工培训、后续维护等方面的义务，以明确知悉转让之后的工作量及工作内容；第五，在参与企业经营方面，大学生应当明确以技术投资入股企业后，自身的参与企业经营的权限范围，参与企业经营的身份，以及参与企业经营的途径和方式，以明晰自身在企业经营管理中的权限范围。

（3）在合同履行方面，大学生应当秉持全面履行、诚实信用履行的基本原则，按合同约定内容完成合同履行义务，同时承担在合同履行中的通知、协助、保密等附随义务。在合同履行中发现约定不明的，应当及时与对方协商，明确履行内容；发现合同内容因客观原因确需变更的，也应当及时与对方协商变更合同。需要说明的是，合同的补充和变更都需要合同双方协商一致达成协议，如果未协商一致的，则视为未变更或未补充。大学生尤其应当注意，在合同履行中发现有合同条款显示公平损害自身利益的，应当及时向对方提出，要求修改合同，或者及时向法院起诉，要求解除或变更合同。

在合同履行中，技术转让合同当事人双方的合同履行，只要不是同时进行，就存在履行时间差，则先履行就要对后履行一方予以一定的信任，这固然能够促进合同履行秩序按正常轨迹发展，促进合同履行效率，但先履行一方也要冒着后履行相对人失信的风险。防范这种风险的法律手段多种多样，比如采取担保措施，让后履行一方提供担保人或保证金等等。在双方合同中，合同法设计了抗辩权制度，以帮助合同当事人防范和处置合同履行中这种信任风险的发生。合同履行中的抗辩权，是指在符合法定条件时，当事人一方对抗相对人的履行请求权，暂时拒绝履行其债务的权利。我国《民法典》规定了三种抗辩权，大学生可以根据合同履行的实际情况加以行使，以防范合同履行风险。其一是同时履行抗辩权，“当事人互负债务，没有先后履行顺序的，应当同时履行。一方在对方履行之前有权拒绝其履行要求。一方在对方履行债务不符合约定时，有权拒绝其相应的履行要求。”其二是后履行抗辩权，“当事人互负债务，有先后履行顺序，先履行一方未履行的，后履行一方有权拒绝其履行要求。先履行一方履行债务不符合约定的，后履行一方有权拒绝其相应的履行要求。”其三是不安抗辩权，是指在有先后履行顺序的合同中，应当先履行的一方有确切的证据证明对方在履行期限到来后，将不能或不会履行债务，则在对方没有履行或提供担保以前，有权暂时中止债务的履行。“应当先履行债务的当事人，有确切证据证明对方有下列情形之一的，可以中止履行：①经营状况严重恶化；②转移财产、抽逃资金，以逃避债务；③丧失商业信誉；④有丧失或者可能丧失履行债务能力的其他情形。当事人没有确切证据中止履行的，应当承担违约责任。”

3. 创业法律风险及防范

大学生创业法律风险内容较为庞杂，风险的发生机理复杂，同时风险的防范难度也较高。其实即使对于具有成熟商业经营经验的企业家，对于创业法律风险也是时刻警惕，也不能保证对全部法律风险都防范到位，更何况是商业经验和管理能力都有较大欠缺的大学生。故而对于以自身或创新团队创新活动取得的创新成果开展创业活动的大学生，不仅自身应当具有敏锐的风险观察和防范意识，更应当借助专业法律服务队伍的力量，以尽可能充分的防范创业企业经营中的复杂法律风险。概括地说，大学生创业企业的法律风险主要包括如下几个方面：

（1）企业创立合作法律风险。如果不是大学生采用个人独资企业或一人公司形式创业，那么就不可避免地涉及到大学生与他人合作创业的法律风险，在合作协议签订、合作出资认缴或实缴、合伙企业或公司经营管理权力分配、经营收益分享、经营风险和经营责任分担等环节都可能出现合作法律风险。为此，大学生应当在充分预估风险可能前提下，谨慎与合作者签订合作投资协议，谨慎创建公司章程，通过事先明晰权责的方法，尽可能避免合作争议和合作风险的发生。

（2）企业经营管理法律风险。大学生创立企业后，首先应当秉持合规经营、守法经营的理念，在产品质量控制、市场竞争策略、税收缴纳、劳动保障、财务管理等方面，建立系列企业内控制度，同时建立健全公司治理机制，在公司组织机构设置，高级管理人员选任等方面充分论证，谨慎设计方案。对于初创阶段的大学生创业企业来说，企业经营管理权力的分配是至关重要的，这要靠公司组织机构设置和公司治理机制的设计来实现，所以创业企业在遵循公司法合规设置组织机构的前提下，对管理人员选任、管理工作流程、部门分工等治理方案，应尽早形成内部制度，或者纳入公司章程，或者形成制度文件，一方面固定制度，一方面便于公司全体成员遵照执行。另外，劳动管理是企业经营非常重要的方面，企业应当与员工签订劳动合同，按劳动法的规定提供各种待遇和劳动保障，对于离职员工按合同约定和法律规定办理离职手续，规范的劳动管理有利于事先预防劳动管理法律风险的发生。

（3）市场商业活动法律风险。大学生创业企业开展生产经营，参与市场交往，开展系列商业活动，是实现经营目标的必经环节，其中蕴含着大量的商业法律风险。主要的风险点包括基于商业交往形成的合同法律风险、市场竞争法律风险、消费者权益保护法律风险、基于市场监管而产生的合规法律风险等。对此，大学生创业企业还是应当秉持合法经营、诚信经营的原则，在合同交易中谨慎签订合同，诚信履约；在市场竞争中在法律框架内制定竞争策略，开展商业竞争，尊重竞争对手的同时也要谨慎保护自身权益；严格产品质量管控，积极承担社会责任，切实履行消费者保护义务；同时在环保、税收、安全生产等方面也应当遵守监管要求，避免违规经营。

（四）大学生创新创业法律意识培养

大学生创新创业过程中面临诸多法律风险，有必要在大学生培养体系中加强法律素养教育，增强大学生法律风险意识和初步的风险防范能力，不仅对于大学生创新创业来说至关重要，而且也有利于大学生提高综合素质，以更好应对未来在个人发展和职业生涯中的法律风险防范。目前，大学生创新创业法律意识培养体系并未在既有的培养体系中得到充分重视，已有的“大学生思想修养与法律基础”课程，面对全体大学生，对创新创业阶段的法律风险意识的培养并不具有针对性，而且与思想修养内容合并在一门课程中，学时非常有限。为此，应当采取多种途径和方法，完善大学生创新创业法律意识培养的系统化方案，充分调动多方培养主体，尤其是高校法学专业教学队伍的力量，强化培养以求实效。

1. 在普遍开设的“创新教育”课程中增加法律教育内容

目前，各高校普遍开设“创新教育”类课程，作为综合素质类平台课纳入必修课程体系中。该课程主要目标为面向全体在校生进行创新知识和创新能力教育，其课程内容重点主要在创新思维开发、创新工作管理、创新方法训练等方面，大多没有包含创新创业中的法律知识和法律意识培养内容。为此应当完善课程教学大纲，丰富课程教学内容，将大学生创新创业过程中的常用法律知识纳入课程知识体系，将法律意识训练纳入课程能力训练体系。首先，在法律知识内容方面，课程教学至少应当包括知识产权法、合同法、公司法、合伙企业法、个人独资企业法、税法等内容；其次，在能力训练方面，课程应当采用案例教学、讨论式教学、任务驱动等方式，引导大学生观察和了解生活中创新创业的常见法律争议，以初步熟悉创新创业过程中的风险点，并通过案例学习掌握初步的处置风险、防范风险的能力。

2. 在工程教育中嵌入工程创新创业法律课程

目前，各高校开展的工程教育认证工作中，各工科专业的认证标准中包括学生具备分析工程法律影响、判断和预防法律风险的能力。为此应当在工科类专业中嵌入工程法律教育，以促进未来工程师在校期间开展创新创业活动，以及未来在工程岗位上开展创新创业活动，能够结合工程师工作的特点和工程建设的特点准确分析工程的法律影响和社会效应，敏锐发现工程法律风险并及时加以防范和处置。在工科类专业的课程体系中，以选修课或短学时必修课的方式，嵌入“工程法律实务”类课程，其中既包括工程常用法律知识，也包括工程创新创业法律知识（实际上二者通常大部分重合），在课程教学中同样采用工程类创新创业案例教学方法，探究式方法，也可采用模拟法庭、观摩庭审等活动，引导工科类学生初步系统掌握工程法律知识，形成工程创新创业法律意识，具备工程师应有的法律风险防范和初步处置的能力。

3. 在大学生创新创业项目训练中加强法律意识训练

目前我国形成了国家、省、校三级大学生创新创业项目训练体系，通过创新创业项目实践开展大学生创新创业能力的“做中学”的系统训练工作，从运行多年的效果看，确实起到了填补课堂教学对创新创业能力培养的短板，普遍有效地提升了大学生的创新创业能力。但目前项目训练更多侧重专业领域创新创业活动的开展，指导教师也多为各专业教师，这就导致对参加项目的大学生进行法律意识的培养存在薄弱之处。为此，可以考虑采用下列途径加以解决，其一，项目团队纳入法学专业学生，鼓励多专业合作，一方面扩展学生创新视野，另一方面可以通过法学专业学生在法律风险防范方面的任务分工，使团队成员切身感受到法律意识作用，并通过团队合作完成法律风险防范工作，这样也促使参加项目学生通过“做中学”的途径了解和掌握法律意识，形成初步的法律风险防范能力。其二，项目指导教师纳入法学专业教师，或项目指导教师丰富自身的法律知识，以便对项目组大学生开展法律意识培养和风险防范指导。其三，在创新创业项目运行管理制度，包括项目立项、结项等环节，均要求项目组大学生汇报法律风险防范方案，这样就通过关键节点引导大学生主动树立法律意识和主动防范法律风险。

4. 搭建平台，在校园内加强法律知识普及，营造法律文化氛围

在校园内充分发挥法学专业，法律协会等学生团体的功能，学校给予必要支持，搭建校园内的法律知识普及和法律实践平台，能够有效地促进大学生经常性地接触法律知识，也有利于在校园内营造法律文化氛围，对于树立大学生法律意识都大有裨益。可以利用法学专业教学资源，包括模拟法庭、图书资料等，建设大学生法治教育基地，充分发挥法律协会学生团队，以及法学专业学生志愿者的作用推进基地运行。同时采用物理空间和虚拟空间相结合的途径，一方面在校园内构建法律文化长廊、法律文化展览等线下基地环境，也可以充分发挥互联网的优势，搭建法治宣传网络平台，开展更加多样生动的法律知识普及活动。另外，充分利用消费者权益保护日、宪法日、知识产权日等普法关键时点，适时开展丰富多彩的主题法律宣传活动，采用法律知识竞赛、法治宣讲、法治实践等形式，在校园内营造遵法守法、积极学习法律知识的良好氛围，引导大学生自觉树立法律意识。

5. 构建大学生创新创业法律援助机制

开展创新创业活动的大学生，在应对复杂的创新创业工作，开展对外创新创业交往过程中，往往遇到诸多法律问题，一旦出现争议或发现法律风险，寻求专业队伍的帮助是确有必要的。在校园内充分发挥法学专业教师和学生的力量，构建大学生创新创业法律援助机制，能够有效地帮助大学生解决法律问题，化解法律风险，同时也有利于引导大学生在切身的实践体会中树立法律意识、逐渐养成法律风险识别和防范的能力。为此，可以充分调动法学专业师生志愿者队伍，以及法律协会等学生团体的积极性，首先形成法律援助机构或组织，为此项工作的开展提供有力的组织保障；其次搭建法律援助平台，可以通过网络、移动、线下等多种渠道，形成法律援助的经常性工作平台，并形成高效的工作运行机制，以保障援助工作顺利开展；再次，学校对法律援助工作提供必要的物质保障，包括场所、办公设备、运行经费等必要的物资条件，应予以一定程度的支持。另外，目前我国司法援助系统发展已较为成熟，法律援助中心、法律援助工作站等设置较为普遍，也可以引导大学生寻求司法援助系统的帮助，在解决自身法律问题过程中为创新创业扫清法律障碍，也以实践为切入不断强化自身的法律意识。

本章小结

本章从大学生创新创业的宏观政策背景、大学生创新创业支持政策的主要内容及实施响应、大学生创新创业法律风险防范及法律意识培养等3个方面论述了转型发展高校创新创业教育的保障机制，深入分析了有效开展创新创业教育的法律保障内涵，提出了构建大学生创新创业法律援助机制等措施，为大学生在创新创业实践增强法律意识、风险防范意识奠定了基础。

附：转型发展高校
——辽宁科技大学创新创业教育实践简介

全面推动大学生创新创业教育是国家实施创新驱动发展战略、推进高等教育综合改革的重要举措，同时也是进行高素质应用性创新型人才培养、全面实施素质教育、实现高校内涵式发展的必然要求。辽宁科技大学作为辽宁省高校“转型发展”示范校，认真贯彻落实上级有关创新创业教育改革精神，立足于校情、学情，始终把大学生创新创业教育摆在立德树人的关键位置，积极开展创新创业教育，稳步推进创新创业教育改革，以《转型发展高校创新创业教育的层次维度及其监测评价研究》获批“全国教育科学‘十三五’规划2017年度教育部重点课题（项目编号：DIA170387）”、《校企协同全面提升学生的工程实践能力和创新能力》荣获国家级教学成果奖为标志，不断提升应用性创新型人才培养水平。

（一）做好顶层设计创新人才培养机制

将“推动创新创业教育”列入学校“十三五”发展规划，并出台了《辽宁科技大学深化创新创业教育改革实施细则（试行）》《辽宁科技大学大学生创新创业孵化基地建设规划》等文件，全面深化创新创业教育改革，改革人才培养模式和课程体系，提升学生创新精神、创业意识和创新创业能力，将创新创业教育融入人才培养全过程，大力推进创新创业教育工作。

建立了创新创业工作专门会议制度，每学期研究部署创新创业工作，全校各相关职能部门和二级学院将大学生创新创业工作相关要求和指标纳入年度工作计划和重点工作目标，重点考核。

全面修订本科专业培养方案，突出服务面向，体现产教融合理念，充分调研企业、行业人才需求状况，以需求为导向，构建人才培养体系，将全面实施创新教育，强化学生创新创业能力，作为培养方案修订的重点。改革教学理念，在强调基本知识、基本理论和基本技能教学的同时，更加注重创新意识、创新方法和创新能力的培养，把创新教育贯穿到整个人才培养过程。开设创新创业类课程，培养了学生的创新精神，增强学生的创业意识，参加创新创业活动的学生数逐年稳定增长。

按照国家和辽宁省相关要求，积极开展创新创业示范校建设，并以示范校的标准来着力推动学校创新创业教育改革工作。

（二）创新创业教育与专业教育的深度融合

学校立足于培养应用性创新型高级专门创新型人才的基本定位，将创新创业能力培养作为提高人才培养质量的重要举措，全面修订全校本科专业的培养方案，按照深度融合创新创业教育的专业培养目标，调整课程设置，建立了系统的创新创业教育课程体系，将创新创业教育进一步融入到专业课程教学中，着力培养学生的创业精神、激发学生的创新创业意识、提高学生的创新创业能力和实践能力，实现创新型人才培养目标，充分体现创新创业教育与专业教育全方位深度融合。

近 3 年共获批 3 个理念先进、特色鲜明、成效显著，创新创业教育与专业教育全方位融合、全过程覆盖的省级创新创业试点专业。网络工程专业、机械设计制造及其自动化专业 2017 年被评为省级创新创业试点专业，工商管理专业 2018 年被评为省级创新创业试点专业。学校设立创新创业专项建设经费，大力推动创新创业试点专业的建设工作。

（三）创新创业实践教育资源建设

构建了以实习实训基地为依托，组织学生参加大学生创新创业训练计划项目为基础，开设创新实践班为先导，发展学生科技社团为辅助，组织学生参加各级各类科技竞赛为检验手段的稳定的、常态化实践能力提升体系。

建成5000余平方米的创新创业基地，包括创新创业学院（工程训练中心）、国家级大学科技园、创新创业教研室、专业创新实验室、创新工作室等依托专业特色、多样化的创新创业空间。投入建设17000平方米大学生工程训练及创新中心。现有省级实验教学示范中心8个，省级虚拟仿真实验教学中心4个，校级实验教学中心4个，校级虚拟仿真实验教学中心2个，为开展实验教学工作奠定了基础。制定《教学实验室开放管理办法》，灵活确定实验室开放形式和开放时间，开放内容和覆盖面逐步扩大。实验教学中心每年面向大学生创新创业训练计划项目、大学生创新创业竞赛项目和创新实践班等开放。与“大连机床集团”等共建14个校外大学生创新创业实践教育基地。

学校先后被评为辽宁省大学生创业孵化示范基地、辽宁省大学生创新创业教育基地，有两个众创空间被评为辽宁省省级备案众创空间。众创空间采用模拟公司运营的模式，集中吸纳优秀社团和项目入驻，在导师指导下，团队中每个学生在项目实施过程中扮演一个或多个具体的角色，开展大学生创新创业项目等系列活动。空间主要分为AI人工智能应用、3D打印应用、电子设计应用、工业网络应用、运动控制应用五个特色方向。空间以举办创新创业训练营的方式每年分批选拔大学生到空间进行创新创业的培训、指导和训练。

学校主体与辽宁科技大学国家大学科技园构建联合扶持大学生创新创业的分工合作工作模式，每年推荐若干项优秀的具有创业前景和潜力的大学生创新创业项目到科技园，科技园组织专家审核，年度择优支持10个项目进入科技园进行科技企业孵化。对有创业意向和创业潜质的学生进行持续帮扶，全程指导和一站式服务，为自主创业的学生提供开业指导、创业培训、资金支持、市场拓展、财务管理、法律咨询等“一条龙”服务。

（四）创新创业课程体系建设

全面修订本科专业培养方案，将双创教育融入专业课程，构建公共必修课（4学分）、专业必修课（4学分）、专业选修课（1—3学分）三大模块为基础，理论课程与实践课程相结合的创新创业课程体系，实现创新创业教育与专业教育的有效融合。

面对全体学生开设了3门，共计4学分，64学时的创新创业教育公共必修课程：《大学生职业生涯规划》（1学分）《创业管理》（2学分）《大学生就业指导》（1学分）；各专业实践环节设置了《创新创业专题》必修课（3学分）；同时各专业结合专业情况开设1–3学分的《创新实践》《创新技法》《创新性思维与创新方法》《创业项目训练》《ERP沙盘对抗模拟》《技术发明与技术创新》《企业管理优化与创新》《网上开店创业》等选修课程，这些课程的开设，有效培养了学生的创新精神，增强了学生的创业意识，参加创新创业活动的学生数逐年增长。强调理论教学与实践无缝衔接，让本科生提早进入教师科研项目，从实践中培养学生创新意识和能力，学校设立“创新实践班”，截至2019年10月，累计开设了十四届、十个专业方向的创新创业实践班；近三年创新创业教育优质在线开放课程累计达到21门；先后出版了《创新创业管理》《大学生职业生涯规划》等创新创业教材。

（五）创新创业教育教学改革

根据不同学科专业类别，针对不同学生群体的特点，遵循不同学科专业的教学规律，建立多元化的教学模式，设立创新创业实践班，采取灵活多样的教学手段和教学方式，在实践中培养学生创新意识和创业能力。先后出台了《辽宁科技大学“第二课堂成绩单”制度实施办法》《辽宁科技大学创新实践班学分替换实施细则（试行）》等文件。学生参与创新创业大赛、科技竞赛类项目、大学生创新创业训练计划项目、大学生众创空间、创新创业实践班、创新创业讲座等创新创业活动以及发表论文、获得专利授权等都可以折算为学分，计入学生学业成绩，装入毕业学生档案。出台《辽宁科技大学本科学生学籍管理执行细则（试行）》，在学生休学创业、转专业等方面给予支持。学校积极鼓励教师进行创新创业类教学改革研究，提升教师创新创业教学能力，2017年学校教学改革研究创新创业类项目共立项23项，其中一般项目19项，重点项目4项。

积极推动大学生创新创业训练计划项目建设工作，大学生创新创业训练计划旨在强化创新创业能力训练，增强高校学生的创新能力和在创新基础上的创业能力，培养适应创新型国家建设需要的高水平创新人才。学校以“大创计划”项目为牵引，建立了“国家—省级—校级”多层次的创新创业训练项目体系，修订和完善了“大创计划”项目的相关管理制度，先后出台了《辽宁科技大学大学生创新创业训练计划管理办法（修订）》《辽宁科技大学大学生创新创业训练计划项目经费管理办法（修订）》《辽宁科技大学大学生创新创业训练计划项目结题验收标准（试行）》等管理办法，进一步规范和强化过程管理，严把质量关，将指导“大创计划”项目列为教师岗位考核的重要指标，增强教师指导“大创计划”项目的动力，加大对“大创计划”项目的经费支持力度，专款专用，鼓励并支持学生参与“大创计划”项目。

2014—2019 年获批大学生创新创业训练计划项目 2182 项，其中国家级项目 176 项，省级项目 344 项，直接参与学生 8677 人次，参与教师 3414 人次。在“大创计划”项目中选拔优秀项目推荐参加辽宁省和国家大创年会。截至 2019 年 10 月，学校累计有 38 项成果入选省大学生创新创业年会展览和交流，获得第六届省大学生创新创业年会“优秀论文”等 3 项奖励，有 5 项项目入选第八届和第十二届国家大学生创新创业年会。

（六）创新创业教育师资队伍建设

重视创新创业师资队伍建设，完善创新创业导师库，建设了一支专兼结合、内外结合的创新创业师资队伍。现有校内创新创业导师 558 人。其中，具有高级职称的导师 264 人，聘请校外创新创业导师 42 人。学校于 2019 年重新修订了《教职工岗位考核管理办法》，将指导“大创计划”项目、创新创业竞赛等创新创业活动纳入教师岗位考核指标，充分调动教师参与创新创业教育的积极性。

每年科学规划预算，专款专用，用于支持创新创业教师培训。通过举办创新创业教学能力大赛，师资培训，到行业企业挂职锻炼等方式不断提升创新创业教师队伍的创新创业指导能力。选配富有创业经验和创新能力的教师、科研人员担任学生创业导师。学校现有专职创新创业导师 7 人，其中入选全国万名优秀创新创业导师人才库 1 人，入选省级优秀创新创业导师人才库 3 人。

加强创新创业教育学术带头人培养，积极开展创新创业教育理论和实践研究，为学校创新创业教育深入开展提供理论指导。成立了“辽宁科技大学创新创业专家智库”，充分发挥专家学者对创新创业教育改革的研究、咨询、指导作用。专家智库由校内外热心大学生创新创业研究实践工作的专家组成，主要负责学校大学生创新创业教育改革的理论与实践研究，为学校在创新创业理念引领下的专业、课程、人才培养、教材、师资、基地等建设工作提出咨询意见和建议。

（七）营造创新创业氛围

建立了较为完善的创新创业网站，能够及时更新和发布创新创业相关信息，整合校内外信息资源和传播渠道，打造学校职能部门牵头，教学单位协同，学校、导师、学生多主体参与的信息传播平台，广泛宣传典型案例和创业政策；将创新创业文化融入校园文化建设，通过校园广播、校报、展板、海报、学生记者团、学生社团协会、寝室文化、班集体和团活动等多种途径营造良好的创新创业校园文化氛围。

通过举办大学生创新创业年会，为学生搭建良好的学术交流和成果展示平台，营造创新创业教育的良好氛围。引导大学生把创新创业思维与社会实践相结合，不断提高创新创业实践能力，于2016年举办了首届辽宁科技大学大学生创新创业年会暨创新创业教育成果展，截至2019年10月，已成功举办了四届校级大创年会，累计有305项项目和115项成果在学校大创年会上参加评比和展览。

近3年，学校组织参加国际科技创新竞赛4项、国家级科技创新竞赛56项、省级科技创新竞赛73项。学生参加各类课外科技竞赛获得国际奖项42项，获得国家级奖项646项，省级奖项1100余项，参与学生6986人次，参与教师1848人次。学校已连续4年承办“西门子杯”中国智能制造挑战赛东北赛区比赛，2019年学校成功承办第十三届教育部“西门子杯”中国智能制造挑战赛全国总决赛。

全面推动创新创业教育，对于激发学生创新能力、促进学生成长成才发挥了重要作用。近年来，学校培育出了成功的创业典型，受到国家省市各级媒体广泛宣传报道。被《光明日报》《中国教育报》《辽宁日报》等多家媒体报道的我校电气自动化技术专业2011届毕业生李春宇，在学校的培养和扶持下成立了辽宁科大物联科技有限公司。公司主要研制物联网科技产品——“汽车指挥官”，公司现已完成了第六代产品——“人与物联”的研制，2017 年成功融资 500 万元，与长春一汽马自达公司进行了深度定制合作。公司 2018 年代表辽宁省参加第七届中国创新创业大赛，在 3 万余家参赛企业中脱颖而出，获得互联网全国行业总决赛优秀奖。公司现有员工 100 余人，每年可为大学生提供实习岗位 30 个，年销售收入 3000 余万元。

（八）搭建创新创业指导服务平台

成立了“辽宁科技大学大学生创新创业工作领导小组”，领导小组下设立创业办公室，指导大学生的创业工作；成立创新创业学院，打造服务双创教育的实体部门。拥有校级专职创业指导服务工作人员 22 人；学校加大创新创业教育经费支持力度，在资金的使用、核算等方面做到严格把控，确保资金发挥实际效益，2016—2018 年创新创业教育专项资金达到了 1034 万元，其中 2016 年为 332 万元、2017 年为 347 万元、2018 年为 355 万元，经费逐年增长。

搭建起以高校为核心，政府、企业、社会各相关主体高度参与的“产学研”合作创新创业教育平台，探索联合育人新模式。先后与西门子（中国）数字化工厂集团、武汉华中数控股份有限公司、江苏汇博机器人技术股份有限公司、北京正天恒业数控技术有限公司 4 家企业进行合作，搭建创新创业实训（示范）平台；先后与鞍山创融发展有限公司等融资服务机构、辽宁金科大律师事务所等法律咨询机构、鞍山科技大市场、鞍山市创业企业协会、鞍山市盛仕西米众创空间有限公司、鞍山日晞电子科技有限公司、辽宁万泓激光科技股份有限公司、鞍山彩盛机械制造有限公司、鞍钢集团信息产业有限公司签订合作协议；学校与鞍山市科技局、鞍钢集团信息产业有限公司联合举办了 2019 首届“鞍信杯”智能制造与工业互联网创新创业大赛。

严格导师遴选办法，选拔优秀导师参与指导大学生创新创业实践，完善创新创业导师库，建设一支专兼结合、内外结合的创新创业师资队伍。聘请成功创业者、知名企业家、天使和创业投资人、专家学者等担任兼职创业导师，提供包括创业方案、创业渠道等创业辅导。对入驻学校创新创业基地的每一个团队都配有在校创业导师或企业导师加以指导。

（九）开展“青年红色筑梦之旅”活动

以“红色筑梦点亮人生，青春领航振兴中华”为主题深入开展“青年红色筑梦之旅”活动。并鼓励大学生用创新创业成果服务乡村振兴战略、助力精准扶贫；引导大学生走进革命老区、贫困地区，学习革命精神，传承红色基因。

自2015年首届“互联网+”大赛开办以来，连续五年组织大学生开展了多种多样的“青年红色筑梦之旅”活动，2019年的“青年红色筑梦之旅”活动，共成立了171支社会实践小分队，奔赴鞍山、沈阳、大连、葫芦岛、锦州、营口等多个省市开展支教支农，走进贫困地区；走进革命老区，传承红色文化等社会实践调研活动。其中“农子青春闪光小队”在辽宁省葫芦岛市建昌县巴什罕乡邹杖子村开展青春支教调研活动，协助当地教育部门开展教师培训等活动，帮助当地优化教育资源，提升教学质量，同时发挥大学生的智力优势和专业特长，以关爱留守儿童，贫困家庭儿童、残障儿童为重点，组织大学生团队开展课内辅导。“初心乡梦小队”在鞍山市岫岩县黄花甸镇老窝村进行了为期八天的下乡支教、调研活动，团队安排具体人员给孩子们辅导功课，教授知识，每个人都在这期间与当地的村民们有了实地接触，深刻了解体验了他们的生活并认真记录，最后做出总结。同时还有“暖风郭明义爱心团队”“FUUN 团队”等多个团队也在大连、鞍山等城市以走进乡村，走进贫困地区，助力精准扶贫为主题开展了活动。“辽沈战役纪念馆考察团队”的成员来到了辽沈战役纪念馆进行参观学习，团队进一步了解了辽沈战役，加深了对英勇善战解放军战士的敬意，也更加坚信，只有共产党才能带领中国走向康庄大道，这次活动使团队成员心灵受到震撼，接受了一次红色洗礼，还有“青年观察员团队”“建国70周年渤海明珠大连IT行业发展之路团队”等团队也在沈阳、大连等城市围绕传承红色文化开展了一系列活动。

“青年红色筑梦之旅”活动为学子们带来身临其境的认知体悟，同时也深入了解了农村的实际情况，增强了大学生的责任感和使命感，用创新创业成果服务乡村振兴战略，走进贫困地区，助力精准扶贫；走进革命老区，学习革命精神，让红色基因代代相传。

（十）规范资金配套管理使用

先后出台《辽宁科技大学大学生创新创业教育基金管理办法》《辽宁科技大学大学生创新创业训练计划项目经费使用管理规定》等文件，进一步规范创新创业教育资金管理。学校加大经费支持力度，安排专项资金预算，用于支持各级各类大学生创新创业训练计划项目、大学生创新创业竞赛、大学生创新创业实践班、创业项目孵化等，支持学生开展创新创业活动。专项资金由责任部门根据具体业务合理支出，专款专用、严格审核，确保资金发挥实际效益。2016—2018 年创新创业教育专项资金达到了 1034 万元，其中 2016 年为 332 万元、2017 年为 347 万元、2018 年为 355 万元，经费逐年增长。

通过经费的大力支持，为创新创业工作提供了重要的保障，取得了良好的效果。学校近 3 年获批大学生创新创业训练计划项目 1261 项，其中国家级项目 117 项，省级项目 243 项，直接参与学生 4895 人次，参与教师 1881 人次。举办三届校级大学生创新创业年会，累计有 22 项成果入选省大学生创新创业年会展览和交流，获得第六届省大学生创新创业年会“优秀论文”等 3 项奖励，有 1 项项目入选 2019 年第十二届国家大学生创新创业年会。组织参加国际科技创新竞赛 4 项、国家级科技创新竞赛 56 项、省级科技创新竞赛 73 项。近 3 年学生参加各类课外科技竞赛获得国际奖项 42 项，获得国家级奖项 646 项，省级奖项 1100 余项，参与学生 6986 人次，参与教师 1848 人次。2016—2019 年，本科生发表论文 1222 篇，2017—2019 年本科生参与申请专利 78 项。获批 3 个省级创新创业试点专业。

通过深入开展创新创业教育，全面提升了学生创新创业的能力，有效地带动了学生就业。2017、2018、2019 年初次就业率分别为 90.25%、91.69%、92.69%。2018、2019 年自主创业率分别为 0.21% 和 0.22%，2018 届毕业生对学校创业教育指导服务各方面的满意度均在 94.00% 以上。大学生创业企业成活三年及以上的数量及比例逐年增长，2019 年成活 5 家，成活比例为 45%。

2010 年辽宁科技大学科技园被科技部评为国家级科技园，2014 年学校被评为辽宁省大学生创业孵化示范基地、辽宁省大学生创新创业教育基地、全国大学生就业优秀组织高校、全国毕业生就业典型经验高校，2015 年辽宁科技大学技术转移中心被认定为国家级技术转移示范机构，2018 年学校众创空间被评为辽宁省省级备案众创空间，学校工程训练中心被评为省级大学生实验教学示范中心，2019 年学校成功承办第十三届教育部“西门子杯”中国智能制造挑战赛全国总决赛，我校获奖总数在参赛的全国 198 所高校中位居前列。

后 记

自李克强总理在2014年夏季达沃斯论坛开幕式上提出，“要在960万平方公里土地上掀起‘大众创业、万众创新’的新态势”以来，迅即在全国掀起了创新创业的巨大热潮，“双创”成为推动中国经济社会发展的“新引擎”。作为创新创业高端人才培养主体的高校，把创新创业教育纳入专业教育的课程教学体系和实践教学体系成为各类高校教育教学改革的重点和热点。然而，尽管各层级的文件、平台、赛事等形式推动不断，但创新创业教育“教”什么、怎么“教”，如何评价教学效果、人才培养效果和创新创业实际成果的问题并没有一个统一的权威界定和规范，以至于各种认知理念杂陈，从某种意义上消解了创新创业教育的主旨和内涵，阻滞了创新创业教育质量的有效提升。事实上，同样是创新创业教育，对于“985”高校、“211”高校、地方普通本科院校以及高等职业院校而言，其内容、形式、方法及路径是不尽相同的，在某些问题上甚至是有“质”的区分的。即便是在同一所高校内，一流学科、优势学科和普通学科创新创业教育的层次、维度以及监测评价标准也同样存在较大差异。为此，必须科学区分不同层次高校创新创业教育的层次、维度以及监测评价标准，用以导引和规范不同层次高校创新创业教育的走向，使各层次高校的创新创业教育在各自的层次维度上持续健康发展。

本团队人长期从事高等教育教学管理工作，其间完成了多项省、校级创新创业教育研究课题，2017年，樊增广研究员主持的《转型发展高校创新创业教育的层次维度及其监测评价研究》课题获批全国教育科学“十三五”规划教育部重点课题（DIA170387），经过3年多的研究及实践，初步探索出了一套切实可行的创新创业教育思想理念和实践方法，将其梳理撰著成《转型发展高校创新创业教育的层次维度及其监测评价》作为该课题研究的主要成果。在课题研究和成果建设过程中，张国峰、高云、宋怡林、李天柱、杨璐方志刚、刘坤、李华、郝晓亮等作为团队主要成员，勇于深耕创新创业教育理论，不断探索创新创业教育实践，《转型发展高校创新创业教育的层次维度及其监测评价》的付梓，饱含着他们的辛勤努力和默默付出，可以说，他们中的每一个人都为本项目的完成做出了无可替代的工作。

长期以来，本团队的研究工作始终得到有关部门及兄弟高校专家学者的关注和指导，在本项目研究及书稿撰写过程中，得到了辽宁大学高教所博士生导师刘国瑞研究员、王少媛研究员等专家学者的鼎力支持和热情帮助；辽宁科技大学的党政领导、机关处室和学院的同事及教师，为本项目研究、特别是实践验证提供了全方位支持，本书的出版更是得到了辽宁科技大学学术专著出版基金的资助。值此本书付梓之际，谨向那些关心和支持过本团队研究工作的有关方面专家、学者以及本团队参阅过文献的作者表示由衷的敬意和诚挚的谢忱！由于本团队的视阈和学术积淀有限，书中定会存在疏漏和不足之处，恳望有关专家学者和广大读者从学术批判的视角加以审校，以诲人不倦的包容给予雅正，以利本团队在后续的研究和实践中加以修正。

作　者

2020年6月于鞍山